U0501545

中央民族大学"985工程"三期工程建设项目

语言学及应用语言学学科博士文库

藏缅语宾语句法标记
比较研究

ZANGMIANYU BINYU JUFABIAOJI BIJIAOYANJIU

田 静 著

中国社会科学出版社

图书在版编目（CIP）数据

藏缅语宾语句法标记比较研究／田静著. —北京：中国社会科学
出版社，2012.12
ISBN 978－7－5161－1951－8

Ⅰ. ①藏…　Ⅱ. ①田…　Ⅲ. ①藏缅语族－宾语－句法－对比研究
Ⅳ. ①H422

中国版本图书馆 CIP 数据核字（2012）第 300718 号

出 版 人	赵剑英
责任编辑	任　明
责任校对	林福国
责任印刷	李　建

出　　版	中国社会科学出版社
社　　址	北京鼓楼西大街甲 158 号（邮编 100720）
网　　址	http://www.csspw.cn
	中文域名：中国社科网　　010－64070619
发 行 部	010－84083685
门 市 部	010－84029450
经　　销	新华书店及其他书店

印　　刷	北京奥隆印刷厂
装　　订	北京市兴怀印刷厂
版　　次	2012 年 12 月第 1 版
印　　次	2012 年 12 月第 1 次印刷

开　　本	710×1000　1/16
印　　张	14
字　　数	253 千字
定　　价	48.00 元

凡购买中国社会科学出版社图书，如有质量问题请与本社联系调换
电话：010－64009791
版权所有　侵权必究

内 容 提 要

　　与汉语相比，藏缅语族语言（以下简称"藏缅语"）的形态相对发达些，藏缅语宾语的特点主要体现在句法标记上。藏缅语宾语句法标记主要有五种形式：宾语格助词、动词的形态变化、句尾词、人称代词和名词的宾格形式以及语序。本书以藏缅语宾语句法标记为研究对象，通过描写和分析以及跨语言的比较，揭示藏缅语宾语句法标记的共性与个性特征，以期对藏缅语宾语的类型学研究有所增益。由于藏缅语研究起步较晚，对很多语法现象尚未做出全面、深入的研究，因而本书坚持将材料放在第一位，把主要注意力投放在藏缅语宾语语料的分析、比较上，在此基础上尽可能地结合现代语言学的理论和方法，归纳和提炼出一些反映藏缅语自身规律的观点。

　　本书除"绪论"和最后一章"类型学视野下的藏缅语宾语句法标记"之外，共包括四个部分，研究对象依次是"宾语格助词"、"动词形态变化和句尾词"、"人称代词、名词的宾格形式"和"宾语的语序"。

　　"宾语格助词"一章着力探讨了藏缅语宾语格助词的共时特征和历时演变。藏缅语宾语格助词具有分布广、音节稳固、结构简单、数量少的共时特点。宾语格助词在语义上主要表示宾语的受事性，此外还能表示方所、时间、比较、工具等意义；在句法上主要标记宾语，还充任非体词类成分（包括谓词性成分、结构复杂的短语和关系小句）的述题化标记；在语用上主要标记自然焦点，此外还能标记无生命名词宾语和低生命度宾语，起到"突显焦点"和"对比焦点"的作用。藏缅语宾语格助词是后起的，可能由空间域隐喻而来，经历了从语义格到句法格、再到语用标记的语法化演变。

　　宾语格助词的隐现要受到语言类型、主宾语生命度以及动词的语义三个条件的制约。语言类型对宾语格助词的制约属于语法原则，主、宾语生命度以及动词的语义则属于语义原则。宾语格助词的隐现首先要受语言类型即语法原则的制约，然后受语义原则的制约。在语义原则内部，动词的语义原则又优先于主、宾语生命度原则。在双宾语句、兼语句、使动句和受事提前句等特殊句式中，宾语格助词的隐现要受主、宾语生命度原则的制约，但也有突破生命度原则的现象。这主要与特殊句式的构式特点有关。

"动词形态变化和句尾词"一章着重分析了藏缅语动词的人称范畴对宾语的标记形式和特点。动词人称范畴主要通过动词的形态变化和句尾词来指示动词与主语或宾语人称、数的一致关系，从而把主、宾语区分开来。动词形态变化和句尾词不是宾语的专属标记，因为除了能标记主语和宾语的人称、数外，还表示时、体、趋向、语气等其他语法意义。动词形态变化和句尾词可能来源于人称代词。第一、二人称代词作宾语时，比第三人称代词更需要动词形态变化和句尾词的标记。

"人称代词、名词的宾格形式"一章主要探讨了藏缅语人称代词和名词宾格形式的分布、特点和历时演变。人称代词和名词的宾格形式主要采用语音屈折手段来标记宾语，包括声调、元音屈折变化和辅音屈折变化三种词汇内部的语音变化形式。语音屈折是一种比较古老的语法手段，在历史上曾经是一种独立的宾语标记，基诺语巴朵话和巴亚话就是很好的例证，但现如今藏缅语大多已不再使用它。人称代词的宾语标记的演变轨迹是：语音屈折——语音屈折和宾语格助词并存——宾语格助词。数范畴、人称范畴对人称代词的宾格形式有制约作用。

"宾语的语序"一章对藏缅语基本语序和变式语序中的宾语进行了较为深入的分析。语序在标记宾语时，具有三种功能：区分主语和宾语；宾语话题化标记；凸显宾语焦点。不同语序在标记宾语时有差异：SVO 语序能直接标记宾语，不需借助其他形式的宾语标记；SOV 语序能直接区分生命度相差较大的主宾语，但由于主、宾语同时位于动词的左侧，当二者生命度接近时易引起语义混淆，因而要与宾语格助词、句尾词、动词形态变化等其他标记配合使用；OSV、OVS 语序分别是表示宾语话题和凸显宾语焦点的语用手段，要借助宾语格助词、句尾词、动词形态变化等标记来指示宾语。

本书最后一章"类型学视野下的藏缅语宾语句法标记"归纳了藏缅语宾语句法标记的类型学共性特征。五种宾语句法标记在语法形式、句法功能和共时分布上既有个性，也有共性。五种宾语句法标记在藏缅语各语支中的重要性排序也各有特点。语言类型和生命度原则对宾语句法标记的共时分布和使用、对宾语格助词的产生和演变有制约作用。

目　录

第一章 绪论

第一节 选题对象和研究价值

与汉语相比，藏缅语族语言（以下简称"藏缅语"）的形态相对发达些，藏缅语宾语的特点主要体现在句法标记上。藏缅语宾语的句法标记主要有五种：宾语格助词、动词的形态变化、句尾词、人称代词和名词的宾格形式以及语序。分别举例如下：

拉祜语[①]

ηa^{31} $la^{21}xa^{35}$ $z\mathfrak{o}^{53}$ tha^{21} tsa^{33} e^{33}. 我马上去找他。（宾语格助词标记）
我 马上 他（宾助）找 （助）

嘉戒语[②]

ŋa no ta - no - n. 我将赶你。（动词的形态变化标记）
我 你（主1）赶（宾2，单）

景颇语[③]

$\int i^{33}$ $ma^{31}kam^{33}$ $phe\mathfrak{I}^{55}$ $mu\eta^{31}$ $ma^{31}li^{33}ja\mathfrak{I}^{55}$ $ka^{31}\mathfrak{z}um^{33}$ $u\mathfrak{I}^{31}ai^{33}$.
他 麻 干 （宾助）也 四 天 帮助（主3，宾3、单，陈述）
他帮助麻干四天。 （句尾词标记）

基诺语[④]

$kh\vartheta^{42}$ ηo^{35} $t\gamma^{44}$. 他打我。（人称代词宾格形式标记）
他 我（宾格）打

---

① 常竑恩：《拉祜语简志》，民族出版社1986年版。
② 林向荣：《嘉戎语研究》，四川民族出版社1993年版。
③ 戴庆厦：《景颇语参考语法》，中国社会科学出版社2012年版。
④ 盖兴之：《基诺语简志》，民族出版社1986年版。

克伦语[①]

jă^{33} ɔ^{31} ŋa^{31}, nă^{33} ɔ^{31} a^{31}ŋa^{31}. 我吃鱼，你吃肉。　　　　　（语序标记）
我　吃　鱼　　你　吃　肉

　　本书以56种藏缅语的宾语句法标记作为研究对象，通过共时分析和历时考察以及跨语言的类型比较，揭示藏缅语宾语的共性与个性特征，旨在对藏缅语宾语的类型学研究能有所增益。由于藏缅语研究起步晚，对很多现象未做全面、深入的研究，因而本书坚持将材料放在第一位，把主要注意力投放在藏缅语宾语语料的分析、比较上。在此基础上尽可能地结合现代语言学的理论方法，归纳和提炼出一些反映藏缅语自身规律的观点。

　　本项研究具有重要的语言学理论价值，表现在：
　　1. 能够在一定程度丰富和补充现代藏缅语句法理论。
　　宾语是最重要的句法成分之一。宾语问题是一个重要的研究课题，语法学界一直都非常重视。但宾语研究很不平衡：汉语方面研究的多，非汉语研究的少；单一语言研究的多，多种语言类型学比较研究的少；共时描写的多，历时演变研究的少；从语义、句法角度研究的多，语用方面研究的少；语言本体研究的多，语言应用研究的少。本书立足于亲属语言比较的语言事实来分析藏缅语宾语的句法标记，能够更深入地揭示宾语句法标记的基本特点，能对藏缅语乃至汉藏语句法理论体系的建设与完善做出一点贡献。
　　2. 有助于类型学研究的深化。
　　宾语在类型学研究中占有重要地位。类型学的研究以具体语言为样本，发掘语言共性；反过来，具体语言的研究也必将有助于类型学研究的深化。本书以藏缅语宾语的句法标记为对象研究语言的共性和个性，能够揭示出藏缅语宾语的类型学特征，有助于类型学研究的深化。
　　3. 能够反观汉语宾语的特点，为汉语宾语问题的研究提供参考。
　　汉语界围绕宾语问题争论了多年，仍然没有得到共识。如果研究者的视野仅限于汉语本身，不从汉语研究的小圈子中跳出来，那么问题也不能得到圆满解决。藏缅语宾语的研究成果有助于反观汉语的语法体系，揭示汉语的一些隐性特征，为汉语语法研究提供新的思路和重要参考。

第二节　　藏缅语宾语研究综述

　　藏缅语宾语研究成果中专题性的论著较少，主要是在各种单一语言的

[①] 戴庆厦、黄布凡等：《藏缅语十五种》，北京燕山出版社1991年版。

描写性语法著作中有过一些论述。从上世纪 50 年代开始的全国范围内的少数民族语言大调查，基本摸清了我国语言的分布情况，发现了不少新语言，积累了一批有价值的语言材料，在 1980—1987 年之间相继以《中国少数民族语言简志》丛书（以下简称"《语言简志》"）的形式正式出版。基于这次大调查以及 80 年代后许多民族语文工作者自觉性的后续调查，先后出版了一些以描写为主的语言专著，其中有代表性的著作有：《藏缅语十五种》（戴庆厦、黄布凡等 1991）、《景颇语语法》（戴庆厦、徐悉艰 1992）、《嘉戎语研究》（林向荣 1993）、《彝语语法（诺苏话）》（陈康、巫达 1998）等。90 年代以后，中国社会科学院民族研究所组织力量对 50 年代全国语言普查时没有发现或未做系统深入调查、《语言简志》丛书中没有包括的语言进行全面的调查，陆续以《中国新发现语言研究丛书》（以下简称"《新发现语言》"）的形式出版。从 2006 年开始，中央民族大学"985 工程"语言中心设立了中国少数民族语言参考语法研究系列，先后出版了《梁河阿昌语参考语法》（时建 2009）、《基诺语参考语法》（蒋光友 2010）、《景颇语参考语法》（戴庆厦 2012）等十余部著作。以上这些论著对分布在我国的藏缅语进行全面、细致地描写，其中很多都是首次对该语言进行记录和描写分析，同时这些论著也是迄今为止研究我国藏缅语的最重要、最全面的参考资料。

半个多世纪来，藏缅语的宾语研究已经取得很多成绩。特别是 90 年代以后，藏缅语研究者们除了继续重视语言事实的发掘外，还自觉地运用现代语言学理论分析和研究藏缅语的句法问题，取得了可喜的进展。但是与汉语相比，藏缅语语法研究起步较晚，而且深受汉语语法研究理论、方法的影响，在很长一段时间内是对汉语语法研究的模仿中不断前进的。藏缅语语法研究基础相对薄弱，成果也较少，很多问题过去没有研究，现在刚开始研究。下面从单一语言宾语研究和跨语言宾语比较两个方面对藏缅语的宾语研究进行综述。

一 单一语言宾语研究

宾语作为藏缅语一种重要的句法成分，以往的研究中都会或多或少、或详或略地谈到。但我们发现，过往的研究都是将句法、语义、语用等问题笼而统之地一并讨论，而不是按专题进行，很难剥离开来。单一语言宾语的研究主要集中在以下几个方面：

（一）宾语语义类型

藏缅语宾语语义类型的专题研究成果不仅数量少，而且不够深入。《语言简志》、《新发现语言》以及《景颇语语法》、《嘉戎语语法》等语法著作中普遍的做法是，在"句子成分"部分描写出该语言有哪些词类能够充当宾语，或者宾语的语义类型包括哪几个类别。比如，《景颇语语法》（戴庆厦、徐悉艰 1992：330－331）认为，景颇语大多是对象宾语，也有类别宾语、领属宾语和结果宾语。《阿昌语的述宾结构》（袁焱 2002）认为，阿昌语宾语的语义类型分为受事、施事、致使、工具、方位处所、材料、等同等共 7 类。《苏龙语研究》（李大勤 2002：183－185）认为，苏龙语有受事、对象、结果、处所、存在、工具等 6 类宾语。由于各家判定宾语的标准不一致，在是否具有处所宾语、工具宾语、与事宾语等问题上观点不统一，从而划分出不同的语义类型。

宾语语义类型方面的研究课题还很多，比如，典型宾语和非典型宾语的语义类型、语言接触对宾语语义类型的影响等问题，今后都需要进一步深化研究。

（二）动词和宾语配价关系

从上世纪 80 年代起，藏缅语界已经开始运用配价理论来分析动词和名词之间的配价关系。有代表性的论文有《拉萨藏语中几种动词句式的分析》（胡坦 1984）等几篇。《拉萨藏语中几种动词句式的分析》一文运用配价理论探讨了藏语"是"字句、"有"字句和动字句等三种动词句式，根据动词同名词的关系把动词分为单向、双向、三向动词，细致地描写了动词的"向"和名词的"格"的复杂关系。《道孚语》（黄布凡 1990）一文根据动词和名词的关系把动词分为单向、双向、三向动词。《藏语中的名·动组合》（胡坦 1994）一文探讨了藏语名词和动词之间的选择性、语法关系、语义关系、连接方式以及动词配价与名动组合等问题。

可惜的是，藏缅语动宾配价关系的研究没有能深入下去，也没有在整个藏缅语族大范围内展开。我们认为，句法成分与语义成分的配位问题、双宾语的句法语义等问题，值得深入探讨。

（三）宾语句法标记的研究

宾语句法标记形式丰富多样，这是藏缅语不同于汉语、壮侗语和苗瑶语等语族的一个显著特点。因而，藏缅语宾语句法标记很自然地成为研究热点，形成藏缅语研究的特色。藏缅语宾语的句法标记有宾语格助词、语序、动词形态变化、句尾词、人称代词和名词的语音屈折等多种形式。其中，对宾语格助词的研究最多、最深入，讨论最热烈。

1. 宾语格助词研究

（1）宾语格助词的基本特点

结构助词是宾语格助词的上位概念。藏缅语宾语格助词的研究经常与结构助词的研究结合在一起进行。《语言简志》、《新发现语言》等描写语法著作把宾语格助词归入"结构助词"部分，它的下面又细分为主格助词、宾格助词、状语助词、定语助词等，然后再对结构助词的句法功能进行比较详细地描写、分析。《哈尼语结构助词研究》（李批然 1994）、《试析巴塘藏语中的几个结构助词》（马月华 1994）等文章也是这种做法。

《拉祜语主语宾语助词的出现规律》（金有景 1990）、《拉祜语宾格助词 tha³¹》（李春风 2011）、《哈尼语的宾语助词》（李泽然 2005）等文章讨论了拉祜语、哈尼语宾语格助词的特点、出现规律以及制约条件。

《彝语结构助词的研究》（胡素华 2002）一书运用语言系统论的观点对彝语结构助词逐一进行分析，探索彝语结构助词的共时特点和历时演变规律。该书中对宾语格助词的判定，现在看来划归话题助词可能会更好。《拉祜语的主语、宾语、状语助词》（金有景 1990）一文对拉祜语主语、宾语、状语助词的用法进行了详细分析，认为存在复合助词，即主宾语助词和主状语助词。现在看来，拉祜语的主语助词是一种话题助词。所以，所谓的复合助词实际上是话题助词和宾语格助词、话题助词和状语助词的配套使用。

（2）制约宾语格助词使用的条件

藏缅语宾语格助词是显性的句法标记，但不是所有的宾语都需要标记。宾语格助词的使用要受到句法、语义和语用等条件的制约。不同语言的制约条件各有不同。《阿昌语的述宾结构》（袁焱 2002）一文按生命度的高低、有无将宾语分为三级：一级为表人的有生性宾语，语法标记性最强，一般需要加宾语格助词；二级为表动物的有生性宾语，语法标记性较弱，主要靠语序来标记，宾语格助词可加可不加；三级为人和动物以外的无生性事物，标记性最弱，完全靠语序标记，不加宾语格助词。《试论白语的三种基本语序》（王锋 2004）一文认为，白语的宾语后加不加宾语格助词与语序有关：SVO 语序的宾语后通常不加，而 SOV、OSV 语序则要加。《哈尼语的宾语助词》（李泽然 2005）一文认为，哈尼语的宾语是否加宾语格助词与宾语的生命度、主语和宾语之间的选择性、谓语的语义、句型及句子的长度等有密切关系。

2. 宾语语序研究

语序也是重要的宾语句法标记。语序在传统语言学中未引起足够的重视。现代语言学中语序作为语言的一项特征逐渐引起学者们的注意。藏缅语语序研究主要集中在基本语序、语序变异等问题上。比如，白语的语序问题争议很大。《试论白语的三种基本语序》（王锋 2004）一文认为，白语大理方言有 SVO、SOV 和 OSV 三种基本语序。SOV 是"白语原有的正常语序"，SVO 是优势语序。《论白语的话题结构与基本语序类型》（赵燕珍、李云兵 2005）一文基于话题结构理论认为，现代白语的基本语序是 SVO，而 SOV 和 OSV 是句法结构的受事性论元话题化的表现形式，是话题结构。

又如，《藏语语序及其变异》（胡坦 1998）一文考察了藏语的基本语序、语序变异以及制约语序变异的因素。

我们认为，语序在标记主、宾语时的句法作用、不同语序中宾语的判定标准等方面的研究亟待加强。

3. 动词形态变化、句尾词以及人称代词、名词宾格形式研究

传统藏缅语研究比较重视形态和虚词的研究，所以关于动词的形态变化和句尾词的研究成果比较丰富、深入。参见孙宏开（1983，1993，1994）、LaPolla（1993）、Matisoff（1993）、戴庆厦（1989，1990，1992，1996，2003）等。前人的研究揭示了动词形态变化和句尾词的基本特点和句法功能，有的还对来源和演变趋势等问题进行了探索。但这些论著都不是以宾语和宾语句法标记为切入点展开研究的。

关于人称代词、名词宾格形式的描写主要见于《语言简志》和《新发现语言》等语法著作，很少有专门就此问题展开讨论的论文。

4. 宾语句法标记优先等级研究

无形态语言（比如汉语）区分主、宾语时，以形式标准为主还是以意义标准为主，是语法界一直争论不休的焦点问题。在有形态和格助词的语言中，这个问题似乎不那么突出。任何一种藏缅语都使用两种或两种以上的宾语句法标记。在各种标记中，哪一个最重要、最优先，已成为藏缅语研究中的一个新课题。目前来看，这方面的研究成果还不多见。《景颇语的"宾动"结构》（戴庆厦 1998）一文认为，景颇语中要确定哪一个是宾语，主要是根据语法形式，而语法意义只能做参考。景颇语使用三种宾语句法标记：句尾词、宾语格助词和语序。句尾词和宾语格助词是确定宾语的主要依据。当句尾词、宾语格助词指示的成分的性质与语序反映的性质发生矛盾时，要以句尾词和宾语格助词为准。

二　跨语言宾语比较研究

比较研究是推进语言研究深入的一条必由之路，必须建立在对具体语言全面、细致的个案研究基础之上。藏缅语宾语研究大多停留在简单的记录和描写层次上，就某个专题进行的跨语言比较研究成果非常有限。这也是藏缅语句法研究中亟待加强的地方。从现有的成果来看，跨语言的宾语比较研究主要集中在以下几个方面：

（一）宾语格助词的来源

宾语格助词的来源问题是个难题，学术界似乎还没有对这一问题做出清晰的回答。《论藏缅语的语法形式》（孙宏开 1996）一文指出，从藏缅语语法结构历史演变的脉络和方向来看，分析形式是后起现象，是黏着形式、

屈折形式陆续消失后的语法形式的代偿现象。一些以分析形式为主的语言，虚词多数是从实词虚化而来。其中不少词在一定条件下仍能独立使用，加在动词后仍"带有一些实词的味道"。也有的虚词在亲属语言中与某些黏着形态成分或屈折形态成分有着某种联系，经过长时间的历史演变，逐步与词干分离，固化为一个独立性较大的虚词。《缅彝语的结构助词》（戴庆厦 1989）一文认为缅彝语的结构助词是后起的，是对形态简化脱落的一种补偿。

也有学者认为结构助词不是原生性的，而是语言接触的产物。《藏缅语的格助词》（龚煌城 1988）一文认为，把藏缅语的格助词"拿来跟阿尔泰语言的格词尾比较，可以找到形态功能都相同的字。除这些字以外，书面藏语还有表'与格、位格、对格'的格助词-ru 及-la，也可以在阿尔泰语言中找到对应的字"。"这些词汇上的一致并非巧合，而是由于藏缅语受了阿尔泰语言的影响，从那里移借过来的。"

（二）类型学研究

类型学的兴起为藏缅语的解释性语法研究开辟了一条新路，有助于藏缅语描写语法研究的进一步深入。藏缅语语序类型学以动词和宾语、名词和修饰语的语序为主要讨论对象。《我国少数民族语言的词序类型》（黄行 1996）一文运用类型学理论对词序现象的研究成果，对我国汉藏语系和阿尔泰语系语言的词序的类型分布、蕴涵关系、类型分类以及标记性问题做了初步分析，其中就谈到了藏缅语的词序问题。《汉藏语言的若干语序类型学课题》（刘丹青 2002）一文以语序类型学理论为依据讨论了汉藏语的语序类型，认为"话题化、焦点化本身是共时现象，但长期高频使用也会影响到主、宾、动结构的语序类型。近亲其他汉藏语之间的语序差异就可能由此形成。"《我国少数民族语言类型学研究》（黄行、赵明鸣 2004）一文对我国汉藏语系、阿尔泰语系和南亚语系 10 种代表性语言展开研究，认为词序类型与语言系属类别明显相关，即汉藏语系藏缅语族和阿尔泰语系语言倾向使用 OV 及各种蕴涵词序参项，OV 型语言句法结构的中心词在后，附加词语在前。但藏缅语某些名词性短语的词序参项与整体词序类型不和谐。《藏缅语表施动和受动的结构助词》（张军 1990）比较了 30 多种藏缅语宾语格助词的共时特点。《藏缅语的述宾结构——兼与汉语比较》（戴庆厦、傅爱兰 2001）一文在描写 8 种藏缅语述宾结构主要特点的基础上，重点分析了动词形态、宾语格助词、语序等语法标记的优先等级，并从语义和句法的角度作出了解释。

（三）语言对比研究

语言对比研究对于双语教学研究有非常重要的作用。然而藏缅语宾语对比研究成果非常少。比如，《试论哈尼语汉语动宾词序的异同》（李永燧 1984）

一文比较了哈尼语和汉语动宾词序的异同。《藏语与汉语述宾结构对比》（王志敬 2006）、《哈尼语的述宾结构——兼与汉语比较》（李泽然 2006）、《土家语的述宾结构——兼与汉语比较》（田静 2006）分别比较、归纳了藏语、哈尼语、土家语与汉语的述宾结构的异同。

　　从以上的分析可以看到，藏缅语宾语研究呈现出不平衡的特点。主要表现在：

　　1. 有文字的藏缅语研究基础较好，宾语研究成果相对丰富一些，也比较深入。比如藏语、彝语和景颇语等。大多数藏缅语除了《语言简志》、《新发现语言》、《藏缅语十五种》等语法著作中的简单描写外，还没有来得及进行系统研究，语言事实的发掘、描写不够充分和深入。

　　2. 藏缅语宾语研究主要集中在句法层面，在语义和语用上缺乏深入研究。藏缅语宾语句法标记和语序的讨论相对比较集中、热烈，而有关宾语语义类型、动词和宾语语义关系的研究还很缺乏，对语用的研究才刚刚起步。

　　3. 现有成果主要以对单一语言宾语的描写、分析为主，专题性的综合比较研究少之又少。专题性的比较研究是今后藏缅语宾语研究尤其需要加强的地方。

　　藏缅语宾语研究中还有很多空白领域需要开发，比如双宾语、特殊句式（如"让"字句、"有"字句、"在"字句、使动句、兼语句、连动句等）中的宾语，宾语的话题化、焦点化问题等等。需要指出的是，以往对单一语言宾语进行的描写和分析比较简单，而且受汉语语法框架的影响较深，较少考虑到藏缅语自身的特点和规律。所以，运用新的描写框架和方法（如参考语法）对具体语言的宾语进行个案研究，成为藏缅语宾语研究中的期待。

　　对语法事实的挖掘与描写，对语法规律的探索仍将是今后藏缅语语法研究最重要的任务。宾语研究也不能仅停留在简单的描写上，要加强跨语言的对比分析研究，重视对共性特征的总结和归纳。同时，还要加强藏缅语研究理论和方法的探讨。在充分描写的基础上，如果我们能对句法规则作出较为合理的解释，必将有助于人们对藏缅语句法规则的理解，而反过来也必将推动藏缅语语法的描写。

第三节　研究方法、语料说明及研究中的困难

一　研究方法

本文将对藏缅语宾语的句法标记进行多角度、多层次的描写和分析，

力图做好三个结合：传统的结构主义语言学与现代语言学理论相结合，描写和解释相结合，形式和功能相结合。具体来说，本文运用了比较法、系统分析法、文献法与田野调查法相结合的研究方法。

（一）比较法

比较是一种常用的科学研究手段，也是贯穿本书最基本的方法。比较的目的不仅使人们清楚地认识到各种语言自身的语法特点和内在规律，还能认识到不同语言彼此之间的相似性、相异性以及相关联性。本书将在比较法的指导下，通过对 56 种藏缅语宾语句法标记的比较研究，揭示差异，归纳共性，从而达到深化藏缅语宾语研究的目的。

（二）系统分析法

语言是一个连续的、不可分割的系统。在语法分析中不能孤立地看待某一种语法现象的出现或消亡，而应坚持系统论的分析方法。藏缅语宾语研究要区分共时和历时两个研究界面。共时状态下的系统分析，是指宾语研究要在语义、句法和语用构成的语法研究的"三个平面"框架之中展开；而历时状态下的系统分析，则强调要把语言的现状与历史演变结合起来，以一种动态的、发展的眼光去考虑藏缅语的宾语问题。本文把与宾语有关的各种现象放在语言系统中进行考察，揭示其功能和特点。比如，在对藏缅语宾语格助词的讨论中，不认为某一语言宾语格助词的产生、发展和消失是偶然的、孤立的现象，而是综合考虑语言的内外部因素对宾语格助词的制约作用。

（三）文献法与田野调查法相结合

这是本书收集语料的主要方法。吕叔湘先生曾多次强调语言材料的收集对于语言研究的重要性，认为语言材料收集直接影响着语法规律的揭示和解释。早在上世纪 50 年代讨论汉语词类问题的时候，吕先生在《关于汉语词类的一些原则性问题》一文中告诫语言学研究者们不要"拿着小本钱做大买卖"。到了 80 年代，吕先生在《扎扎实实做好语法研究》一文中再次指出："好多理论问题解决不了，因为事实不够，再发现一些事实就解决了。"本书主要利用上世纪 50 年代开始的国内少数民族语言调查的成果和 90 年代以后相继展开的中国新发现语言调查的成果，还参考了其他公开发表、出版的语言学论文和著作，共收集到 56 种藏缅语宾语语料。除了从各种文献中收集语料外，还重视田野调查。作者曾多次到云南、湖南的少数民族地区进行藏缅语调查，获得大量的第一手材料。

二　语料说明

本文所涉及到的藏缅语族语言、方言及土语共 56 种，分别是：

1. 彝语支（18 种）：纳西语、傈僳语、基诺语（巴亚话和巴朵话）、拉祜语（拉祜纳方言勐朗话和富邦话）、苦聪话、卡卓语、桑孔语、彝语、哈尼语（绿春大寨话、绿春老马话、西摩洛话、卡多话）、阿卡语、柔若语、怒苏语、毕苏语。

2. 缅语支（7 种）：阿昌语（陇川话和梁河话）、载瓦语、波拉语、仙岛语、勒期语、浪速语。

3. 景颇语支（4 种）：景颇语、阿侬语、格曼语、独龙语。

4. 藏语支（3 种）：藏语、门巴语、仓洛语。

5. 羌语支（14 种）：嘉戎语、羌语（桃坪话、麻窝话、曲谷话）、普米语（箐花话和桃巴话）、史兴语、扎坝语、道孚语、却域语、木雅语、尔苏语、纳木义语、拉坞戎语。

6. 语支未定（10 种）：苏龙语、土家语（龙山话、保靖仙仁话、泸溪话）、白语（大理话、剑川话、赵庄话）、珞巴语、义都语、克伦语。

本文中所引例句均来自相关藏缅语论著和作者自己的田野调查，在正文中均已注明出处。

三　研究中遇到的困难

由于主、客观的原因，本书在写作过程中遇到了不少难题，甚至有些困难在现阶段仍无法克服。总的来看，难点主要有以下几个方面：

（一）语料和文献资料有限

在文献资料方面，大多数藏缅语没有文字，即使少数有文字的语言，历史也不长，留下来的文献资料远不及汉语丰富，这就给藏缅语宾语句法标记的历史来源及历史层次的研究带来很大困难。在已公开发表的藏缅语语料中，有的描比较详细，有的则很简略。语料占有不足和研究不均衡成为藏缅语宾语研究的一个难点。

（二）术语名称和语料判定不统一

藏缅语界对宾语的界定不是十分统一和明确，术语名称的外延和内涵也不一致。比如，"宾语格助词"这一名称有多种说法：（1）从语义角度命名："受事助词"（徐世璇 1998；李永遂 2002）；"受动助词"（陆绍尊 1983；孙宏开、黄成龙等 2002）；"于格助词"（黄布凡 1991）；"语义助词"（李大勤 2002）等；（2）从句法角度命名："宾格助词"（盖兴之 1986；戴庆厦 2005）；（3）以总称的方式来命名："宾语标志"（和即仁、姜竹仪 1985；徐琳、赵衍荪 1986）；"结构助词"（金鹏 1983；欧阳觉亚 1985；张济川 1986）；"宾语助词"（常竑恩 1986；李永遂 2002；戴庆厦 2009）等。

宾语语料的选择和判定上也有不一致的情况。比如，《土家语简志》认为，龙山土家语[1]的na^{21}主要用在名词或名词性宾语后，起突出和强调宾语的作用。例如：

ŋa^{35} tɕhi^{35}pu^{55} ka^{55} tɕhi^{55} na^{21} tɕhi^{55}.   我称几斤黄豆。
我   黄豆   几   斤 （助） 称

ŋa^{35} zo^{55} na^{21} ɣi^{35}.   我扫地。
我   地 （助）扫

    通过对语料的分析我们认为，na^{21}来源于数词na^{35}"一"，表示"只，仅仅"义，处理为副词可能会更好。另外，通过与仙仁土家语的对比也可以证明na^{21}不是宾语格助词。仙仁土家语[2]的na^{33}源于数词na^{54}"一"的语法化，加在名词、代词或者数量短语后、动词前，表示"仅仅、只"义。例如：

ze^{35}sɿ^{54} lɔ^{54}ka^{33} na^{54} tsa^{54} na^{33} tshui^{54} lu^{33}. 只刮了一次大风。
风   大   一   次   只   吹 （助）

ɕẽ^{35}tshẽ^{54} ȵe^{54} ȵe^{33} na^{33} kɯ^{35}tsɿ^{54} 只逛两天县城
县 城   两   天   只   逛

    na^{33}前面的数量短语做动词的状语，而不是宾语。亲属方言的对比说明，龙山土家语中的na^{21}应该不是宾语格助词。

    （三）藏缅语宾语自身的复杂性

    藏缅语宾语研究尚处于起步阶段，其中一个主要的原因是宾语自身的复杂性。宾语句法标记的来源以及语法化过程，句法标记之间的制约关系、句法标记的功能等都是尚未解决的问题。所以，关于藏缅语宾语的研究课题是具有一定难度的。

---

[1] 田德生、何天贞等：《土家语简志》，民族出版社1986年版。
[2] 戴庆厦、田静：《仙仁土家语研究》，中央民族大学出版社2005年版。

第二章　宾语格助词

　　宾语格助词是藏缅语中一个普遍的语法现象。大多数藏缅语都使用宾语格助词。宾语格助词在语义特征、句法作用和语用功能上具有哪些共时特点？宾语格助词的使用要受到哪些条件的制约？宾语格助词的历史来源是什么，又呈现什么样的发展演变趋势？本章将围绕上述问题展开深入细致的分析。

第一节　宾语格助词的共时特征

　　宾语格助词是藏缅语宾语的一种显性标记。藏缅语宾语格助词的共时特征主要体现在共时分布、语音特点、数量类别、语序共性、语义特征、句法功能和语用功能等方面。本节将对宾语格助词的共时分布、语音特点和数量类别进行描写分析，其他共时特征详见本章第二、三节。

一　共时分布

　　我们共收集到 56 种藏缅族语言和方言、土语的语料，其中彝语支 18 种，缅语支 7 种，景颇语支 4 种，羌语支 14 种，藏语支 3 种，语支未定 10 种。宾语格助词在各语言的具体分布见下表：

表 2-1-1

语支	序号	语言或方言、土语	宾语格助词
彝语支	1	纳西语	to⁵⁵
	2	傈僳语	tɛ⁵⁵
	3	基诺语巴亚话	ɑ³³
	4	基诺语巴朵话	va⁵⁵
	5	拉祜语拉祜纳方言勐朗话	tha²¹
	6	拉祜语拉祜纳方言富邦话	tha³¹
	7	拉祜语苦聪话	lɔ³³

续表

语支	序号	语言或方言、土语	宾语格助词
彝语支	8	卡卓语	—
	9	桑孔语	la^{33}
	10	彝语	—
	11	哈尼语绿春大寨话	jɔ^{55}、a^{33}、le^{55}
	12	哈尼语绿春老马话	jɔ^{55}、a^{33}、le^{55}
	13	哈尼语西摩洛话	tʃʌ^{55}
	14	哈尼语卡多话	ʑɔ^{55}
	15	泰国阿卡语	ɣŋ^{55}
	16	柔若语	kɔ^{33}
	17	怒苏语	na^{35}
	18	毕苏语	na^{33}
缅语支	1	阿昌语陇川话	te^{55}
	2	阿昌语梁河话	tə^{33}
	3	载瓦语	ʒĕ^{55}、lĕ^{55}
	4	波拉语	ʒe^{31}
	5	仙岛语	te^{55}
	6	勒期语	le^{55}
	7	浪速语	ʒe^{31}
景颇语支	1	景颇语	pheʔ^{55}
	2	阿侬语	khɑ^{31}、bɑ^{31}
	3	格曼语	xi^{35}
	4	独龙语	le^{31}
羌语支	1	嘉戎语	—
	2	羌语桃坪话	zie^{33}
	3	羌语麻窝话	ɕi
	4	羌语曲谷话	—
	5	普米箐花话	tɕi^{55}、bie^{31}

语支	序号	语言或方言、土语	宾语格助词
羌语支	6	普米桃巴话	pe^{35}
	7	史兴语	$sɿ^{55}$
	8	扎坝语	wu^{33}
	9	道孚语道孚话	—
	10	道孚语革什扎话	—
	11	却域语	kɯ
	12	木雅语	le^{33}
	13	尔苏语	$wæ^{53}$
	14	纳木义语	$dæ^{55}$
藏语支	1	藏语	la
	2	门巴语	le^{31}
	3	仓洛语	ka^{13}
语支未定	1	苏龙语	o^{33}
	2	土家语龙山话	—
	3	土家语仙仁话	—
	4	土家语泸溪话	—
	5	白语大理话	$nɔ^{44}$、$pɯ^{55}$
	6	白语剑川话	no^{33}、$ŋɣ^{55}$
	7	白语赵庄话	$nɔ^{44}$、$mɯ^{55}$
	8	珞巴语	me、ɦiam
	9	义都语	go^{31}
	10	克伦语	—

如果把不同的方言、土语都算作一种语言，本书共收集到 41 种语言，其中有宾语格助词的语言有 35 种，占总样本的 85.4%。如果把方言、土语都单算的话，共有 56 种语言、方言和土语，其中有宾语格助词的是 46 种，占总样本的 82.1%。见下表：

表 2-1-2

语支	语言数量（区分方言、土语）	有宾语格助词的语言数量	语言数量（不区分方言、土语）	有宾语格助词的语言数量
彝语支	18	16	12	10
缅语支	7	7	6	6
景颇语支	4	4	4	4
羌语支	14	10	10	8
藏语支	3	3	3	3
语支未定	10	6	6	4
合计	56	46	41	35
比例（%）	100	82.1	100	85.4

可见，藏缅语宾语格助词分布广泛，有宾语格助词的语言占大多数。

二　语音特点

下面从声母、韵母、音节形式、音变情况等方面分析藏缅语宾语格助词的语音特点。

（一）声母

藏缅语宾语格助词的声母都是单辅音，没有复辅音。从发音部位来看，宾语格助词的声母在不同语支中的分布情况是：

1. 彝语支：多为舌尖中音，如 l（4 种）[1]、t（2 种）、th（2 种）、n（2 种）。此外，还有舌面音 j/ʑ（3 种）、tʃ（1 种）、k（1 种）和唇齿音 v（1 种）。

2. 缅语支：有舌尖中音 t（3 种）、l（2 种）和舌面音 ʑ（3 种）。

3. 藏语支：有舌尖中音 l（2 种）和舌面音 k（1 种）。

4. 景颇语支：有双唇音 ph（1 种）和 b（1 种）、舌尖中音 l（1 种）、舌面后音 kh（1 种）、小舌音 x（1 种）。

5. 羌语支：有舌尖中音 d（1 种）和 l（1 种）、舌尖前音 z（1 种）和 s（1 种），双唇音 b（1 种）、p（1 种）和 w（2 种），舌面音 tɕ（1 种）、k（1 种）和 ɕ（1 种）。

6. 语支未定：有舌尖音 n（3 种）、双唇音 m（2 种）、舌面音 g（1 种）和声门音 ɦ（1 种）。

---

① l（4 种），表示有 4 种语言的宾语格助词的声母是 l。下同。

　　总的来看，彝语支、缅语支和藏语支宾语格助词的声母较为一致，多为舌尖中音（以t、l为最多），可能有共同的来源。景颇语支、羌语支的宾语格助词声母不太统一，没有语音对应规律，可能有不同的来源。[①]

　　（二）韵母

　　藏缅语宾语格助词的韵母大多是单元音韵母（占95.7%），只有羌语桃坪话的zie^{33}和普米语箐花话的bie^{31}是复元音韵母。大多数语言的宾语格助词没有辅音韵尾，只有阿卡语的ɤŋ^{55}、珞巴语的ɦam是鼻音韵尾，景颇语的pheʔ^{55}（口语中读作eʔ^{55}）是塞音韵尾。当然，单元音韵母和辅音韵尾少的特点也是藏缅语的一般特点，并非宾语格助词所独有。

　　（三）音节结构

　　藏缅语宾语格助词都是单音节性的，音节结构比较简单，没有双音节或多音节形式。其音节构成有以下几种类型：

　　1.“辅音+元音”式（C＋V）：纳西语、傈僳语等42种藏缅语（含语言、方言和土话）（详见表2-1-1）

　　2.“辅音+元音+辅音”式（C＋V＋C）：景颇语的pheʔ^{55}、珞巴语的ɦam

　　3.“元音+辅音”式（V＋C）：阿卡语的ɤŋ^{55}

　　4.“元音”式（V）：基诺语巴亚话的ɑ^{33}、哈尼语的a^{33}、苏龙语的o^{33}

　　1类和2类可归并为“辅音+元音+（辅音）”式，共有43种语言，占有宾语格助词语言总数（46种）的93.5%。其特点是都有音节首辅音，音节末是否有辅音，根据具体语言而定。

　　3类和4类可归并为“元音+（辅音）”式，共有4种语言，[②]占有宾语格助词语言总数（46种）的8.7%。其特点是没有音节首辅音，音节末是否有辅音，根据具体语言而定。

　　通过比较可知，绝大多数宾语格助词具有音节首辅音，音节结构多为“辅音+元音”式。

　　（四）音变情况

　　作为一个语法化程度较高的虚词，藏缅语宾语格助词大多都是一个独立的、稳定的音节。有7种藏缅语的宾语格助词出现语音变体。见下表：

---

① 关于藏缅语宾语格助词的同源关系详见本章第七节的讨论。

② 哈尼语的宾语格助词有两种音节结构。以绿春大寨话为例：jɔ^{55}和le^{55}属于1类，a^{33}属于4类。所以，语言数44+4=48，比总样本数47多出1。

表 2-1-3

语　言	宾语格助词	
	原　形	变　体
拉祜语 拉祜纳方言富邦话	tha^{31}	a^{31}
哈尼语卡多话	ʑo^{55}	ɔ^{55}
哈尼语西摩洛话	tʃʌ^{55}	ʌ^{55}
柔若语	kɔ^{33}	ko^{33}、ɣo^{33}
勒期语	le^{55}	ʒe^{55}
景颇语	pheʔ^{55}	eʔ^{55}
仓洛语	ka^{13}	ŋa、ça、ha

宾语格助词的音变现象，是由于语音同化、辅音脱落等原因造成的。下面具体分析。

1. 语音同化

语流中的同化现象是指受前、后音节的影响，宾语格助词的声母、韵母或声调与之趋同。比如，仓洛语[1]的ka^{13}受前一音节中最末一个音素-ŋ、-i的影响会产生不同的变体：ka^{13}在方位名词thuŋ^{55}"上边"、phraŋ^{55}"下边"后，变读为ŋa；在人称代词ai^{55}"我们"、nai^{13}"你们"后，变读为ça。

柔若语的kɔ^{33}在语流中受前一音节元音或者辅音的影响，变读为ko^{33}或者ɣo^{33}。

2. 辅音脱落

有的宾语格助词出现辅音脱落的音变现象，变成一个只有元音的音节结构。比如，拉祜语的tha^{31}和a^{31}、哈尼语卡多话的ʑo^{55}和ɔ^{55}、西摩洛话的tʃʌ^{55}和ʌ^{55}、景颇语的pheʔ^{55}和eʔ^{55}。宾语格助词的这两种语音形式在语言中并存使用，有的可以互换。[2]例如：

拉祜语拉祜纳方言富邦话[3]

a^{33}pa^{33} ŋa^{31} tha^{31}/a^{31} la^{53}xu^{11}li̠^{31} ma^{22} la^{53} ve^{33}. 爸爸教我拉祜文。
爸爸　我　（宾助）　拉祜文　　教　（助）

---

① 张济川：《仓洛门巴语简志》，民族出版社1983年版。

② 本书将这种音变现象形成的两个宾语格助词在数量上计为一个。

③ 李春风：《拉祜语宾格助词tha^{31}》，《民族语文》，2011年第6期。

哈尼语卡多话①

tɑ³¹ɕo³³ ʑɔ⁵⁵ tɕi⁵⁵ʐɔ³¹ to⁵⁵ lɔ⁵⁵tɤ³³ ku⁵⁵ ʐɪ⁵⁵.　　　　　　请客人来喝酒。
客人 （宾助）酒　　喝 来（状）叫 去

ʑɔ³¹xɔ̞³¹ ŋɔ³¹ ɔ⁵⁵ ma³¹ thu³¹.　　　　　　　　　　　他不回答我。
他　　 我（宾助）不　回答

哈尼语西摩洛话②

thõ³³ʃio³¹ ŋʌ⁵⁵ tʃʌ⁵⁵ pã³³ lʌ³¹.　　　　　　　　　同学帮我。
同学　　 我（宾助）帮 （语助）

no⁵⁵ ŋa⁵⁵ ʌ⁵⁵ tɯ³¹.　　　　　　　　　　　　　　你打我。
你 我（宾助）打

　　景颇语③宾语格助词pheʔ⁵⁵主要用于书面语，eʔ⁵⁵常用于口语。eʔ⁵⁵可能是由于pheʔ⁵⁵的辅音ph脱落而形成的。

　　通过与亲属语言、方言或者土语的语音比较，可以推测，基诺语巴亚话宾语格助词ɑ³³、哈尼语绿春大寨话、老马话宾语格助词a³³以及阿卡语的ɤŋ⁵⁵，历史上也可能出现过辅音首脱落的现象。

　　基诺语巴朵话中，宾语格助词的语音形式是va⁵⁵，有音节首辅音；而巴亚话宾语格助词是ɑ³³，没有音节首辅音。巴亚村与巴朵村都是基诺族聚居的村寨，相距25公里，而且都隶属于云南省西双版纳州基诺山基诺族乡。所以，可以推测，巴亚话的ɑ³³在历史上某个时期脱落了音节首辅音。

　　再来看哈尼语。哈尼族分哈尼、雅尼、卡多、碧约、豪尼、白宏、西摩洛等十多个支系，使用哈雅、碧卡、豪白三种方言。哈尼语绿春大寨话、老马话是哈雅方言哈尼次方言下的 2 个土语；卡多话、西摩洛话属于碧卡方言，是不同支系使用的语言；境外哈尼族自称"阿卡"（Akha），使用的哈尼语称为"阿卡语"。所以，哈尼语绿春大寨话、老马话，与哈尼语卡多话、西摩洛话是亲属方言的关系，与阿卡语是亲属语言的关系。哈尼语卡多话和西摩洛话的宾语格助词ʑɔ⁵⁵、tʃʌ⁵⁵，可弱读为ɔ⁵⁵、ʌ⁵⁵，哈尼语绿春大寨话、老马话的宾语格助词是a³³，阿卡语是ɤŋ⁵⁵。通过亲属语言、方言之间的语音对比，可以推测，哈尼语绿春大寨话、老马话和阿卡语宾语格助词的早期可能也有音节首辅音，只是后来脱落了。

---

① 赵敏、朱茂云：《墨江哈尼族卡多话参考语法》，中国社会科学出版社 2011 年版。

② 戴庆厦：《西摩洛语研究》，民族出版社 2009 年版。

③ 刘璐：《景颇族语言简志（景颇语）》，民族出版社 1984 年版。

同理可推测，苏龙语的宾语格助词o^{33}历史上也可能曾经历过音节首辅音脱落。综上还可推测，原始藏缅语宾语格助词的音节结构形式可能是"辅音+元音"式。

三　数量特点

藏缅语宾语格助词的数量多寡不一。我们对宾语格助词在不同语言或方言、土语中的数量分布做了一个统计，见下表：

表 2-1-4

语支	语言数量	宾语格助词的数量			
		1 个	2 个	3 个	0 个
彝语支	18	14	0	2	2
缅语支	7	6	1	0	0
景颇语支	4	3	1	0	0
羌语支	14	9	1	0	4
藏语支	3	3	0	0	0
语支未定	10	2	4	0	4
合计	56	37	7	2	10
比例（%）	100	66.1	12.5	3.6	17.9

根据宾语格助词数量的多少，可将藏缅语分为三类：第一类，只有 1 个宾语格助词，有 37 种藏缅语属于这种情况（详见表 2-1-2），占 56 种总样本的 66.1%；第二类，有 2-3 个宾语格助词，有 9 种藏缅语，占 16.1%，分别是哈尼语（绿春大寨话、老马话）、载瓦语、阿侬语、普米语（菁花话）、珞巴语和白语（剑川话、大理话、赵庄话）；第三类，没有宾语格助词，有 10 种藏缅语，占 17.9%，分别是卡卓语、彝语、嘉戎语、羌语（曲谷话）、道孚语（道孚话和革什扎话）、土家语（龙山话、仙仁话和泸溪话）和克伦语。可见，有 1 个宾语格助词的语言占多数。

同一种藏缅语有 2-3 个宾语格助词，这些宾语格助词在语义特征、句法功能或者语用上存在不同程度的差异，各有分工，互为补充。

（一）区分宾语的生命度

载瓦语的ʒĕ^{55}、珞巴语的me和白语剑川话的ŋɣ^{55}标记有生命的宾语，而载瓦语的lĕ^{55}、珞巴语的ɲam和白语剑川话的no^{33}除了标记有生命的宾语外，还可以标记无生命的宾语。例如：

载瓦语①

lă ²¹kam⁵⁵　nuŋ⁵⁵ni̯ k⁵⁵　ʒĕ ⁵⁵　kĕ ²¹ʒum⁵⁵　ʒa⁵¹.　　　　勒干要帮助你俩。
勒干　　　你俩　（宾助）帮助　（将行体）
tʃo i²¹　e⁵⁵　　　lĕ ⁵⁵　ŋui⁵¹　　　　　　　　喜爱漂亮的
漂亮（名物化助）（宾助）喜爱

珞巴语②

abo　me　ake do:　dəbo gok toka.　　　　叫爸爸吃饭。
爸爸（宾助）饭　吃（将行体）叫（语助）
çi tuŋ ja　　me aruŋ du nam mi ɦiam　mitpen moŋbo.
喝水　时（时间助）井　挖　的　人（宾助）忘记（否定、将行体）
喝水不忘挖井人。

ko: puɯ ɦiam tuppet　gəɲe:.　　　　　　　他把碗打破了。
他　碗　（宾助）打破　（完成体）

白语剑川话③

ŋo³¹　sua⁴⁴　a³¹khuã ³³tsi³³ no³³.　　　　我说（责怪）小狗子。
我　说　小狗子　　（宾助）
ŋo³¹　na²¹　　no³³　a³⁵ kĕ ⁵⁵.　　　　　我不怕困难。
我　困难（宾助）不　怕

　　白语大理话④有 2 个宾语格助词nɔ⁴⁴和mɯ⁵⁵：mɯ⁵⁵用于标记有生命的宾语，nɔ⁴⁴既可以标记有生命的宾语，也可标记无生命的宾语。例如：

pɯ⁵⁵ nɯ⁵⁵ ŋo³¹ sua⁴⁴ tɯ⁴⁴ lɔ³².　　　　我已经告诉他了。
他　（宾助）我　说　过（助）
ŋɔ³¹ pɯ³¹ ni²¹ nɔ⁴⁴ zu³³ tɯ⁴⁴ lɯ⁴⁴.　　　　我认识那个人。
我　那个　人（宾助）认　得　的

————————————

① 徐悉艰、徐桂珍：《景颇族语言简志（载瓦语）》，民族出版社 1984 年版。

② 欧阳觉亚：《珞巴族语言简志》，民族出版社 1985 年版。

③ 徐琳、赵衍荪：《白语简志》，民族出版社 1984 年版。

④ 王锋：《试论白语的三种基本语序》，《中国民族语言文学研究论集》（4），民族出版社 2004 年版。

po^{31} sŋ^{31}v^{33}　pɯ^{31} the^{55} no^{44} mi^{33} phia^{44} lɔ^{32}.　　　　　他想到那件事了。
他　事情　那　件（宾助）想　到　　了

（二）标记不同的语义成分

阿侬语[①]的 2 个宾语格助词kha^{31}和ba^{31}，用在表示受事、对象的宾语后时可以互换。例如：

a^{31}io^{31} a^{55}　　　mi^{53} ŋ^{31} kha^{31} a^{31}ȵɛŋ^{33} ɛ^{31}.　我打他了。
我（定指助）（施助）他（宾助）打　　（陈述后缀）
ŋa^{31} kha^{31}io？^{55} ba^{31} gɯ^{31} m^{31} laŋ^{35}.　　　我谁也不找。
我　谁　　（宾助）也　不　找
ŋa^{31} a^{31}daŋ^{55} ba^{31}　ŋa^{31} thim^{55}.　　　你对大家说。
你　大家　（宾助）（人称前缀）说
ŋa^{31} a^{31}io^{31} kha^{31} sŋ^{53} ʐuŋ^{55}.　　　你可以问我。
你　我　（宾助）问　可以

但ba^{31}较少用在表示与事的间接宾语后，而kha^{31}则可以。例如：

a^{31}io^{31} tha^{31}ȵaŋ^{55} kha^{31} ʂŋ^{55}va^{31} thi^{31} pɯŋ^{55} dʑiŋ^{55}.
我　弟弟　（宾助）书　一　本　给
我给弟弟一本书。
ŋa^{31} ŋ^{31} kha^{31} ga^{31}mɯ^{31} dʑen^{55} dɯ^{31}gu^{53} o^{31}.　　你帮他洗衣服。
你　他（宾助）衣服　洗　帮　（命令后缀）

此外，kha^{31}和ba^{31}还能放在方所成分后，表示动作发生的方位、处所。例如：

a^{31}io^{31} pha^{53}du^{55}dɔŋ^{55} kha^{31} a^{31}phi^{35}du^{55} a^{31}nɛ^{55}.我口袋里有钥匙。
我　口袋　（处所助）钥匙　有
a^{31}phɯ^{55}ȵi^{31} a^{31}io^{31} mu^{31}gum^{55} ba^{31} ɕuŋ^{55} ua^{31} a^{31}daŋ^{55}.
明天　　我　山　（处所助）柴　做（方向后缀）
明天我去山上砍柴去。

---

① 孙宏开、刘光坤：《阿侬语研究》，民族出版社 2005 年版。

哈尼语绿春话大寨话和老马话都有 3 个宾语格助词，语义特征和句法功能相同，只是语音略有差异。绿春大寨话①的宾语格助词是jɔ⁵⁵、a³³和le⁵⁵：jɔ⁵⁵使用频率最高，一般加在受事、对象成分后；a³³在标记宾语时可以和助词jɔ⁵⁵互换，但a³³还能标记处所成分；le⁵⁵主要用在小句宾语和长宾语后。例如：

ŋa⁵⁵ a³¹jo³¹ jɔ⁵⁵ ma³¹ mo⁵⁵ be³³ ja³³.　　　　我没见过他。
我　他　（宾助）不　见　过　（助）

ŋa³¹ no³¹ a³³ n̪u³¹tshe³¹ tɕhi³¹ mo⁵⁵ bi³¹ n̪a⁵⁵. 我给你一把犁。
我　你（宾助）犁　　　一　把　给　（助）

ŋa³¹ a³³ so³¹ɣa³¹ tɕhi³¹ khɔ³¹ bi³¹.　　　　给我一本书。
我（宾助）书　　一　　本　给

a³¹jo³¹ ɔ³¹ze⁵⁵ ze⁵⁵ ŋa³³ le⁵⁵ e⁵⁵.　　　　他说下雨了。
他　雨　　下　（助）（宾助）说

绿春老马话②的宾语格助词分别是jo⁵⁵、a³³和le⁵⁵：受事宾语和对象宾语后多用jo⁵⁵，也可用a³³；与事宾语和方所宾语后用a³³；小句宾语后用le⁵⁵。例如：

no⁵⁵ja³¹ lɔ³³s̩⁵⁵ jo⁵⁵ gu⁵⁵ li³³.　　　　你们去叫老师。
你们　老师（宾助）叫　去

a⁵⁵go³³ dɔ⁵⁵n̪a³³ a³³ li³³ a⁵⁵.　　　　哥哥去绿春了。
哥哥　绿春（宾助）去　了

ŋa⁵⁵ a³¹jo³¹ so³¹ɣa³¹ dzo⁵⁵ le⁵⁵ xɣ̱³³.　　　我知道他读书。
我　他　书　　读（宾助）知道

哈尼语绿春老马话③
ŋa⁵⁵ a³¹jo³¹ a³³（或jo⁵⁵）di³¹.　　　　我打他。
我　他　（宾助）　　打

a³¹jo³³ma³¹ a³¹ta̱³³phø³³ a³³ da³³ li³³ a⁵⁵.　他们上去上面了。
他们　　　上面　（宾助）上　去　了

① 李永燧、王尔松：《哈尼语简志》，民族出版社 1986 年版。
② 李泽然：《哈尼语的述宾结构——兼与汉语比较》，《汉语与少数民族语言语法比较》，戴庆厦主编，民族出版社 2006 年版。
③ 李泽然：《哈尼语的宾语助词》，《语言研究》2005 年第 3 期。

a⁵⁵dʑa³³ a³¹jo³¹ jo⁵⁵ bo⁵⁵na̠³³ le⁵⁵ gu⁵⁵.　　　大家叫他波南。
大　家　他（宾助）波 南（宾助）叫

（三）区分宾语的"数"

普米语菁花话①的宾语格助词tɕi⁵⁵标记单数宾语，bie³¹标记复数宾语。例如：

tə⁵⁵ʐue⁵⁵ iɛ¹³ nɛ¹³ tɕi⁵⁵ sə¹³sdʒə⁵⁵ sgiɑ¹³ʐuu⁵⁵.　　　他非常爱你。
他　（主助）你（宾助）非常　　爱（后加）

tə⁵⁵ gue⁵⁵iɛ¹³ za̠¹³ma⁵⁵ ni¹³ bie⁵⁵ thə¹³tʃha¹³si⁵⁵.　　　他宰了两只母鸡。
他（主助）　母鸡　两（宾助）（前加）宰（后加）

藏语②的情况有些特殊，要特别说明。藏语在书面语中有 2 个宾语格助词：一个读作la，加在闭音节或韵母是鼻化元音或 14 调或 55 调的音节之后；另一个在当代藏语中只保留了文字形式，已不发音，作用是使前一个音节发生变读。例如：

ŋɛʔ¹² ji¹²ke¹² the¹² kho⁵⁴raŋ¹⁴ la ku⁵⁵ tsha⁵⁵.我已经把那封信寄给他了。
我　信　那　他　（宾助）寄　完

the¹²theʔ⁵⁴ ŋa¹²/¹⁴ [] kɛʔ⁵⁴ tɕi taŋ⁵⁵ a.　　　那时叫我一下啊！
那时　我　（宾助）声　一　叫（语助）

四　小结

以上我们对藏缅语宾语格助词的共时分布、语音特点、数量类别进行了描写和分析，可以看到，藏缅语宾语格助词具有以下共时特点：

1. 分布广。藏缅语的每个语支都有宾语格助词分布，约 85.4%的藏缅语有宾语格助词。

2. 音节稳固，结构简单。宾语格助词的声母没有复辅音；约 93.5%的宾语格助词的语音结构属于"辅音+元音"式；约 95.7%的宾语格助词是单元音韵母，只有 2 种语言的宾语格助词是复元音韵母。

3. 数量少。只有 1 个宾语格助词的藏缅语约占 66.1%，说明宾语格助词数量少，语法化程度高。

---

① 陆绍尊：《普米语简志》，民族出版社 1983 年版。

② 金鹏：《藏语简志》，民族出版社 1983 年版。

第二节　宾语格助词的语义特征、句法功能和语用功能

藏缅语的宾语格助词在本质属性上既是一种语义格，又是句法格，此外，还能作语用标记。那么，作为语义格，其标记的典型的语义特征是什么？作为句法格，其句法功能又如何？宾语格助词还具有哪些语用的功能？这些是本节要着重研讨的问题。

一　语义特征

藏缅语的宾语格助词是虚词，语法化程度高，本身没有具体实在的词汇意义，但其标记的语法成分是有实实在在的意义的。所以，这里说的"语义特征"是指宾语格助词标记的语法成分的语义特征。

藏缅语名词、代词与动词之间可以构成多种语义关系。以景颇语[①]为例说明如下：

1."施事——动词"关系。例如：

jon^{31} sa^{33} să ^{55}ka^{755}!　　　　　　大家去吧！
大家 去 （句尾）

2."受事——动作"关系。例如：

wa^{731} lă ^{55}khoŋ^{51} sat^{31} sai^{33}.　　　　　杀了两头猪。
猪 两 杀 （句尾）

3."时间——动作"关系。例如：

khjiŋ^{33}mă ^{31}sum^{33}tha^{731} ʒot^{31} ka^{731}!　　　（我们）三点钟起来吧！
点钟 三 里 起（句尾）

4."方所——动作"关系。例如：

să ^{31}poi^{55}tha^{731} paŋ^{33} tat^{31} u^{731}!　　　（你）放在桌子里面吧！
桌子 里 放 上（句尾）

---

① 戴庆厦：《景颇语参考语法》，中国社会科学出版社 2012 年版。

在上述四种关系中，"时间——动作"、"方所——动作"的语义关系是很明晰的，不会混淆，而"施事——动词"和"受事——动作"则容易混淆。这主要是由于大多数藏缅语是"动词居句末型"语言（verb-final language），施事和受事都在动词之前。比如，景颇语的ʃi³³（他）tsu̱ n³³tan⁵⁵（告诉）是"告诉他"还是"他告诉"？又如，傈僳语的mɑ⁴⁴（妈妈）go³¹（给）是"妈妈给"还是"给妈妈"？如果在施事或受事后不加以特别说明，就可能产生歧义。

遇到施受关系不辨的情况时，藏缅语常常采用标记受事的方式，将二者区分开来。最常见的句法标记是在受事宾语后加格助词。例如：（"〰〰〰〰"表示施事，"＿＿＿"表示受事）

傈僳语[1]

主谓短语	动宾短语
mɑ⁴⁴　go³¹　妈妈给	mɑ⁴⁴　tɛ⁵⁵　go³¹　给妈妈
妈妈　给	妈妈（宾助）给
ŋuɑ³³　ma⁵⁵　我教	ŋuɑ³³　tɛ⁵⁵　ma⁵⁵　教我
我　　教	我　（宾助）教

勒期语[2]

主谓短语	动宾短语
sə k⁵⁵kam⁵³　nɯ:n⁵⁵. 树晃动。	sə k⁵⁵kam⁵³　le⁵⁵　nɯ:n⁵⁵. 把树晃动。
树　　　　晃动	树　　（宾助）晃动

景颇语[3]

主谓短语	动宾短语
ʃi³³　tsu̱ n³³tan⁵⁵ 他告诉	ʃi³³　pheʔ⁵⁵　tsu̱ n³³tan⁵⁵ 告诉他
他　告诉	他（宾助）　告诉
să ³¹ʒa³³　tso ʔ⁵⁵ʒaʔ³¹ 老师热爱	să ³¹ʒa³³　pheʔ⁵⁵　tso ʔ⁵⁵ʒaʔ³¹ 热爱老师
老师　　热爱	老师　（宾助）　热爱

标记受事成分是藏缅语宾语格助词最主要、最典型的语义特征。这里

---

① 徐琳、木玉璋等：《傈僳语简志》，民族出版社 1986 年版。

② 戴庆厦、李洁：《勒期语研究》，中央民族大学出版社 2007 年版。

③ 戴庆厦：《景颇语参考语法》，中国社会科学出版社 2012 年版。

说的"受事"是广义的受事，包括狭义的受事、对象和与事。

（一）受事

指动作行为涉及的人或事物，是动作行为的承受者。例如：

哈尼语绿春老马话[①]

ŋa⁵⁵ a³¹jo³¹ a³³[②] di³¹.　　　　　　　　　　　　我打他。
我　他　（宾助）打

luɯ³¹ɕa⁵⁵ji⁵⁵ ɣ³³ xa³¹lu³³ ne³³ o⁵⁵lo⁵⁵ jo⁵⁵ ja³¹ the³¹ a⁵⁵.
滚　下　来　的　石头（主助）蛇　（宾助）压　住　了
滚下来的石头压住了蛇。

毕苏语[③]

ʐa³¹maŋ³¹ ʐa³¹ki³³ na³³ tshu³³.　　　　　　　　　老人扶孩子。
老人　　孩子（宾助）扶

波拉语[④]

tsɔn⁵⁵ ɣaʔ³¹nɔ³⁵ ʒe³¹/⁵¹[⑤] lai³⁵/³¹ kjaʔ⁵⁵tɔ̃ ⁵⁵/⁵¹ la³¹ ve⁵⁵.
老鹰　小鸡　（宾助）　来　　叼　　　　走　（助）
老鹰叼走了只小鸡。

阿侬语[⑥]

a³¹io³¹ a⁵⁵　　mi⁵³ ŋ³¹ kha³¹ a³¹ɳɛŋ³³ ɛ³¹.　　　我打他了。
我（定指助）（主助）他（宾助）打（陈述后缀）

普米语[⑦]

a⁵⁵ tə⁵⁵gə⁵⁵ po⁵⁵ ʃtʃhuɛ⁵⁵mə⁵⁵ʃtʃhu⁵⁵.　　　　　　我没撞他。
我　他　（宾助）　撞（否定）

---

① 李泽然：《哈尼语的宾语助词》，《语言研究》，2005 年第 3 期。

② 也可以用 jo⁵⁵。

③ 徐世璇：《毕苏语研究》，上海远东出版社 1998 年版。

④ 戴庆厦、蒋颖、孔志恩：《波拉语研究》，民族出版社 2007 年版。

⑤ 这个句子中的宾语格助词也可以不用。

⑥ 孙宏开、刘光坤：《阿侬语研究》，民族出版社 2005 年版。

⑦ 傅爱兰：《普米语动词的语法范畴》，中国文史出版社 1998 年版。

纳木义语[1]

tɕhe⁵³ ŋa⁵⁵ dæ⁵⁵ mi³³nbo³¹ æ⁵⁵.　　　　他打我了。
他　我（宾助）打

史兴语[3]

thi⁵³ ŋʒ⁵⁵ sɿ⁵⁵ dʑua³⁵tɕæ⁵³.　　　　他打我了。
他　我（宾助）打（后加）

尔苏语[4]

the⁵³ æ⁵⁵ wæ⁵³ kæ⁵³ læ³¹.　　　　他打我了。
他　我 （宾助）打　了

门巴语[5]

pe³⁵ le³¹ choʔ⁵³ theʔ⁵³ jʌ³⁵wo⁵³　 neʔ³⁵.　　踢他一脚。
他（宾助）踢　　一　做（后加）（语助）
ŋʌi³⁵ te³¹ pe³⁵ le³¹ teŋ⁵³ni⁵³　　jin³⁵te³¹.　我拉了他一把。
我（主助）他（宾助）拉（后加）（体助）

（二）对象

指动作行为涉及的对象。根据动词行为是否外现、可观，可把带对象成分宾语的动词大致分为两类：

1. 心理动作类。这类动词多含有情感义和意愿义，及物性较弱。例如：

哈尼语绿春老马话[6]

a³¹jo³¹ a⁵⁵mo⁵⁵ jo⁵⁵ sɔ³¹.　　　　他讨厌苍蝇。
他　苍蝇（宾助）讨厌
a⁵⁵ba³³ o⁵⁵lo⁵⁵ jo⁵⁵ gu̱³³.　　　　姐姐怕蛇。
姐姐　蛇　（宾助）怕

柔若语[7]

n̪o³³ ŋu⁵⁵ ko³³ i³⁵tɕẽ⁵⁵ ta³¹ tɕhi³⁵?　你对我有意见吗？
你　我（宾助）意见（前缀）有

---

①③④ 戴庆厦、黄布凡等：《藏缅语十五种》，北京燕山出版社 1991 年版。

⑤ 陆绍尊：《错那门巴语简志》，民族出版社 1986 年版。

⑥ 李泽然：《哈尼语的宾语助词》，《语言研究》，2005 年第 3 期。

⑦ 孙宏开：《柔若语研究》，中央民族大学出版社 2002 年版。

普米语[①]

ti^{55} mi^{55} bie^{31} tə^{55}-dʐ^{55}-pa^{31}si^{31}.　　　他开始恨这人了。
这　人（宾助）　恨　（不自主、已行体）

格曼语[②]

ɯn^{55} wʌn^{35} ŋo^{53}ki^{53} dzɯŋ^{55} xi^{55} dʌm^{55} mɯɯ^{55}.
他们（助）　各自　　亲人（宾助）想念　（附）
他们想念自己的亲人。

仓洛语[③]

tɕaŋ^{13} nan^{13} ça　joŋ^{13}khen^{55} la.　　　我怕你。
我　你（宾助）怕　　（助动）

义都语[④]

a^{33}hi^{53} ja^{33} ɳi^{55} tʂa^{55}çi^{55} go^{31} ndia^{33}.　他喜欢扎西。
他　（主助）　扎 西（宾助）喜欢

苏龙语[⑤]

da^{33}kin^{55} o^{33} a^{31}pak^{53}　　　　　　喜欢达金。
达 金（宾助）喜欢

2. 行为动作类。这类动作行为具有方向性，一般不直接作用于对象成分，而是指向对象成分。在译成汉语的时候，往往对应于"向……+动词"、"跟……+动词"、"对……+动词"等介中结构。例如：

傈僳语[⑥]

su^{44} tɛ^{55}　so^{44} na^{44}lo^{42}.　　　　　应该向人家学习。
人（宾助）学　应该

---

① 傅爱兰：《普米语动词的语法范畴》，中国文史出版社 1998 年版。
② 李大勤：《格曼语研究》，民族出版社 2002 年版。
③ 张济川：《仓洛门巴语简志》，民族出版社 1983 年版。
④ 江获：《义都语研究》，民族出版社 2005 年版。
⑤ 李大勤：《苏龙语研究》，民族出版社 2004 年版。
⑥ 徐琳、木玉璋等：《傈僳语简志》，民族出版社 1986 年版。

拉祜语苦聪话①

nɔ^{31} zʌ^{33} mʌ^{31} muɯ^{31} ve^{33} ɣu^{35} tɕɛ^{33} nɔ^{31} lɔ^{33} di^{31}piɛ^{55}.
你　地　不　　种　（连）别人　你（宾助）骂　会
你不干活，人家会批评你的。

阿卡语②

a^{31}jɔ^{31} a^{31}su^{55}ɣa^{31} ɣŋ^{55} xɔ̩^{31} ma^{31} ŋje^{31}tshɔ^{31}.
他　　谁　　（宾助）也　不　　说话
他跟谁都不说话。

独龙语③

ɑ^{31}jǎ ʔ^{55} ɟɔ^{55}mǎ i^{55}ɹɑ^{31} ǎ ŋ^{53} tɕǎ l^{53} le^{31} tɯ^{31}ɹ̆ ŋ^{53}.
那　　老头　　　他　儿子（宾助）骂
那老头骂他的儿子。

尔苏语④

the^{53} æ^{55} wæ^{53} ma^{33} ge^{31}.　　　　　　　　　　他骂我了。
他　我　（宾助）骂

阿昌语梁河话⑤

ʂaŋ^{31} ɯ^{33} nɑ^{33} kɑ^{33} ŋo^{31}tuŋ^{33} tə^{33} kai^{33} ɛi^{ʔ55}.　她笑着对我们说。
她　笑（体助）（连）我们　　（宾助）说　（助）

载瓦语⑥

naŋ^{51} sǎ^{21}pe̩^{55} ʒě^{55} lo^{55} mji^{21} aʔ^{55}!　　　　　　你去问别人吧！
你　别人　（宾助）去　问　（语助）

仙岛语⑦

tʂai^{55} mɛ^{31}　tɛ^{55} kzai̩^{55}.　　　　　　　　　　哥哥对妈妈说。
哥哥　妈妈（宾助）说

① 常俊之：《元江苦聪话参考语法》，中国社会科学出版社 2011 年版。

② 戴庆厦：《泰国阿卡语研究》，中国社会科学出版社 2009 年版。

③ 孙宏开：《独龙语简志》，民族出版社 1982 年版。

④ 戴庆厦、黄布凡等：《藏缅语十五种》，北京燕山出版社 1991 年版。

⑤ 时建：《梁河阿昌语参考语法》，中国社会科学出版社 2009 年版。

⑥ 徐悉艰、徐桂珍：《景颇族语言简志（载瓦语）》，民族出版社 1984 年版。

⑦ 王朝晖：《仙岛人及其语言》，民族出版社 2005 年版。

景颇语①

ʃi³³ pheʔ⁵⁵ niŋ⁵¹ ŋu⁵⁵ khum³¹ tsun³³ jo⁵¹!　别对他这样说哟！
他（宾助）这样讲　别　　说　　哟

ŋai³³ naŋ³³ pheʔ⁵⁵ tsun³³ sa⁵⁵teʔ⁵⁵ai³³.　　我对你说了。
我　你　（宾助）说　　（句尾）

阿侬语②

ŋa³¹　a³¹dɑŋ⁵⁵　ba³¹　　ŋɑ³¹　thim⁵⁵.　　你对大家说。
你　大家　（宾助）(人称前缀)说

门巴语③

ŋʌi³⁵ te³¹ ʂu⁵⁵tɕi⁵⁵ le³¹ ɕʌt⁵⁵wo⁵³　jin³⁵.　我对书记讲了。
我（主助）书　记（宾助）讲（后加）（体助）

（三）与事

指动作的参与者或受益者。多与受事成分一起出现在双宾语结构中。④
例如：

哈尼语⑤

ŋa³¹ no³¹ a³³　n̠u³¹tshe³¹ tɕhi³¹ mo⁵⁵ bi³¹ n̠a⁵⁵.　我给你一把犁。
我　你（宾助）犁　　一　把　给　（助）

拉祜语拉祜纳方言勐朗话⑥

tsa³¹mo²¹ li²¹ ma¹¹pa¹¹ lɛ³³ ŋa³¹xɯ³³ tha²¹ xɛ⁵⁴li²¹ ma¹¹ la⁵³ ve³³.
扎　莫　　　老师（话助）我　们　（宾助）汉语　教　（助）
扎莫老师教我们汉语。

---

① 戴庆厦：《景颇语参考语法》，中国社会科学出版社 2012 年版。
② 孙宏开、刘光坤：《阿侬语研究》，民族出版社 2005 年版。
③ 陆绍尊：《错那门巴语简志》，民族出版社 1986 年版。
④ 双宾语中的宾语格助词详见本章第六节。
⑤ 李永燧、王尔松：《哈尼语简志》，民族出版社 1986 年版。
⑥ 常竑恩：《拉祜语简志》，民族出版社 1986 年版。

浪速语①

a⁵⁵mõ³⁵ ŋɔ³¹ ʒɛ³¹ ʃi³⁵ tă³¹ tʃam⁵⁵ pjik⁵⁵ ʒa⁵⁵.
哥哥　我（宾助）果子 一　 篮　 给　 （助）
哥哥给我一篮果子。

波拉语②

ŋa⁵⁵ jõ³¹ ʒɛ³¹ mak³¹ tă³¹ pɔn⁵⁵ pi³¹ ɛ³¹.　　　　　我给他一根竹笋。
我　他 （宾助）竹笋 一　 根　 给（助）

景颇语③

nu̜⁵¹ ʃi³³ pheʔ⁵⁵ mau³¹mji³¹ khai³¹ tan⁵⁵ nuʔ⁵⁵ai³³.　　妈妈给他讲了故事。
妈　他（宾助）　故事　　讲　 （貌）（句尾）

阿侬语④

a³¹muɯ³¹ a³¹io³¹ kha⁵⁵ ga³¹muɯ³¹se⁵⁵ thi³¹tham⁵⁵ ŋ³¹ pha⁵³ phuɯŋ³¹ɛ³¹.
妈妈　 我　（宾助）衣服　 新　 一　 件（人称前缀）缝 给（陈述后缀）
妈妈给我缝了一件新衣服。

普米语⑤

a⁵⁵　po⁵⁵ phʐa³¹tʂhə⁵⁵ ti⁵⁵ thə³¹-ʃtʃhe³¹ ʃtʃɛ³¹qu³¹. 请你叫他帮我喂猪食。
我（宾助）猪　食　 一　　 喂　 （致使、祈求）

藏语⑥

ŋɛʔ¹² 　ji¹²ke¹² the¹² kho⁵⁴raŋ¹⁴ la　ku⁵⁵ tsha⁵⁵.
我（助）信　那　他　 （宾助）寄　完
我已经把那封信寄给他了。

① 戴庆厦：《浪速语研究》，民族出版社 2005 年版。
② 戴庆厦：《波拉语研究》，民族出版社 2007 年版。
③ 戴庆厦：《景颇语参考语法》，中国社会科学出版社 2012 年版。
④ 孙宏开、刘光坤：《阿侬语研究》，民族出版社 2005 年版。
⑤ 傅爱兰：《普米语动词的语法范畴》，中国文史出版社 1998 年版。
⑥ 金鹏：《藏语简志》，民族出版社 1983 年版。

苏龙语[①]

çian⁵³ ta³¹ gɯ³³ɣən⁵⁵ o³³ ka³¹sua⁵⁵ çun⁵⁵ jã³¹ suak⁵⁵ hwei³¹.
县　（助）我们　（宾助）桥　　一　座　架　（助）
县里为我们架了一座桥。

义都语[②]

ŋa³⁵ a³³ hi⁵⁵ja³³ go³¹ mi³³ku⁵⁵ kheŋ⁵⁵ ge³³ ha³⁵ ja³³.
我　他　（宾助）狗　　一　　　　给（助）
我送给他一只狗。

　　按受动性强弱程度的不同，可把藏缅语的语义成分作出排序，由强到弱依次是：受事的受动性最强、对象、与事渐次，处所、工具再次，施事的受动性最弱。根据语义成分与句法成分的配位原则，各语义成分充任宾语的优先序列是：受事＞对象＞与事＞处所＞工具＞施事。可见，受事是最典型的、最适合充当宾语的语义成分；对象、与事的受动性虽不及受事那么强，但要比处所、工具和施事强。在受动性这个特点上，对象、与事与受事具有共性，并构成受动连续统，因而都能充任宾语。

　　在我们统计的 56 种藏缅语（含方言、土语）中，有 43 种藏缅语不区分充任宾语的受事、对象和与事成分，有 7 种藏缅语区分或者部分区分，还有 6 种语言因语料不够翔实全面，难以做出判断。其中，43 种藏缅语还可分为两种类型。

　　1. 当受事、对象和与事成分充当宾语时，有 40 种藏缅语使用宾语格助词来标记。这些藏缅语分布在各个语支中：

　　彝语支（16 种）：纳西语、傈僳语、基诺语巴亚话、基诺语巴朵话、拉祜语拉祜纳方言富邦话、拉祜语拉祜纳方言勐朗话、拉祜语苦聪话、桑孔语、哈尼语绿春大寨话、哈尼语绿春老马话、哈尼语西摩洛话、哈尼语卡多话、泰国阿卡语、柔若语、怒苏语、毕苏语；

　　缅语支（7 种）：阿昌语陇川话、阿昌语梁河话、载瓦语、波拉语、仙岛语、勒期语、浪速语；

　　景颇语支（4 种）：景颇语、阿侬语、格曼语、独龙语；

　　羌语支（3 种）：羌语桃坪话、普米语箐花话、普米语桃巴话；

　　藏语支（3 种）：藏语、门巴语、仓洛语；

①　李大勤：《苏龙语研究》，民族出版社 2004 年版。
②　江荻：《义都语研究》，民族出版社 2005 年版。

语支未定（7 种）：苏龙语、白语大理话、白语剑川话、白语赵庄话、珞巴语、义都语、克伦语。

2. 卡卓语、土家语泸溪话和嘉戎语也不区分充任宾语的受事、对象和与事成分，但与上述 40 种藏缅语不同的是，卡卓语、土家语泸溪话和嘉戎语没有宾语格助词，受事、对象和与事成分都以零标记形式出现。例如：（宾语用"＿＿＿"表示）

卡卓语[1]

zi^{33} 　$k\varepsilon^{33}$ 　$\underline{\eta a^{33}}$ 　$khov^{31}$ 　tha^{55}. 　　　他打我。（受事宾语）

他（主助）我 　打 　　着

zi^{33} 　$\underline{\eta a^{33}}$ 　ma^{31} 　$z_1^{31}s_1^{24}$. 　　　　他不理睬我。（对象宾语）

他 　我 　不 　理睬

zi^{33} 　m^{31} 　te^{31} 　ma^{323} 　$\underline{\eta a^{33}}$ 　$\eta a^{55}ku^{31}$. 　他借了我一匹马。（与事宾语）

他 　马 　一 　匹 　　我 　借

土家语泸溪话[2]

$ka^{33}tsha^{33}te^{21}$ 　$\underline{sa^{13}bie^{21}}$ 　bu^{55}. 　　　他们家打小孩。（受事宾语）

他 家 　　　小孩 　　打

ηo^{33} 　$\underline{ka^{21}\varsigma ie^{21}}$ 　$li^{21}si^{21}$ 　$mai^{13}ji^{55}$. 　我不喜欢他们。（对象宾语）

我 　他们 　　喜欢 　不

ηo^{33} 　$\underline{ka^{33}}$ 　$tsha^{33}$ 　la^{21} 　bu^{21} 　ηi^{55} 　我借了他一间房子。（与事宾语）

我 　他 　房子 　一 　间 　借

　　嘉戎语是藏缅语中最典型的"作格——通格"型语言，使用施格助词标记主语，宾语没有格助词标记。当受事、对象和与事成分充任宾语时，都不加格助词。例如[3]：（宾语用"＿＿＿"表示）

mək 　　$\underline{kh\ni}$ na-top. 　　　　他打狗。（受事宾语）

他（施助）狗 　打

ŋa 　$\underline{m\ni}$ 　nɐ-khoŋ. 　　　　　我将喊他。（对象宾语）

我 　他（前缀）喊

---

① 木仕华：《卡卓语研究》，民族出版社 2002 年版。

② 李敬忠：《泸溪土家语》，中央民族大学出版社 2000 年版。

③ 林向荣：《嘉戎语研究》，四川民族出版社 1993 年版。

mək　　　ŋa tə-ktsa tə-mbəm nəu-we-ŋ.

他（施助）我 鞋子 一 双（前缀）给（后缀）

他给了我一双鞋。（与事宾语）

3. 彝语、土家语龙山话、道孚语等 13 种藏缅语区分或者部分区分受事、对象、与事成分。这主要是由于认知和编码方式有差异，因而在三种语义成分后使用不同的标记形式。

（1）受事、与事宾语后不使用格标记，对象成分后有格标记。

彝语[①]在对象成分后加向格tɕo³⁴，受事、与事后无标记。例如：（宾语用"＿＿＿"表示）

khɯ³³ a³⁴n̪ɪ³³ ɕɪ⁵⁵ o³⁴.　　　　　　　狗咬猫了。（受事）

狗　　猫　　咬　了

tshi³³ a³⁴mo³³ tɕo³⁴ hɪ²¹.　　　　　　　他对妈妈说。（对象）

他　妈妈　（向格）说

kha³⁴di³³ no³³su³³bu³³ma³³ nɯ³³ m̪a⁵⁵?　谁教你彝文？（与事）

谁　　彝文　　　　　你　教

（2）受事没有格标记，而对象、与事使用相同的格标记。

土家语龙山话、土家语保靖仙仁话、道孚语道孚话、道孚语革什扎话的名词、代词与动词的语义关系是"受事——动作"时，对应的句法结构是宾动结构，不加任何格标记；指人名词或代词与动词的语义关系是"对象——动作"或者"与事——动作"时，对应的句法结构是状中结构，要加与事格助词。例如：

土家语龙山话[②]

ŋa³⁵ ko³⁵ tha⁵⁵.　　　　　　　　　我告发他。（受事）

我　他　告发

ŋa³⁵ ko³⁵ po⁵⁵ tha⁵⁵.　　　　　　我帮他告发。（对象）

我　他（与助）告发

ko³⁵ ŋa³⁵ po⁵⁵ zo³⁵tha⁵⁵pha²¹ le³⁵ le⁵⁵. 他给了我羊皮。（与事）

他　我（与助）羊皮　　给　（助）

---

① 陈康、巫达：《彝语语法（诺苏话）》，中央民族大学出版社 1998 年版。

② 田德生、何天贞等：《土家语简志》，民族出版社 1986 年版。

土家语仙仁话[1]

ŋa^{33} ȵi^{33} li^{33}.　　　　　　　　　　我讲你。（受事）
我　你　讲

ŋa^{33} ȵi^{33} po^{33} li^{33}.　　　　　　　我给他们讲。（对象）
我　你（与助）讲

pha^{33}phu^{35} ŋa^{33} o^{54} tɕhe^{35}pu^{55}lɛ^{55} ka^{35}ɕi$^{33/55}$ lie^{35}.
爷爷　　　我（与助）黄豆　　几　升　　送
爷爷给我几升黄豆。（与事）

　　道孚语没有宾语格助词，受事成分与动词直接构成宾动结构；对象、与事成分与动词构成状中结构，使用相同的格标记gi或者ke。例如：

道孚语道孚话[2]

pjɛrɣu　yu　ɣraze lu də-mtɕhur.　　　老鹰叼了小鸡。（受事）
老鹰　（施助）小鸡　个　叫了

ŋa gergen　gi də-jo-ŋ.　　　　　　　我对老师说了。（对象）
我 老师　（助）说了

ndʐaxpər yu　ŋa　gi　stɛwuskɛ ɣʐo-ŋ-gu.　甲本教我道孚话。（与事）
甲本　　（助）我（助）道孚话　教

道孚语革什扎话[3]

ŋa xhə ȵə mtɕa.　　　　　　　　　　我看望他们。（受事）
我 他们 看

ŋəu xhə ke da dɛ si.　　　　　　　你打骂他了。（对象）
你 他（助）打 骂（助）

ŋa wə xhə ke tsha zgə wə shŋəu.　　我借给他衣服。（与事）
我（助）他（助）衣服　借

　　可见，土家语和道孚语都没有双宾语结构，而是用与格式与其他藏缅语以及汉语的双宾语结构对应。
　　（3）受事、对象和与事成分都需要标记，但标记形式不同。
　　羌语的受事与动词构成宾动关系，受事由动词的附加成分来标记；对

①　戴庆厦、田静：《仙仁土家语研究》，中央民族大学出版社 2005 年版。
②　戴庆厦、黄布凡等：《藏缅语十五种》，北京燕山出版社 1991 年版。
③　多尔吉：《道孚语革什扎话研究》，中国藏学出版社 1998 年版。

象、与事成分与动词构成状中关系，用格助词或者后缀来标记。例如：

羌语曲谷话①

qa qupu ni - dʑi - w - a.　　　　　　我打了他。（受事）
我 他（已行）打（宾语第三人称）（主语第一人称）

qa ʔũ -tɕ②　　zʁua ɦe-se.　　　　　我可以帮你的忙。（对象）
我 你（对象）帮助 可以

kuetɕa ʔitɕi-tɕ　　dzikụ　　ha-ʂkụ -zə̣　　wa.（与事）
国 家 我们（对象）钱（趋向）借（使动）（语气）
国家贷款给我们了。

羌语麻窝话③

qak təβaɹ thaːk təχtʂa zita-tʃaː.　　我的哥哥要打他的弟弟。（受事）
我的哥哥 他的 弟弟 打（宾语是第三人称领有）

zəʂkuə lut-çi çi qu-ji.　　　　　　　老鼠怕猫。（对象）
老鼠 猫（宾助）怕（后加）

spusku baɹ spusku χtʂa çi zət sy-ji.
活佛 大 活佛 （宾助）经文教（后加）
大活佛教小活佛念经文。（与事）

4. 史兴语、却域语、尔苏语等 6 种羌语支语言由于公开刊布的语料较少，关于受事、对象和与事成分在句中是否需要标记、采用什么标记形式等现象尚未见描写或者描写得不清楚，因而不能轻易下结论。以下仅就掌握的有限材料进行分析。

（1）受事、对象使用不同的格标记，缺少关于与事的语料记载。

史兴语④的格助词ɳ̩[55]用在"打、给、教"一类动词的受事成分后面，受事成分充任动词的宾语。格助词ʁõ[53]用于"怕、骂"等带有感情色彩的行为动词的对象成分后，对象成分充任动词的状语。ʁõ[53]是向格助词。例如：

① 黄布凡、周发成：《羌语研究》，四川人民出版社 2006 年版。
②《羌语研究》认为-tɕ是结构助词，本书认为-tɕ是一个标记对象成分和与事成分的后缀。
③ 刘光坤：《麻窝羌语研究》，四川民族出版社 1998 年版。
④ 戴庆厦、黄布凡等：《藏缅语十五种》，北京燕山出版社 1991 年版。

thi⁵³　ŋɜ⁵⁵　sı⁵⁵　dʐua³⁵tɕæ⁵³.　　　　　　　他打我了。
他　我（宾助）打（后加）

thi⁵³　la⁵⁵　ʁõ⁵³　zu³⁵.　　　　　　　　　他怕老虎。
他　老虎（向格）怕

　　却域语[①]的格助词kɯ标记受事宾语，格助词ʁa标记对象状语。ʁa是向格助词。例如：

phu⁵⁵ro⁵⁵　ji¹³n̺i⁵⁵　xpa⁵⁵　ʁa　　　tə⁵⁵mdʑ̩¹³　si³¹.　　乌鸦捉住了青蛙。
乌鸦　　（主格）青蛙（宾助）（前加）捉（助动）

tsɛ¹³　ŋa¹³　kɯ　kha⁵⁵　ŋu⁵⁵khui¹³.　　　　　　　他骂我。
他　我（向格）骂

　　（2）受事、对象使用相同的格标记，缺少关于与事的语料记载。
　　尔苏语[②]的受事、对象成分使用相同的格标记wæ⁵³，充任动词的宾语。例如：

the⁵³　æ⁵⁵　wæ⁵³　kæ⁵³　læ³¹.　　　　　他打我了。
他　我（宾助）打　了

æ⁵³　ne⁵⁵　wæ⁵³　the³³　dʑi⁵³　mi³⁵.　　我对你说过了。
我　你（宾助）说　过

　　纳木义语[③]的受事成分和对象成分使用相同的格标记dæ⁵⁵，充任动词的宾语。例如：

tɕhe⁵³　ŋa⁵⁵　dæ⁵⁵　mi³³nbo³¹　æ⁵⁵.　　他打我了。
他　我（宾格）打

ŋa⁵⁵　nuo³¹　dæ⁵⁵　ʂuo⁵⁵　ntɕhi⁵³.　　　我对你说过。
我　你　（宾格）说　过

　　（3）受事宾语和与事使用相同的格标记，缺少对象成分的语料记载。
　　扎坝语的受事、与事成分后使用相同的格标记wu³³，分别充任动词的宾语和双宾语结构中动词的间接宾语。此外，还有一个为格标记vi³³。例如：

①②③　戴庆厦、黄布凡等：《藏缅语十五种》，北京燕山出版社 1991 年版。

ŋʊ⁵⁵zʊ⁵⁵　nʊ³³　wu³³　kʌ³³-tʌ³³tia³³.　　　　　　（听说）他打了你了。
他　　　你（宾助）打（闻知语气后缀）

ŋʊ⁵⁵zʊ⁵⁵　ŋa¹³　wu³³　ke³³mə⁵⁵　ga³³　n̠i⁵⁵.　　　他借给我一件衣服。
他　　　我（宾助）衣服　件　借

a³³pʌ⁵⁵　pʌ³³ɟjʌ⁵⁵　vi³³　tsɿ¹³　po⁵⁵po⁵⁵　tɕi⁵⁵　kə⁵⁵ɕi³³kia³³.
爷爷　　孩子　（为格）糖　包　　一个　买了
爷爷给孩子买了一包糖。

（4）对象和与事成分使用同一个格标记，缺少受事宾语的语料。

木雅语[①]的格助词le³³加在对象、与事成分后，还有一个格助词tɕhi³³也能加在对象成分后。例如：

ɤ⁵⁵tsə³³　ji⁵³　ŋə³³　le³³　ʁa³³　ti³³.　　　　　　他骂我。　　　　（对象）
他　（助）我（宾助）骂（语助）

ŋə⁵³　ji³³　ɤ⁵⁵tsə³³　le³³　wɤ²⁴tsə³³　tse⁵⁵ŋguə⁵³　ŋuə⁵⁵ŋuə³³　tsə⁵⁵　tho³³tø²⁴　ŋɤ³³.
我（助）他（宾助）那　衣服　　蓝的　（名物化）交给（语助）
我把那件蓝衣服交给了他。　　　　　（与事）

ge³³ge⁵⁵　ji³³　e³³tʂhu⁵³nə³³　tɕhi³³　khæ³³tu⁵⁵dɤ⁵³pi³³.
老师　（助）同学们　　（宾助）　说话
老师跟同学们说话。（对象）

综上，受事、对象、与事成分在语义上具有共性，即都是受动性相对强、施动性相对弱的语义成分，由于不同语言对它们的认知、理解和编码的方式有区别，因而在句法上要不要标记、采用什么样的标记形式，各藏缅语呈现出现差异性。当受事、对象和与事成分充任宾语时，在56种藏缅语中有41种（约占73.2%）使用相同的宾语格助词来标记，说明大多数藏缅语赋予这三种语义成分相同的句法地位。详见下表：

表 2-2-1

序号	语言	受事	对象	与事
1-41	哈尼语等	√	√	√
42	卡卓语	无	无	无
43	嘉戎语	无	无	无

① 戴庆厦、黄布凡等：《藏缅语十五种》，北京燕山出版社1991年版。

序号	语言	受事	对象	与事
44	土家语泸溪话	无	无	无
45	彝语	无	有	无
46	土家语龙山话	无	√	√
47	土家语仙仁话	无	√	√
48	道孚语	无	√	√
49	木雅语	√	×	√
50	羌语曲谷话	×	√	√
51	羌语麻窝话	×	√	√
52	史兴语	×	√	缺
53	却域语	×	√	缺
54	纳木义语	√	√	缺
55	尔苏语	√	√	缺
56	扎坝语	√	缺	√

说明："有"表示该语言有宾语格助词，"无"表示该语言没有宾语格助词，"缺"表示由于缺少该语言的相关材料，对该语法现象无法做出判断。有宾语格助词的语言中，不同语义成分使用相同格标记的，用"√"表示；使用不同格标记的，用"×"表示。

二　句法功能

宾语格助词的句法功能是指明其前面的句法成分和动词之间构成宾动关系，标明其前面的句法成分是宾语。宾语格助词起到标记宾语的作用。根据藏缅语语义成分、词类和句法成分的配位原则，充当宾语的最典型的语义成分是广义的受事成分，最典型的词类是体词（包括名词和代词）。非体词类成分若要进入宾语位置，必须经过一个述题化（rhemization）的语法过程。

藏缅语充当宾语的非体词类成分有三类：谓词性成分、结构复杂的名词性短语和关系小句。非体词类成分的述题化主要通过两条语法途径来实现：一是名物化，通过添加名物化标记使非体词类成分派生为名词。二是宾语化，在非体词类成分之后添加宾语格助词，使非体词类成分从非典型的宾语成分转化为合法的宾语成分。

（一）谓词性成分充当宾语

谓词性成分包括动词、形容词和动词短语、形容词短语。根据藏缅语词类和句法成分的配位原则，最典型的充当谓语的词类是动词，最典型的充当定语的词类是形容词。谓词性成分是非典型的宾语成分，其述题化是通过名物化和宾语化实现的。

1. 名物化

彝语诺苏话[①]

ŋo²¹ kha³⁴dɿ³³n̩ɪ³³ n̩o²¹bo²¹ su³³ hu³³w²¹z̥i³³.　　　　　我们大家都重视劳动。
我们 大家　　　　　劳动（名物化标记）重视

彝语凉山话[②]

ŋa³³ a³³n̩ i³³ su³³ he³³vu̥³³.　　　　　　　　　我喜欢红的。
我　红（名物化标记）喜欢
nɯ³³ a⁴⁴z̥ɿ³³ su³³ kha³³ da³¹ e⁵⁵tʂɿ³³ su³³ kha³³? 你要大的还是要小的？
你　大　的 要　 呢 小 （名物化标记）要

纳西语[③]

ŋə³¹ na³¹　gə³³　mə³³ n̩i³³.　　　　　　　　　我不要黑的。
我　黑的（名物化标记）不 要

柔若语[④]

tu⁵⁵　tɯ⁵⁵ tɕhɯ⁵⁵ ʔuɛ⁵⁵ tɔ̩⁵³.　　　　　　　他买着的是甜的。
他（名物化标记）甜　买　（助）

怒苏语[⑤]

shuɑ⁵⁵ ɑ³¹　n̩i³⁵　ɑ³¹　n̩o⁵⁵ li³⁵ thɑ⁵⁵ kuɑ³⁵! 走还是住你都别管！
走（名物化标记）住（名物化标记）你 也 别 管

　① 陈康、巫达：《彝语语法（诺苏话）》，中央民族大学出版社1998年版。
　② 陈士林、边仕明等：《彝语简志》，民族出版社1985年版。
　③ 和即仁、姜竹仪：《纳西语简志》，民族出版社1986年版。
　④ 孙宏开：《柔若语研究》，中央民族大学出版社2002年版。
　⑤ 孙宏开、刘璐：《怒族语言简志（怒苏语）》，民族出版社1986年版。

嘉戎语①

ŋə-i　　kə-mʃor　　tə　　ra，mɐ kə-mʃor　tə　　ma ra.
我（助词）漂亮（名物化标记）要 不　漂亮（名物化标记）不　要
我要漂亮的，不要丑的。

　　普米语②形容词名物化的标记是定指助词guɯ¹³。例如：

ɛ⁵⁵ phzɔ̃ ⁵⁵ guɯ¹³ khu⁵⁵，n̥a¹³　guɯ¹³　　ma¹³khu⁵⁵.
我 白　（名物化标记）要　黑（名物化标记）（否定）要
我要白的，不要黑的。

　　2. 宾语化
　　（1）先名物化，再宾语化
　　有的藏缅语谓词性成分做宾语时，先要经过名物化，然后再加上宾语格助词实现宾语化。例如：

基诺语③
khə⁴² ɣ³³ a³³ pjo⁵⁵ mɣ⁵⁵　　a³³　ɬe³³ a.　　　　　　他学习写字。
他（话助）字 写（名物化标记）（宾助）学习
khə⁴² ɛ⁵⁵ tʃə⁴² si⁴⁴tɔ³³ mɣ⁴⁴　　a³³　li⁴²tɔ⁵⁵ ʃaŋ⁵⁵ jə³³ sɣ⁴⁴jɔ³³ a.
他　　的　　　错误（名物化标记）（宾助）领 导　上（方助）知道
领导上知道他的错误。
拉祜语④
zɔ⁵³ lɛ³³ tsha²¹ ve³³ xɣ³¹ ve³³　　　　tha²¹ ma⁵³ kɔ⁵⁴.
他（话助）脏（名物化标记）累（名物化标记）（宾助）不　怕
他不怕脏，不怕累。

载瓦语⑤
tʃo i²¹　　e⁵⁵　　lɛ̆ ⁵⁵ ŋui⁵¹　　　　　　　　　喜爱漂亮的
漂亮（名物化标记）（宾助）喜爱

　　① 林向荣：《嘉戎语研究》，四川民族出版社 1993 年版。
　　② 傅爱兰：《普米语动词的语法范畴》，中国文史出版社 1998 年版。
　　③ 盖兴之：《基诺语简志》，民族出版社 1986 年版。
　　④ 常竑恩：《拉祜语简志》，民族出版社 1986 年版。
　　⑤ 徐悉艰、徐桂珍：《景颇族语言简志（载瓦语）》，民族出版社 1984 年版。

景颇语①

ŋai³³ tiŋ³³man³³ ai³³　　pheʔ⁵⁵ ʃeʔ³¹ ʒaʔ³¹ n³¹ŋai³³.　　我需要很诚实的。
我　诚实　（名物化标记）（宾助）才　需要（句尾）

（2）宾语化

有的谓词性成分不需要名物化，而是直接后加宾语格助词，从而实现宾语化。例如：

哈尼语②

no⁵⁵ ɣa³¹ khø³¹khø³¹ le⁵⁵ tha³¹ dzʅ³¹.　　你别叫累。
你　力气　损　损　（宾助）别　叫
no⁵⁵ jo³³çe³³ tshi³¹ le⁵⁵ e⁵⁵.　　你说洗脏东西。
你　脏东西　洗（宾助）说

浪速语③

nji³¹ ne³¹ʒu³¹ ʒɛ³¹ ŋoi³¹.　　舅舅喜欢红的。
舅舅 红的　（宾助）喜欢
jõ³⁵ laŋ³⁵peʔ⁵⁵ ne⁵⁵ ʒɛ³¹ mǒ³¹ kjauk³¹!　　他不怕摔跤！
他　摔跤　将要（宾助）不　怕

仙岛语

a³¹na⁵⁵ tɛ⁵⁵ nan³¹④　　喜欢红的
红　（宾助）喜欢
a³¹ḷɯŋ³⁵ tɛ⁵⁵ nan³¹ ⑤　　喜欢黄色的
黄　（宾助）喜欢

独龙语⑥

ǎ ŋ⁵³ tsǎ ŋ⁵⁵ma⁵⁵ le³¹ a³¹lǔ p⁵⁵çɯ³¹.　　他喜欢干净。
他　干净　（宾助）喜欢

① 戴庆厦：《景颇语参考语法》，中国社会科学出版社 2012 年版。
② 李批然：《哈尼语结构助词研究》，《中央民族大学学报》，1994 年第 3 期。
③ 戴庆厦：《浪速语研究》，民族出版社 2005 年版。
④ 戴庆厦、黄布凡等：《藏缅语十五种》，北京燕山出版社 1991 年版。
⑤ 王朝晖：《仙岛人及其语言》，民族出版社 2005 年版。
⑥ 孙宏开：《独龙语简志》，民族出版社 1982 年版。

ŋa⁵³ dzǔ ŋ⁵³ le³¹ pɯ³¹ɹě ŋʔ⁵⁵，ʃi t⁵⁵ le³¹ maᵃ⁵⁵pɯ³¹ɹě ŋʔ⁵⁵.
我　冷　（宾助）害怕　　热（宾助）（前加）害怕
我怕冷，不怕热。

景颇语①
ŋai³³ ko³¹ khʒap³¹ na³³ pheʔ⁵⁵ khʒit³¹ ŋa³¹ n³¹ŋai³³.　我怕哭。
我（话助）哭　要（宾助）怕　（助动）（句尾）

　　总之，藏缅语的谓词性成分是不能直接充任宾语的，必须经过述题化的语法过程。宾语化作为述题化的一种语法途径，其标记是在谓词性成分后加宾语格助词。
　　（二）结构复杂的短语充当宾语
　　单一词语充当宾语时可以不加格助词，而内部结构相对复杂的短语充当宾语时要加格助词。例如：（宾语用"＿＿＿"表示）

哈尼语绿春老马话②
da⁵⁵dʒa³³ la³¹xø⁵⁵ tsṳ³³ ka³¹ a⁵⁵.　　　大家开始盖房子了。
大家　　房子　盖　始　（助）
a³¹jo³³ma³¹ ja⁵⁵tɕhɔ⁵⁵ ɕi⁵⁵ tɕhɔ⁵⁵ jo⁵⁵ sɔ³¹ nɔ³³ tsṳ³³ a⁵⁵.
他们　　田棚　这　间（宾助）盖　三　天　（助）
他们盖这间田棚已三天了。

no⁵⁵ tje²⁴sɹ²⁴ xu³³ be³³ a⁵⁵ la³¹?　　　你看过电视吗？
你　电视　看　过　（助）
no⁵⁵ a³¹jo³¹ xu³¹nɔ³³ ɣɣ⁵⁵ la³³ ɣ³³ tje²⁴sɹ²⁴　jo⁵⁵ xu³³ be³³ a⁵⁵ la³¹?
你　他　前天　买　来　的　电视（宾助）看　过　（助）
你看过他前天买来的电视吗？

阿昌语梁河话③
ʂaŋ³¹ liaŋ³³pa³³pa³³ kən³¹ ɛi̯ʔ⁵⁵ ŋaʔ³¹tɕit³¹ ta³¹ tɕuŋ³¹ tə³³　pa³³ nɛiʔ⁵⁵~³¹.
她　漂亮　　很　的　眼睛　一　双　（宾助）有　（助）
她有一双很漂亮的眼睛。

　　① 戴庆厦、徐悉艰：《景颇语语法》，中央民族学院出版社 1992 年版。
　　② 李泽然：《哈尼语的宾语助词》，《语言研究》，2005 年第 3 期。
　　③ 时建：《梁河阿昌语参考语法》，中国社会科学出版社 2009 年版。

naŋ³³ ɑ³¹tha²³¹ ɛi²⁵⁵ mjɑu³¹ ta³¹ pa³³ tə³³ ʐu³³ la²³¹ ɛi²⁵⁵.
你　 快　　 的　 刀子　 一　 把（宾助）拿　去　（助）
你去拿一把快的刀子。

景颇语①
an⁵⁵the³³ sǎ³¹ʒa³³ni³³ tsu n³³ ai³³ ka³¹ phe²⁵⁵② a⁵⁵tso m⁵¹ʃa³³ mǎ³¹tat³¹
我们　老师　们　 说　 的　话（宾助）好好地　　　听
ʒa²³¹ai³³.　　　　　　　　　　　我们要好好地听老师的话。
（句尾）
ti ʔ⁵⁵naŋ³³ n³³ kje³³ ai³³ a³¹mu⁵⁵ pheʔ⁵⁵ pa⁵⁵kon⁵¹ n³³ mai³³ tsun³³ ai³³.
自己　 不　 懂　 的　 事　（宾助）随便　 不　 可以　说（句尾）
自己不懂的事不能随便说。

　　复杂宾语后的格助词，并没有在语义上凸显宾语的受事性。那么，是什么原因使得简单宾语后不加格助词，而在复杂宾语后又要加格助词呢？这可能与宾语内部复杂的结构关系、语义关系有关。比如上例中的复杂宾语：

a³¹jo³¹ xu³¹nɔ³³ ɣɣ⁵⁵ la³³ ɣ³³ tje²⁴sɿ²⁴　　　　他前天买来的电视
他　 前天　 买　来　 的　电　视

　　该宾语内部的语法层次共有四层，每层的语法关系各不相同：
　　第一层：a³¹jo³¹ xu³¹nɔ³³ ɣɣ⁵⁵ la³³ "他前天买来" 和tje²⁴sɿ²⁴ "电视"是定中关系，反映在句法上是定中结构，语法标记是定语助词ɣ³³；
　　第二层：a³¹jo³¹ "他" 和xu³¹nɔ³³ ɣɣ⁵⁵ la³³ "前天买来" 是主谓关系，反映在句法上是主谓结构，无语法标记；
　　第三层：xu³¹nɔ³³ "前天" 和ɣɣ⁵⁵ la³³ "买来" 是状中关系，反映在句法上是状中结构，无语法标记；
　　第四层：ɣɣ⁵⁵ "买" 和la³³ "来" 是动补关系，反映在句法上是动补结构，无语法标记。
　　在宾语内部的四种句法结构中，只有定中结构可以充当句子的宾语，其他语法结构比如主谓结构一般充任主语和谓语，状中结构、动补结构一

---

① 戴庆厦：《景颇语参考语法》，中国社会科学出版社 2012 年版。
② 该句中的宾语格助词phe²⁵⁵也可不加。

般充当句子的谓语。复杂的定中结构也不是充任宾语的典型成分，所以充任宾语时要加标记。

其次，四种语法关系同时出现在一个结构中，只有定中关系具有显性的语法标记，其他三种关系均采用零标记形式，因此，在语义上和语法关系上，都容易引起歧义。

所以，藏缅语选择在复杂宾语后加格助词，使复杂宾语作为一个整体进入句法结构，宾语格助词起到标示其语法成分，从而消除歧义、整合内部结构关系的作用。

（三）关系小句充当宾语

关系小句宾语是指主谓短语充任的宾语。因为主谓短语对应的典型的句法结构是句子，所以当主谓短语出现在宾语位置时，称为"小句宾语"。藏缅语中，能带小句宾语的动词多是表"说"、"告诉"义的陈述性动词和表"听见"、"知道"义的知晓类动词。小句不是典型的宾语成分，其述题化的过程是通过名物化和宾语化实现的。

1. 名物化

拉祜语、载瓦语的小句宾语加名物化标记后才能做动词的宾语。例如：

拉祜语拉祜纳方言勐朗话[①]

ŋa³¹ zɔ⁵³ xɔ³³ ve³³ 　　tha²¹ ka⁵³ ve³³ zu³¹. 　　　我听见他哭了。
我　　他　　哭（名物化标记）（宾助）听见（助）

拉祜语拉祜纳方言富邦话[②]

ŋa³¹ jɔ⁵³ xa³³lɛ³¹ dʑa⁵³ ve³³ 　　　　tha̠³¹ ɣa³³ mɔ³¹.
我　　他　　高兴　　很（名物化标记）（宾助）　看　出
我看得出来他很高兴。

ŋa³¹ n̠i³³ma³³ xɔ³³ 　ve³³ 　　　　tha̠³¹ ɣa³³ka³³. 　　　我听见妹妹哭了。
我　　妹妹　　哭（名物化标记）（宾助）听见

ŋa³¹ ŋa³¹ pa³³ de⁵³ la³³ ve³³ 　　　tha̠³¹ kɔ⁵³ ve³³. 我怕爸爸骂我。
我　我　爸　骂　来（名物化标记）（宾助）怕　（助）

ŋa³¹e³³ ŋa³¹ o³⁵qo¹¹ so̠⁵³la⁵³ ve³³ 　　tha̠³¹ ŋa³¹ xa³³lɛ³³ dʑa⁵³.
妈妈　我　头　　摸　（名物化标记）（助）我　喜欢　　很
我喜欢妹妹摸我的头。

---

① 常竑恩：《拉祜语简志》，民族出版社 1986 年版。
② 李春风：《拉祜语宾格助词 tha³¹》，《民族语文》，2011 年第 6 期。

载瓦语①

naŋ⁵¹ tat²¹ tʃhi²¹ tʃo i²¹　e⁵⁵　　lĕ⁵⁵ ŋo⁵¹ se⁵⁵　pe⁵¹.
你　会　洗　干净（名物化标记）（宾助）我　知道（已行体）
我知道你会洗干净的。

扎坝语②

nʊ⁵⁵ ndʐa³³pi⁵⁵ tʃi³³ mɛ³³　　ŋa¹³ ta³³zi⁵⁵ tʌ¹³tsɿ³³.
你　扎坝人　是（名物化标记）我　才　知道
我才知道你是扎坝人。

nʊ⁵⁵ tshʌ¹³ ga⁵⁵ mɛ³³　ŋa¹³ sɿ⁵⁵.　　　　　我知道你爱喝酒。
你　酒　爱（名物化标记）我 知道

木雅语③④

ŋə⁵³　ji³³ ɐ⁵³tsə³³ pu²⁴ ŋɐ³³ tsə⁵³　tæ⁵³zø⁵³ xɐ⁵³khə³³kuɐ²⁴ ra³³.
我（施助）他　藏族 是（名物化）才　　知道　　（语助）
我才知道他是藏族。

2. 宾语化

基诺语、哈尼语、仓洛语的关系小句加宾语格助词后，才能做宾语。
例如：

基诺语④

khə⁴² mɔ⁴⁴ ma³⁵ ɑ³³　thɔ⁴⁴ pja⁴².　　　　　不要说他不行。
他　不　行（宾助）不要　说

哈尼语⑤

a³¹jo³¹ ɔ³¹ze⁵⁵ ze⁵⁵ ŋa³³ le⁵⁵ e⁵⁵.　　　　　他说下雨了。
他　雨　下（助）（宾助）说

————————
① 徐悉艰、徐桂珍：《景颇族语言简志（载瓦语）》，民族出版社 1984 年版。
②③ 戴庆厦、黄布凡等：《藏缅语十五种》，北京燕山出版社 1991 年版。
④ 盖兴之：《基诺语简志》，民族出版社 1986 年版。
⑤ 李永燧、王尔松：《哈尼语简志》，民族出版社 1986 年版。

景颜语[①]

tai³³ wa³³ ko³¹ khai⁵⁵n⁵⁵mai⁵¹ ka³¹niŋ³¹ ti³³ khai⁵⁵ na³³ pheʔ⁵⁵[②] n̩³³ tʃe³³
那　人　（话助）庄稼　　　　怎样　（泛）种　要　（宾助）不　懂
uʔ³¹ai³³.　那人不懂得怎样种庄稼。
（句尾）

仓洛语[③]

nan¹³ ki pi¹³le¹³ ma¹³la¹³ma ka　tɕi¹³ ki se⁵⁵la.　我知道你不想给。
你　（助）给　　不想　　（宾助）我（助）知道
roʔ¹³ ji¹³ki¹³ tʂui¹³pa ka　tɕi¹³ ki thoŋ⁵⁵ɕi.　　　　　　他写信我看见了。
他　信　写　（宾助）我（主助）见
thi⁵⁵noŋ¹³ je¹³naŋ¹³ ka　roʔ¹³ kep¹³ tɕho⁵⁵wa ka　tɕi¹³ ki　　thoŋ⁵⁵ɕi.
今天　　中午（时间助）他　哭　在　（宾助）我（主助）见
今天中午我看见他哭了。

三　语用功能

　　藏缅语无生命名词做宾语、或者主语生命度比宾语生命度高时，因为
施受关系不会产生歧义，宾语后一般不加格助词。[④]但也有相反的情况，即
在上述两种条件下，宾语后加上了格助词。例如：

毕苏语[⑤]

ga³³ xau³³ xɣ³³ kha³¹lau³³ na³³ tum³³ ne⁵⁵.　　我穿人家的衣服。
我　人家　的　衣服　（宾助）穿　（助）

基诺语[⑥]

mi⁴⁴khɔ⁴⁴m̩ a⁵⁵ tə⁴⁴kə⁴⁴ ʃɔ⁴²mɹə⁴⁴ a³³ tʃə³³ kɔ⁴⁴ ɑ.
姑娘　们　裙子　漂亮　（宾助）都　穿
姑娘们都穿着漂亮的裙子。

---

①　戴庆厦、徐悉艰：《景颇语语法》，中央民族学院出版社 1992 年版。

②　该句中的宾语格助词 pheʔ⁵⁵ 也可不加。

③　张济川：《仓洛门巴语简志》，民族出版社 1983 年版。

④　关于主、宾语生命度的讨论详见本章第四节。

⑤　徐世璇：《毕苏语研究》，上海远东出版社 1998 年版。

⑥　盖兴之：《基诺语简志》，民族出版社 1986 年版。

puɯ⁵⁵maɔ⁴²ɬo⁴⁴mɣ⁴⁴ çɔ⁴²ŋɛ⁴⁴ a³³ ve⁴⁴ jɔ⁴⁴.　　　　放牛的要注意庄稼。
牛　放　的　　　庄稼（宾助）注意

哈尼语卡多话①
ŋɔ⁵⁵ a⁵⁵li⁵⁵thɯ³¹n̠i³³ zɔ⁵⁵ tɕɔ³¹xɔ³³.　　　　我想那一天。
我　那　一　天（宾助）想

阿昌语梁河话②
laʔ³¹khau³¹ᐟ³⁵ tuŋ³¹tɕʒ̃³³ tə³³ khau³¹ xəu³³ᐟ³⁵.　　　　小偷偷走了钱。
小偷　　　钱　（宾助）偷　了
ŋo³¹tuŋ³³ mji³¹ʑi³⁵ tə³³ tshai³³ thoʔ⁵⁵ laʔ⁵⁵ kəu³³.　　　　我们猜出谜语来了。
我们　　谜语（宾助）猜　出　来　了
a³¹pə³⁵ma³³ᐟ⁵⁵　　　tsə³¹mə³¹ tə³³ l̥ək⁵⁵ neiʔ⁵⁵ᐟ³³.　　　　大嫂在晒衣服呢。
大嫂　　　　　　衣服（宾助）晒（体助）
tsu³³maŋ³¹ᐟ⁵⁵ aŋ³¹tʂhən³¹ tə³³ l̥ək⁵⁵ neiʔ⁵⁵ᐟ³³.　　　　老人在晾酸菜。
老人　　　　酸菜（宾助）晾（体助）
tsu³³ xəu⁵⁵ tiuʔ³¹ zʒ̃³¹ tə³³ u³³ neiʔ⁵⁵.　　　　那个人正在买烟。
人　那　一个　烟（宾助）买（体助）
ŋa³³ aŋ³¹ tə³³ tsuai⁵⁵ laʔ⁵⁵.　　　　我来切菜。
我　菜（宾助）切　来

景颇语③
ŋai³³ mjit³¹khʒum⁵⁵ʃi³¹lai³¹ka̠³³ pheʔ⁵⁵ kʒai³¹ ju³³ ma³¹ ju³³ n³¹ŋai³³.
我　团结　报　　　（宾助）很　看　想　（句尾）
我很想看《团结报》。
ʃi³³ an⁵⁵the³³ n³³tai³³ lam³³ pheʔ⁵⁵ toʔ³¹tan³¹ ai³³ tʃe³³ saʔ⁵⁵ni⁵¹?
他　我们　这　事（宾助）决定　（助）知　（句尾）
他知道我们决定了这件事吗？

---

① 赵敏、朱茂云：《墨江哈尼族卡多话参考语法》，中国社会科学出版社 2011 年版。
② 时建：《梁河阿昌语参考语法》，中国社会科学出版社 2009 年版。
③ 徐悉艰、徐桂珍：《景颇族语言简志（载瓦语）》，民族出版社 1984 年版。

普米语[①]

ε⁵⁵ pau¹³kɑu⁵⁵ tɕi⁵⁵　　thə¹³nã u¹³sã ⁵⁵.　　　　　　　　我听报告了。

我　报告　　（宾助）（前加）听（后加）

门巴语[②]

pe³⁵rɐʔ⁵³ ɕeŋ⁵⁵ le³¹ tup⁵³cuʔ⁵³　　jin³⁵.　　　　　　　他们去砍柴。

他们　　柴（宾助）砍（后加）（体助）

　　无生性宾语后加格助词和不加格助词有什么区别呢？据李泽然（2005）[③]对哈尼语绿春老马话的研究，无生性宾语后加与不加格助词jo⁵⁵，在表义上是有区别的：加jo⁵⁵以后，宾语的受事特征得到加强，起强调宾语的作用；不加jo⁵⁵的句子中，宾语没有得到特别强调。试比较：

a³¹jo³¹ a³¹bɣ⁵⁵a⁵⁵si³¹ dza³¹ a⁵⁵.　　　　　　　他吃了柿子。

他　　柿子　　　吃　（助）

a³¹jo³¹ a³¹bɣ⁵⁵a⁵⁵si³¹ jo⁵⁵ dza³¹ a⁵⁵.　　　　　他把柿子吃了。

他　　柿子　（宾助）吃　（助）

a⁵⁵go³³ ja⁵⁵tɕhɔ⁵⁵ pja ³³ dze³³ a⁵⁵.　　　　　哥哥拆掉了田棚。

哥哥　田棚　　　拆　掉　（助）

a⁵⁵go³³ ja⁵⁵tɕhɔ⁵⁵ jo⁵⁵ pja ³³ dze³³ a⁵⁵.　　　　哥哥把田棚拆掉了。

哥哥　田棚　（宾助）拆　掉　（助）

　　哈尼语无生性宾语加了格助词jo⁵⁵后，母语人感觉到"宾语被强调了"，这是因为宾语格助词jo⁵⁵在语用上起到凸显焦点（focus）的作用。焦点不是一个句法概念，而是一个语用概念，是指说话人最想让听话人注意的信息。在句子的信息结构中，宾语表示新信息，所以常常被分析为句子的自然焦点。藏缅语大多是SOV句式，通过主语在前、宾语在后的语序来显示宾语是句子的自然焦点。这时的焦点是以零标记形式存在的。而在无生性宾语后面加上格助词，是以有标记的形式来凸显焦点，表明宾语是话语中有意要突出的新信息。

　　藏缅语无生性宾语后加格助词的句子在译成汉语时，常常译作"把"

① 陆绍尊：《普米语简志》，民族出版社 1983 年版。

② 陆绍尊：《错那门巴语简志》，民族出版社 1986 年版。

③ 李泽然：《哈尼语的宾语助词》，《语言研究》，2005 年第 3 期。

字句。例如：

基诺语巴朵话[①]
mi³¹tha⁵⁴ mi³¹tsha⁵⁴ va⁴⁴ tɯ³¹ tʃe³¹ khjʌ³¹/³⁵ a⁴⁴ nɛ³³.　雨把地淋透了。
雨　　　　地　　（宾助）淋　湿　透　（助）（助）

哈尼语绿春老马话[②]
a³¹jo³³ma̱³¹ tɕhi⁵⁵za³¹ jo⁵⁵ le³¹.　　　　　　　他们把麂子撵走了。
他们　　　麂子　（宾助）赶
a⁵⁵go³³ a³¹khɯ³¹ jo⁵⁵ tshɿ⁵⁵ za³³.　　　　　　哥哥把狗牵走了。
哥哥　狗　　（宾助）牵　（助）
a³¹jo³¹ ne³³ so³¹ɣa³¹ jo⁵⁵ su³¹ dze³³ a⁵⁵.　　　　他把书扔掉了。
他（主助）书　（宾助）扔　掉　（助）
a³¹da³³ ne³³ a⁵⁵bo⁵⁵ jo⁵⁵ ɕa³³ de̱³¹ sa³¹ na³¹.　父亲把树都种活了。
父亲（主助）树　（宾助）种　活　完（助）

阿昌语梁河话[③]
tɕa²³¹ma³¹ tɕhin³³ tə³³ ku³¹ tɕa³¹ xəu³³/³⁵.　　　母鸡把米啄吃了。
母鸡　　米（宾助）啄　吃　了
ʂ̩³¹tuŋ³³ tʂhɿ⁵⁵ tə³³ ui³¹ tʂu³³ kəu³³.　　　　　他们把麂子围住了。
他们　　麂子（宾助）围　住　了

勒期语[④]
ʃam³³ le⁵⁵ sɿ:⁵⁵ thɔːʔ⁵⁵!　　　　　　　　　　　把刀磨锋利！
刀　（宾助）磨　锋利

格曼语[⑤]
n̠o⁵³ wʌn³⁵ a³¹pʌi³⁵ xi³⁵ kɯ³¹plau⁵⁵ gʌm³⁵ goŋ³⁵ thai⁵³ tɕi⁵⁵!
你　（助）钱　（宾助）都　　盒子　中　放　（附）
你把钱都放到盒子里！

---

① 蒋光友：《基诺语参考语法》，中国社会科学出版社 2010 年版。
② 李泽然：《哈尼语的宾语助词》，《语言研究》，2005 年第 3 期。
③ 时建：《梁河阿昌语参考语法》，中国社会科学出版社 2009 年版。
④ 戴庆厦、李洁：《勒期语研究》，中央民族大学出版社 2007 年版。
⑤ 李大勤：《格曼语研究》，民族出版社 2002 年版。

珞巴语①

ali: oŋo: ɦam do: gəɳe.	猫把鱼吃了。
猫 鱼 （宾助）吃（完成体）	
no: topo: ɦam ugu: gə: oŋ to.	你把荞麦搬到屋里去。
你 荞麦（宾助）屋 背 进（语助）	

白语②

jã^{55} ka^{44} tsɯ^{31} lɯ^{31} tsɯ^{31} no^{33} ma^{55} pa^{44}. 咱们把这棵树推倒。
咱们 把 树 这 棵 （宾助）推 倒

汉语"把"字句的特征之一就是强调对受事的处置，凸显受事焦点，"把"是焦点标记。可见，在"凸显宾语焦点"这一点上，藏缅语的宾语格助词和汉语"把"的作用是相同的。

在藏缅语中，宾语后加格助词除了能标记自然焦点外，还能标记疑问焦点和对比焦点。疑问焦点是指焦点落在疑问代词上。疑问代词在句中往往要重读，表示是要凸显的部分。例如：

傈僳语③

e^{55}ua^{31} a^{55}ʃi^{31} te^{55} pa^{44} dʒa^{31} ua^{44} le^{33}? 他们听到了什么？
他们 什么（宾助）听 见 到 了

还有一种是对比焦点，指焦点落在两个对比项上。例如：

格曼语④

ki^{53} ɕat^{55} xi^{35} tɕa^{53} mi^{35}, ɳo^{53} si^{53} xi^{35} tauŋ^{55} ɕu^{35}.
我 饭（宾助）吃 （附） 你 酒（宾助）喝 （附）
我吃饭，你喝酒。

在话语中，"突显"和"对比"是焦点的两个功能特征。自然焦点和疑问焦点的主要功能是"凸显宾语"，对比焦点既有"对比宾语"的功能，也有"凸显宾语"的功能。

---

① 欧阳觉亚：《珞巴族语言简志》，民族出版社 1985 年版。

② 徐琳、赵衍荪：《白语简志》，民族出版社 1984 年版。

③ 徐琳、木玉璋等：《傈僳语简志》，民族出版社 1986 年版。

④ 李大勤：《格曼语研究》，民族出版社 2002 年版。

四 小结

下面对本节做一个小结。藏缅语的宾语格助词"一身兼三职":语义格、句法格和语用标记。

1. 当受事、对象和与事成分充任宾语时,藏缅语采用后加宾语格助词的形式,标记其受事性。这时的宾语格助词是一种语义标记,即语义格。

2. 当谓词性成分、结构复杂的短语和关系小句等非体词类成分充任宾语时,需要经过述题化的语法过程。述题化的标记之一就是在非体词成分后加宾语格助词,标明该成分是宾语而不是谓语或者句子,起到消除语义和语法歧义的作用。这时的宾语格助词是一个句法的标记,即句法格。

3. 当无生命名词做宾语、或者主语生命度比宾语生命度高时,宾语后加格助词,起到"突显焦点"和"对比焦点"的作用。这时的宾语格助词是一个语用标记。

在实际话语中,宾语格助词的哪一种或哪几种功能发挥作用,哪一种功能起主要作用,要视具体情况来定。

第三节 宾语格助词的语序共性

一 格助词与联系项

藏缅语中除了克伦语和部分白语句子是 SVO 型外,其他语言的基本语序都是 SOV。宾语格助词在句中位于宾语之后、动词之前,形成"O+宾语格助词+V"的语序。宾语格助词正好处在宾语和动词之间的位置,起到联系项(relator)的作用。研究类型学的 Dik(1997:398)认为,联系项的作用是将两个有并列或从属关系的成分连接成一个更大的单位,并且表明两个成分之间的关系。①就藏缅语而言,先是宾语格助词作为联系项把宾语和动词连接起来,组成动宾结构作谓语,再与主语一起构成句子。可见,宾语不是直接与主语发生句法上的联系,而是通过动词与主语发生关系。所以说,主语和宾语不是处在一个层次上。

汉语研究也关注到主宾语不在一个层次上。《现代汉语语法讲话》(丁声树等 1961)指出,"主语是对谓语说的,宾语是对动词说的。"《汉语语法分析问题》(吕叔湘 1979)认为,"主语是对整个谓语(陈述)而言,

---

① 刘丹青:《语序类型学与介词理论》,商务印书馆 2004 年版。

宾语是对谓语中的动词而言，主语和宾语不在同一个层次上。" 由于汉语缺乏形态和形态变化，很难找到用于验证的形式标准，只好依赖于隐性的语义关系来诠释语法关系。但语义的主观性和不确定性又常常使得问题再度陷入争论之中，有时反而不利于问题的解决。

藏缅语宾语格助词作为显性的句法标记，明确标示出宾语和动词之间的动宾关系，从而把主语和宾语区分开。这就使得藏缅语主宾语的区分比汉语更加有"形"可依，也有利于我们进一步认识和把握主语和宾语的本质属性。

二　格助词的语序共性

前后置词、动宾语序、领属性修饰语的位置是类型学研究中的三个重要参项。Greenberg（1966）提出的共性原则中第 2 条和第 4 条是对以上三者之间蕴含关系的归纳：

GU2　在具有前置词的语言中，领属语几乎总是后置于中心名词。在具有后置词的语言中，领属语几乎总是前置于中心名词。

GU4　以绝对大于偶然性的频率，以 SOV 为正常语序的语言是后置词语言。

这两条共性可以表述为：

后置词　　　　　OV　　GN
前置词　　　　　VO　　NG

作为宾语和动词的联系项，宾语格助词被认为是一种弱化了的后置词（C.Lehmann1995：79）。语序类型学认为，使用格助词的语言和使用后置词的语言具有同质性。在藏缅语中，除了白语和克伦语，其他语言的动宾语序、领属性修饰语和被修饰语的语序和宾语格助词位置均符合上述蕴含共性特征。例如[1]：

哈尼语[2]
lo^{33}sɿ^{55}　ŋa^{31}　jɔ^{55}　me^{31}.　　　　　　老师教我。
老师　　我（宾助）教
ŋa^{31}　ɣ^{33}　a^{31}ma^{33}　　　　　　　　　　我的妈妈
我（领属助）妈

---

[1]　每个语支例举两个语言。
[2]　李永燧、王尔松：《哈尼语简志》，民族出版社 1986 年版。

拉祜语①

ŋa³¹ la²¹xa³⁵ zɔ⁵³ tha²¹ tsa³³ e³³.　　　　　我马上去找他。
我　马上　他（宾助）找（助）

mɔ⁵³pɛ³³mi³¹ ve³³　mɣ³¹ tha³¹ xa²¹sa³⁵　　保卫祖国的领土
祖国　（领属助）领土（宾助）保卫

景颇语②

ŋai³³ ʃi³³ phɛʔ⁵⁵　mu³¹ ju³³ sa³³ŋai³³.　　　我见过他。
我　他（宾助）见　过　（句尾）

tị ʔ⁵⁵naŋ³³ aʔ³¹ ʒai⁵⁵ tị⁵⁵naŋ³³ kon³¹ aʔ³¹ ai³³.
自己　（领属助）东西　自己　管　要（句尾）
自己的东西要自己管。

仙岛语③

noŋ⁵⁵ n̥ aŋ³¹ tɛ⁵⁵ mzạŋ⁵⁵ çi⁵⁵ la⁵¹?　　　　你见到他了吗？
你　他（宾助）见　到　（助）

a³¹ni⁵⁵ tou⁵¹ a³¹pzụʔ⁵⁵　　　　　　　　弟弟的书
弟弟（领属助）书

藏语④

ŋɛʔ¹²　　naŋ⁵⁵khaŋ¹⁴ la　tep¹² tɕi tʂɛʔ⁵⁴ pa ʃi¹⁴.
我（助）南　岗　（宾助）本子一　给　（已行时）
我给南岗一个本子。

ŋɛ¹⁴　　　a⁵⁴ma¹² la pe⁵⁴tɕi⁵⁵ la phɛʔ⁵⁴jøʔ¹².
我的（领属格）母亲　　北京（宾助）来
我的母亲来到北京了。

① 常竑恩：《拉祜语简志》，民族出版社 1986 年版。

② 徐悉艰、徐桂珍：《景颇族语言简志（载瓦语）》，民族出版社 1984 年版。

③ 戴庆厦、黄布凡等：《藏缅语十五种》，北京燕山出版社 1991 年版。

④ 金鹏：《藏语简志》，民族出版社 1983 年版。

仓洛语[①]

tɕaŋ¹³ so⁵⁵ŋo¹³ thor⁵⁵ ka noŋ¹³ tɕa⁵⁵.　　　　　我在等一个人。
我　　人　　　一　（宾助）等　（助动）

tɕa¹³ ka　jun¹³a⁵⁵pha⁵⁵ ka kha⁵⁵mun¹³ rai¹³ ti¹³wa la.
我（领属助）弟弟　　（领属助）衣　　撕　去　（助动）
我弟弟的衣服撕了。

羌语[②]

tha⁵⁵χua⁵⁵ kuo⁵⁵ zie³³ phei⁵⁵phin²¹pu³³ mi²¹?　　他们批评你了吗？
他们　　　你　（宾助）批　评　　（语气）

qa⁵⁵ tɕi³³　ti³³　ʒ²¹ʒ³³ χdy³³ kə⁵¹i²¹.　　　　　我的女儿念书去了。
我　女儿（领属助）书　　念　去（后加）

普米语[③]

pu³¹sie⁵⁵ʐei⁵⁵ tə⁵⁵gə⁵⁵ to⁵⁵ nə³¹-thɛ³¹thau⁵⁵-si³¹.　大家都骂他。
大家　　　　　他　（宾助）　骂　（已行体）

tə³¹　ga²⁴　nə⁵⁵dʐo⁵⁵ nə³¹-bəun⁵⁵-si³¹.　　　　他的耳朵聋了。
他（领属助）耳　　　聋　（已行体）

苏龙语[④]

goh⁵⁵ var⁵⁵ o³³ ba³¹ hiə⁵⁵ dza³¹.　　　　　　我没打他。
我　　他（宾助）没　打　（助）

var⁵⁵ da³¹　a³¹pua⁵⁵ ji⁵⁵ da³¹.　　　　　　　他的父亲死了。
他（领属助）父亲　死（助）

珞巴语[⑤]

no: topo: ɦam ugu: gə: oŋ to.　　　　　　你把荞麦搬到屋里去。
你　荞麦（宾助）屋　背　进（语助）

çi: jajiŋ　ka　joktçik.　　　　　　　　　这是亚英的小刀。
这　亚英（领属助）小刀

---

① 张济川：《仓洛门巴语简志》，民族出版社 1983 年版。

② 孙宏开：《羌语简志》，民族出版社 1981 年版。

③ 陆绍尊：《普米语简志》，民族出版社 1983 年版。

④ 李大勤：《苏龙语研究》，民族出版社 2004 年版。

⑤ 欧阳觉亚：《珞巴族语言简志》，民族出版社 1985 年版。

根据 Greenberg（1966）GU2 和 GU4 的预测，VO 语序的语言应该使用前置词，领属语后置于中心名词。但克伦语和白语例外。克伦语[①]是 SVO 型语言，使用前置词，符合 GU4，但领属定语前置于中心名词，与 GU2 不符。例如：

(ja^{33}) jǎ^{33}hε^{55}　lə^{55}　　pe^{31}kiŋ^{55}.　　　　　　我从北京来。
我　　来　　（处所助）北　京
θǎ^{31}ra^{31}　a^{31}　　li^{33}　　　　　　　　　　老师的书
老师（领属助）书

白语既有 OV 式句子，也有 VO 式句子。在 VO 式句子中，宾语格助词后置于宾语，领属定语前置于中心词。例如：

白语（剑川话）[②]
mɑ^{55}　pi^{55}　khε^{33}　ŋɯ^{33}　　　　　　no^{33}　tɕi^{21}khɣ^{44}.　　他们逼着我唱调子。
他们　逼　　着　　我（领属格）（宾助）唱调子
mɯ^{55}　　　　tshu^{33}　ɣɯ^{42}　jo^{44}sẽ^{55}.　　　　你的嫂子学医。
你的（领属格）嫂子　学　　医

很显然，上述两例与两条类型学共性原则相悖。更有意思的是，白语中有些 VO 语序的句子，不仅使用了前置介词，同时也使用了后置的宾语格助词。例如：

ŋo^{31}　sɑ^{35}　nɯ^{55}　　　　　no^{33}　ɯ^{55}　khɯ^{33}.　我从他喊起。
我　　从　　他（领属格）（宾助）喊　起
mo^{31}　sɑ^{35}　ŋɯ^{55}　　　　ŋɣ^{55}　ne^{44}　tsɯ^{21}.　他从我这儿拿去。
他　　从　　我（领属格）（宾助）拿　去

前置介词和后置的宾语格助词配套使用，是白语宾语不同于其他藏缅语的一个特点。一个可能的解释是，介词ŋo^{31}"从"由动词虚化而来，但语法化程度不高，仍带有很强的动作性。所以，与其说是介词的宾语，不如说是动词的宾语。

---

① 戴庆厦、黄布凡等：《藏缅语十五种》，北京燕山出版社 1991 年版。

② 徐琳、赵衍荪：《白语简志》，民族出版社 1984 年版。

第四节　宾语格助词的隐现条件

在藏缅语中，不是所有的宾语后都要加格助词。宾语格助词的使用有三种情况：必须加；不必加；可加可不加。例如：

阿卡语[①]

（1）必须加

$a^{31}j\mathfrak{o}^{31}$ $\eta a^{33}ma^{31}$ $\gamma\eta^{33}$ $tsh\mathfrak{o}^{33}ba^{33}$ $n\varepsilon^{31}la^{31}$ γ^{33} $k\mathfrak{o}^{31}$ $n\eta\eta^{33}$ $m\varepsilon^{55}$.

他　　我们　　（宾助）帮助　　给予　（体助）六　　天　　（语助）

他帮助我们六天了。

（2）不加

ηa^{55} $a^{55}nu^{33}ph\gamma\eta^{31}$ dza^{31} $m\mathfrak{o}^{31}$ ηja^{33}.　　　　　我想吃花生。

我　　花生　　　　　吃　　想　　（语助）

（3）可加可不加

$a^{55}mi^{55}$ $xo^{33}tsa^{31}$ （$\gamma\eta^{55}$）　$th\varepsilon^{33}$.　　　　　猫捉老鼠。

猫　　　老鼠　　（宾助）

拉祜语拉祜纳方言富邦话[②]

（1）必须加

ηa^{31} $la^{31}xa^{35}$ $j\mathfrak{o}^{53}$ tha^{31} $t\mathfrak{c}a^{33}$ e^{33}.　　　　　我马上去找他。

我　　马上　　他　（宾助）找　（助）

（2）不加

$m\mathfrak{o}^{53}$ $xa^{35}pu^{33}\mathfrak{c}i^{11}$ te^{53} $\mathfrak{c}i^{11}$ ba^{31} xu^{31} la^{33} ve^{33}. 他扔过来一个石头。

他　　石头　　　一　个　扔　过　来（助）

（3）谓词性宾语后的格助词可加可不加tha^{31}

　a. $j\mathfrak{o}^{53}$ $l\varepsilon^{33}$ $t\mathfrak{c}ha^{31}$ ve^{33} $x\gamma^{33}$ ve^{33} tha^{31} ma^{53} $k\mathfrak{o}^{53}$.

　　他（助）脏（名物化）累（名物化）（宾助）不　怕

　　他不怕脏，不怕累。（加格助词）

　b. u^{11} ve^{33} ηa^{31} ma^{53} $xa^{33}l\varepsilon^{31}$.　　我不喜欢大的。（不加格助词）

　　大（名物化）我　不　　喜欢

---

① 戴庆厦：《泰国阿卡语研究》，中国社会科学出版社 2009 年版。

② 李春风：《拉祜语宾格助词 tha^{31}》，《民族语文》，2011 年第 6 期。

　　藏缅语宾语格助词的使用普遍呈现出上述三种情况，这主要是由于宾语格助词的使用是有条件的。通过对藏缅语的分析，我们认为制约宾语格助词隐现的条件主要有三个：一是语言类型，二是主、宾语的生命度，三是动词的语义。

一　语言类型的制约

　　根据及物动词的主语和不及物动词的主语格标记的不同，世界语言大致可分为"主格—宾格"型和"作格—通格" 型两大类。Fillmore（1968）、Dixon（1979）、Comric（1981）、Johns（1992）等都讨论了这两种类型语言的形态问题。学术界把两种类型语言的系统描述为[①]："主格—宾格"型语言中，不及物动词句和及物动词句中的主语有相同的形式，直接宾语需要标记，即采用宾格形式；"作格—通格"型语言中，及物动词句的主语被特殊标记，采用作格形式；及物动词句的宾语和不及物动词句的主语不需要标记，采用通格形式。两种类型语言的区别是，宾格型语言主要标记宾语，作格型语言主要标记主语。

　　藏缅语也可大致分为"主格—宾格"型和"作格—通格"型两大类。具有主、宾格系统（nominative-accusative　system）的藏缅语多为彝、缅、景颇语支语言。及物动词句中用格助词标记宾语，主语不加标记，不及物动词句的主语也不加标记。例如[②]：

桑孔语[③]

pan³¹na³³　aŋ⁵⁵　si⁵⁵　qha³³　ʑe⁵⁵.　　　　　这头牛死了。
牛　　　　这头　死　了　（助）

aŋ³³mbi³¹　aŋ⁵⁵　aŋ³³mboŋ⁵⁵　mbaŋ⁵⁵　la³³　soŋ³¹　la⁵⁵　ɤŋ³⁵.
妻子　　　个　　丈夫　　　　个　　（宾助）找　来（语助）
妻子来找丈夫。

怒苏语[④]

pɔ⁵⁵iɔ³⁵　la³⁵　gɑ³¹.　汽车来了。
汽车　　来（助词）

---

①　曾立英：《作格研究述评》，《现代外语》，2007 年第 4 期。

②　每个语言举两个例子，第一个例句是不及物动词句，第二个例句是及物动词句。

③　李永燧：《桑孔语研究》，中央民族大学出版社 2002 年版。

④　孙宏开、刘璐：《怒族语言简志（怒苏语）》，民族出版社 1986 年版。

than⁵⁵ tsha³¹la³¹ aŋ⁵⁵ la³³ mjaŋ⁵⁵ pi⁵⁵ ʑe⁵⁵. 他看见了那只老虎。
他 老虎 只（宾助）见 了 （助）

拉祜语拉祜纳方言勐朗话①
tsa³¹mɣ⁵³ la³¹ u³¹. 扎木来了。
扎 木 来（助）
nɔ³¹ ŋa³¹ tha²¹ ga³³ la³³ qu³³，ŋa³¹ ka³¹ nɔ³¹ tha²¹ ga³³ la⁵³ a³¹.
你 我（宾助）帮助（助）如果 我 （助） 你（宾助）帮助（助）
如果你帮助我，我也帮助你。

波拉语②
tʃhɔ̌⁵⁵ i̯³¹ jauʔ³¹ tǎ³¹ʃɔ̃⁵⁵ lam³¹ ŋau³¹ a³¹ka⁵⁵. 这两个孩子老哭。
这 两 个 孩子 老是 哭 （助）
jɔ̃³¹ ŋa⁵⁵ ʒe³¹ pɛʔ³¹ a⁵⁵. 她打我。
她 我（宾助）打 （助）

载瓦语③
tsǒ²¹nu⁵⁵ ju̯ p⁵⁵ pe⁵¹. 婴儿睡了。
婴儿 睡 （已行体）
ŋo⁵¹ ja̯ŋ²¹ lě⁵⁵ tai²¹kjo̯²¹ pe⁵¹. 我告诉他了。
我 他（宾助）告诉 （已行体）

景颇语④
naŋ³³ ʃoŋ³³ sa³³ uʔ³¹. 你先去吧。
你 先 去（句尾）
ŋai³³ nu̯⁵¹ pheʔ⁵⁵ mjit³¹ n³¹ŋai³³. 我想母亲。
我 母亲（宾助）想 （句尾）

作格型的藏缅语多为羌、藏语支语言。具有作格系统（ergative-absolutive system）的语言中，及物结构中的施事主语使用作格形式，不及物结构中的主语与及物结构中的宾语使用通格形式。作格标记有施事格助词和语音屈

① 常竑恩：《拉祜语简志》，民族出版社 1986 年版。
② 戴庆厦：《波拉语研究》，民族出版社 2007 年版。
③ 徐悉艰、徐桂珍：《景颇族语言简志（载瓦语）》，民族出版社 1984 年版。
④ 戴庆厦、徐悉艰：《景颇语语法》，中央民族学院出版社 1992 年版。

折两种形式，以前者居多。例如①：

嘉戎语②

sə   jə - pi?   谁来了？
谁（前缀）来

ta-pu   kə touru nɐ-ɻ kok.   孩子抱着猫。
孩子（施助）猫（前缀）抱

纳木义语③

tɕhe⁵³ qha⁵⁵tæ³¹qa³¹ nguo⁵⁵ æ³¹.   他经常生病。
他   常常   病

kæ³⁵ n̨i⁵⁵ fiæɹ⁵⁵tsɿ⁵⁵ jæ³¹ ʁæ³¹ ha⁵⁵.   老鹰把小鸡叼走了。
老鹰（施助）小鸡 只 叼 走

道孚语道孚话④

n̨i zənə də-ɕi-n，ŋa ɕu ʒo-ŋ.   你先去，我后来。
你 先 去   我 后 来

pjɛrɣu ɣu ɣraze lu də-mtɕhur.   老鹰叼了小鸡。
老鹰（施助） 小鸡 个 叼了

木雅语⑤

næ⁵⁵ xə³³ tho³³nɐ̯⁵³ thɐ̯³³，ŋə⁵³ nə³³ xə⁵³ nɐ̯⁵³ ŋɐ̯³³.
你 去 敢 （连词）我 也 去 敢（语助）
你要是敢去，我也敢去。

ŋə⁵⁵ ji³³ n̨i³³kə⁵³ ji³³ ɣə⁵³ndə³³ khə³³rø⁵⁵ ŋɐ̯³³. 我用笔写了信。
我（施助）笔 （助）信   写 （语助）

藏语⑥

ŋa¹² tɕhu⁵⁴tshøʔ⁵⁴ ŋa⁵⁴ pa⁵⁵ laŋ¹²ki ʝi ¹⁴.   我五点钟起来。
我 钟点   第五（助）起来（将行时）

---

① 每种语言举两个例子，第一个例句是不及物动词句，第二个例句是及物动词句。

② 林向荣：《嘉戎语研究》，四川民族出版社 1993 年版。

③④⑤ 戴庆厦、黄布凡等：《藏缅语十五种》，北京燕山出版社 1991 年版。

⑥ 金鹏：《藏语简志》，民族出版社 1983 年版。

kho⁵⁵ kɛ kha⁵⁴laʔ¹² søʔ¹²soŋ.　　　　　　他做了饭。
他　（施助）饭　　做

门巴语[1]
pe³⁵ koŋ⁵⁵ṣe⁵⁵ ki³¹ rʌ³⁵wo⁵³　　neʔ³⁵.　　他从公社来。
他　公　社（位助）来（后加）（体助）

ŋʌi³⁵ te³¹ ji³⁵ci⁵³ te⁵⁵wo⁵³　　jin³⁵.　　我看书了。
我　（施助）书　看（后加）（体助）

仓洛语[2]
u⁵⁵n̩u¹³ kha⁵⁵ phen⁵⁵ tin¹³çi.　　　　那只鸟飞走了。
那　　鸟　飞　走

tçi¹³ ki roʔ¹³ thoŋ⁵⁵çi.　　　　　　我看见了他。
我（施助）他　见

　　大多数作格型藏缅语实际上是属于分裂作格型（split ergative system）。所谓分裂作格型语言，是指语言中"一些形态表现出了作格—通格模式，另一些形态表现出了主格—宾格的聚合"。（Dixon1979:79）在分裂作格型语言中，主、宾语后都可以加格助词，以主语后加格助词为多。例如：

普米语[3]
ɑ⁵⁵ nie²⁴je³¹ ʃtʃɛ⁵⁵ xa³¹-zdiɛ³¹zdi³¹-san⁵⁵.　我撒了（许多）麦子。
我（施助）麦子　　　　撒　（1单、已行体）
ti⁵⁵ mi⁵⁵ gue³¹ tsu⁵⁵m̩ i⁵⁵ n̩e³¹ tsɿ⁵⁵ tə³¹-ʃtʃəu³¹-si³¹.
这　人　（施助）儿　女　七　个　抚养（3单、已行体）
这个人抚养了七个孩子。

ɑ⁵⁵ na⁵⁵ bie²⁴ nə²⁴-ʐdʒa⁵⁵-si³¹.　　　（你以为）我喜欢你（其实不然）。
我　你（受助）喜欢（已行体）
ə⁵⁵gə⁵⁵ ɑ⁵⁵ po⁵⁵　　nə³¹-phzɽ⁵⁵-si³¹.（他）遇见我了。
他　　我（受助）（向下）遇（1单、已行体）

---

① 陆绍尊：《错那门巴语简志》，民族出版社 1986 年版。

② 张济川：《仓洛门巴语简志》，民族出版社 1983 年版。

③ 傅爱兰：《普米语动词的语法范畴》，中国文史出版社 1998 年版。

仓洛语[①]

tɕi^{13} ki praŋ^{13} phak^{55}pe^{55}, nan^{13} ki kur^{13}puŋ^{13} sik^{13}tɕo^{55}.
我（施助）睡处 扫　　　你（施助）碗　　洗
我扫地，你洗碗。

u^{55}n̪u^{55} wun^{13}pa^{13} ki ko^{13}wa^{13} thor^{55} tsop^{55} ɕin phen^{55} ten^{13}ɕi.
那　鹰　（施助）鸡　一　抓　（连）飞　走
那鹰抓起一只鸡就飞走了。

tɕaŋ^{13} roʔ^{13} ka kum^{13}ji^{13}.　　　　　　　我认识他。
我　他（受助）认识

u^{55}hu^{55} ɕa^{55}pa^{13} i^{55}pi^{13} ka pi^{13}le^{13} ja?　　　这些肉给谁呀？
这　肉　谁（受助）给　呀

在分裂型作格语言中，施事格助词和受事格助词还可共现。例如：

普米语[②]

ti^{55} tʂən^{31} gui^{55}je^{24} tə^{31}dʒɛ^{24} na^{55} bie^{55} tə^{55}-ʐdʒa^{31}-pa^{31}si^{31}.
这　小孩（施助）　一下子　你（受助）喜欢（不自主、已行体）
这小孩一下子就喜欢上你。

tue^{55}tʃa^{55} gue^{55}iɛ^{13} mə^{13}sye^{55}zə^{55} bie^{55} ko^{13}tsõ^{55}py^{55}z̩ɯu^{55}.
队长　（施助）　大家　　　（受助）关心　　（后加）
队长非常关心大家。

却域语[③]

phu^{55}ro^{55} ji^{13}n̪i^{55} xpa^{55} ʁa tə^{55}mdz̩i^{13}si^{31}.　　乌鸦捉住了青蛙。
乌鸦　（施助）青蛙（受助）（前加）捉（助动）

木雅语[④]

ɤ^{55}tsə^{33} ji^{53} ŋə^{33} le^{33} ʁɑ^{33} ti^{33}.　　　　　他骂我。
他（施助）我（受助）骂（语助）

① 张济川：《仓洛门巴语简志》，民族出版社 1983 年版。
② 傅爱兰：《普米语动词的语法范畴》，中国文史出版社 1998 年版。
③④ 戴庆厦、黄布凡等：《藏缅语十五种》，北京燕山出版社 1991 年版。

藏语①

khoŋ⁵⁵ kɛ cheʔ⁵⁴raŋ¹⁴ la kha¹²re⁵⁴ ləp⁵⁴ ki⁵⁴joʔ¹²?
他 （施助）你 （受助）什么 教 （现行时）
他教你什么？
mi¹²maŋ⁵⁴siʔ⁵⁴ɕuŋ¹⁴ kɛ mi¹²maŋ⁵⁴ la ka¹²po⁵⁴ tɕheʔ¹²ki joʔ¹² reʔ¹².
人民政府 （施助）人民 （受助）爱 （现行时）
人民政府爱人民。

仓洛语②

roʔ¹³ ki tɕaŋ¹³ ça ma¹³thoŋ⁵⁵çi. 他没看见我。
他 （施助）我（受助）没见

门巴语③

cer³⁵kʌn⁵⁵ te³¹ pu³⁵sʌ⁵³ le³¹ kʌŋ³⁵me³¹tsɛʔ⁵³ ce⁵⁵po⁵³ jin³⁵.
老师 （施助）小孩 （受助）非常 喜欢（后加）（体助）
老师非常喜欢小孩。
ŋʌi³⁵ te³¹ pe³⁵ le³¹ teŋ⁵³ni⁵³ jin³⁵te³¹. 我把他一拉。
我（施助）他（受助）拉（后加）（体助）

　　总之，是"主格——宾格"型语言还是"作格——通格"型语言，对该语言是否使用宾语格助词有制约作用。"主格——宾格"型语言，使用格助词标记宾语这种显性的、直接的标记方式；"作格——通格"型语言标记主语，也可算是标记宾语的一种间接方式；分裂型作格的语言，宾语后可以加显性的格助词标记。

二　主、宾语生命度的制约

　　宾语格助词的使用还要受到主、宾语生命度的制约。关于生命度的论述资料很多，我们从词典和著作中摘选出几种有代表性的论述：

　　1. Animat vs. Inanimat "生物与非生物"：名词的次范畴，表示生物（如 Menschen "人" 和 Tiere "动物"）与非生物（如物品）的区别。许多语言中都存在这个区别，比如，德语中的疑问词 wer "谁" was "什么"，斯拉夫

　　① 金鹏：《藏语简志》，民族出版社 1983 年版。
　　② 张济川：《仓洛门巴语简志》，民族出版社 1983 年版。
　　③ 陆绍尊：《错那门巴语简志》，民族出版社 1986 年版。

语言中名词的变格，非洲中南部班图语言 Bantu-Sprachen 名词的不同种类，以及许多作格语言 Ergativsprache 表现作格的不同句法结构。——《语言学词典》（（德）哈杜默德·布斯曼著，商务印书馆，2005 年，P33—34）

2. Animat（in-，-ness）"有生的（无生的，有生性）"：对词（特别是名词）作语法分类时用来指其指称对象是人和动物的那个子类，与无生命的实体和概念相对立。某些语言用形态手段来区分有生性（animateness）和无生性，就跟性的区分一样。英语里这种区分大多是语义上的区分，只有在人称代词和关系代词上有一定的形态表现（he/she/who 与 it/which 的区别）。再有像表示"老"的形容词，elderly "上年纪的"是有生的，antique "古旧的"是无生的。而 old "老"是中性的，可以是有生的也可以是无生的。——《现代语言学词典》（（英）戴维·克里斯特尔编，沈家煊译，商务印书馆，2004 年，P20）

3. 生命度是名词性短语固有的特性，是一个普遍存在的概念范畴。作为对生命度的最初描写，科氏把它定义为一个等级或者称连续体，其主要成分按生命度由高到低的次序是：人类>动物>无生命物。科氏指出，有些语言作出的区别不如这么细致，可能只有人类和非人类的对立或动物和无生命物的对立，但也有些语言比这种区别还要细致，比如阿尔衮琴语实际生命度等级的形式是：第二人称>第一人类>第三人称近指>第三人称另指。也就是说，不同语言中，名词、代词生命度的等级有所不同。——《语言共性和语言类型》（伯纳德·科姆里（Bernard Comrie）. 沈家煊译，华夏出版社，1989 年，P231－233）

从上述各家的论述可以看出，名词的生命度在一些语言中属于词法范畴，比如英语、德语、斯拉夫语等，而在一些语言中则属于句法范畴，生命度对句法结构会产生影响，要用显性的句法标记来表示，比如阿尔衮琴语以及某些作格型语言等。

藏缅语名词性短语的生命度对句法结构有影响。藏缅语名词、代词的生命度等级也可分为三级，由高到低依次为：人称代词、指人名词>动物名词>无生命名词。这里的"无生命名词"除了包括生物学意义上的无生命名词外，还包括植物名词。植物名词在生物学上是有生命的，但从施动性这个角度来看，植物名词不能主动发出动作，所以其生命度和无生命名词一样都为零。

藏缅语生命度原则的基本内容是：宾语格助词的使用不是由宾语自身生命度高低决定的，而要取决于主语和宾语生命度高低的对比。如果主语的生命度高于宾语，那么，宾语后一般不加格助词；如果主语的生命度低于宾语，那么，宾语后就需要加格助词；如果主、宾语的生命度相同或相近，施受关系容易混淆，一般要加格助词。下面逐类描写分析。

（一）无生命名词作宾语

1. 主语是人称代词、指人名词或者动物名词时，因为主语的生命度高于宾语，所以，宾语后不需要加格助词。例如：

傈僳语①

a⁵⁵ɣa⁵⁵ma⁴⁴　dza³³　tho³⁵　dza³¹.　　　　　　　母鸡啄食。

母鸡　　　　食　啄　吃

浪速语②

ɣɔʔ³¹　thɤ³¹　tau³¹　ɣɔʔ³¹au⁵⁵　khjɔ⁵⁵　na³¹　ʒa⁵⁵.　那只鸡正在下蛋。

鸡　那　只　鸡蛋　下　正在（助）

景颇语③

ŋai³³　ʃa³¹kʒam³³　ka̠³³　ŋa³¹　n³¹ŋai³³.　　　　　我正在写信。

我　信　　　正在　写　（句尾）

羌语④

ŋa⁵⁵　tsuə³³　thia⁵¹.　　　　　　　　　　　　　我要喝水。

我　水　喝

藏语⑤

khoŋ⁵⁵tsho⁵⁴　ȵĩ¹⁴　kuŋ¹⁴paʔ⁵⁴　sa¹²ki⁵⁴reʔ¹².　他们中午吃糌粑。

他们　　　　中午　糌粑　　吃（将行时）

土家语⑥

ko³³　za³³lie³³　ka³⁵.　　　　　　　　　　　　他吃鸡蛋。

他　鸡蛋　吃

以上例句的宾语都是无生命名词。下面举植物名词做宾语的例子。在语言学上，植物名词的生命度为零，作宾语时不需要加格助词。例如：

---

① 徐琳、木玉璋等：《傈僳语简志》，民族出版社 1986 年版。

②③ 戴庆厦、徐悉艰：《景颇语语法》，中央民族学院出版社 1992 年版。

④ 孙宏开：《羌语简志》，民族出版社 1981 年版。

⑤ 金鹏：《藏语简志》，民族出版社 1983 年版。

⑥ 戴庆厦、田静：《仙仁土家语研究》，中央民族大学出版社 2005 年版。

拉祜语①

ny⁵³ze⁵³ le³³ mi⁵³qha⁵³ zı⁵³ tsa⁵³ puɯ³⁵ ɔ³¹. 小牛自己会吃草。
牛 小（话助）自己 草 吃 会 （助）

浪速语②

nuŋ³⁵ məŋ³⁵ tsɔ³⁵ pjɛ ʔ⁵⁵ va⁵⁵. 牛把草吃光了。
牛 草 吃 光 （助）

景颇语③

naŋ³³ pha³³ ʒai³¹ khʒaŋ³¹khji⁵⁵pɔ̧ t³¹ po⁵⁵ ka̧ u⁵⁵ n³¹ni⁵¹?
你 为什么 萝卜 拔 （助动）（句尾）
你为什么把萝卜拔掉?

普米语④

pu⁵⁵nia²⁴ je⁵⁵z̩⁵⁵ ʃɿ³¹ʃɛ⁵⁵ thə³¹-ʒdʒua³¹ ʃɿ⁵⁵ khu³¹.
今天 我们 玉米 薅 去 要
今天我们要去给玉米薅草。

格曼语⑤

ki⁵³ a³¹sʌŋ³⁵ kɑi⁵⁵ mɯ⁵⁵ dʑɑi³⁵. 我不想砍树。
我 树 砍 不 愿意

2. 主语是无生命名词时，在 SOV 句式中，宾语格助词可加不加。在收集到的 6 个例句中，有 4 例加了宾语格助词，主语多为自然界中具有自然力的风、雨、水等。例如:

基诺语巴朵话⑥

ji³¹tʃho⁵⁴ te³³kho³³ kje³¹ pha³¹⸍³⁵ vi⁴⁴ a⁴⁴ nɛ³³. 水把田埂冲垮了。
水 田埂 冲 开 （助） （助）

---

① 常竑恩:《拉祜语简志》，民族出版社 1986 年版。
② 戴庆厦、黄布凡等:《藏缅语十五种》，北京燕山出版社 1991 年版。
③ 戴庆厦、徐悉艰:《景颇语语法》，中央民族学院出版社 1992 年版。
④ 陆绍尊:《普米语简志》，民族出版社 1983 年版。
⑤ 李大勤:《格曼语研究》，民族出版社 2002 年版。
⑥ 蒋光友:《基诺语参考语法》，中国社会科学出版社 2010 年版。

ɬi³¹phjʌ³³ to⁵⁴m⁵⁴ phjʌ³³ ɬɣ³¹ᐟ³⁵ vi⁴⁴ a⁴⁴ nɛ³³.　　　风把地棚吹垮了。
风　　　地棚　　吹　　倒　　（助）（助）
mi³¹tha⁵⁴ mi³¹tsha⁵⁴ va⁴⁴ tɯ³¹ tʃe³¹ khjʌ³¹ᐟ³⁵ a⁴⁴ nɛ³³. 雨把地淋透了。
雨　　　　地　　　（宾助）淋　湿　透　　　（助）

拉祜语①
a³⁵khɛ³³ sɿ⁵⁴tɕe³¹ tha²¹ hɔ⁵⁴.　　　　　藤缠树。
藤　　树　　（宾助）缠
sɿ⁵⁴the³³lo³⁵ sɿ⁵⁴the³³ʐɛ⁵³ tha²¹ ni³⁵ ta³¹.　　　大木头压着小木头。
木头　大　　木头　小（宾助）压　着

阿卡语②
xa³¹lo̠³³ a³¹khɯ⁵⁵ ʋŋ⁵⁵ nɔ³¹ na³³ ɣ³³.　　　石头砸伤了脚。
石头　　脚　　（宾助）踩　伤（助）

（二）动物名词作宾语时

动物名词的生命度介于人称代词、指人名词和无生命名词之间，加不加宾语格助词取决于主语和宾语的生命度孰高孰低。

1. 若主语是生命度最高的人称代词或指人名词，一般来说，主语的生命度比宾语高，施受关系显而易见，不会混淆，所以宾语后不加格助词。例如：

纳西语③
thɯ³³ ȵi³³ pe⁵⁵ kv⁵⁵.　　　　　　　他会钓鱼。
他　鱼　钓　会

傈僳语④
e⁵⁵ ɑ³¹khɯ⁵⁵ ko⁵⁵ ma⁴⁴ ɑ⁵⁵mo³¹ thi³¹ tʃɿ̍³³ hi³³ hɑ³⁵.
他　很　　　野　的　马　　一　匹　养　着
他养着一匹很烈的马。

---

① 金有景：《拉祜语主语宾语助词的出现规律》，《语言研究》，1990 年第 2 期。

② 戴庆厦：《泰国阿卡语研究》，中国社会科学出版社 2009 年版。

③ 和即仁、姜竹仪：《纳西语简志》，民族出版社 1986 年版。

④ 徐琳、木玉璋等：《傈僳语简志》，民族出版社 1986 年版。

载瓦语[①]

ŋo⁵¹ ŋŏ ³¹tso³¹ ju⁵¹ tso²¹ pe⁵¹.　　　　　　　　　我吃了鱼。
我　鱼　　　拿　吃（已行体）

独龙语[②]

ǎ ŋ⁵³ bɯ⁵³ ɹɯ̌ p⁵⁵ dʑaʔ⁵⁵.　　　　　　　　　　他敢捉蛇。
他　蛇　捉　敢

羌语[③]

tha⁵⁵lə⁵⁵ qə²¹ɹ⁵⁵ u⁵⁵sie⁵⁵ sɑ²¹u³³ ʐty³³ kə³³.　他从前自己放羊。
他　　从前　自己　羊　放牧

仓洛语[④]

tɕaŋ¹³ kur⁵⁵ta⁵⁵ lak⁵⁵ te¹³le¹³.　　　　　　　我骑马去。
我　马　　骑　去

珞巴语[⑤]

koʁ tabɯ ako jit keʁ pa.　　　　　　　　　　他打死了一条蛇。
他　蛇　一　打　死（完成体）

　　2. 若主语也是动物名词，这时，主宾语生命度相同或接近，施受关系容易混淆，一般要在宾语后加格助词。例如：

拉祜语[⑥]

ɣa⁵⁴ma³³qu³³ ɣa⁵³ʑɛ⁵³ tha²¹ çi³¹ ve³³.　　　　母鸡带小鸡。
鸡　母　　　鸡　小（宾助）带（助）
mɔ²¹ma³³pɣ³¹ mɔ²¹ʑɛ⁵³ tha²¹ tha⁵⁴.　　　　　母猴抱小猴。
猴　母　　　猴　小（宾助）抱

————————

① 徐悉艰、徐桂珍：《景颇族语言简志（载瓦语）》，民族出版社 1984 年版。

② 孙宏开：《独龙语简志》，民族出版社 1982 年版。

③ 孙宏开：《羌语简志》，民族出版社 1981 年版。

④ 张济川：《仓洛门巴语简志》，民族出版社 1983 年版。

⑤ 欧阳觉亚：《珞巴族语言简志》，民族出版社 1985 年版。

⑥ 金有景：《拉祜语主语宾语助词的出现规律》，《语言研究》，1990 年第 2 期。

桑孔语①

tha³¹la³¹ thaŋ⁵⁵ wa³¹ la³³ mjaŋ⁵⁵ pi⁵⁵ ʑe⁵⁵.　　　　　那老虎看见了猪。
老虎　　那　猪（宾助）见　了（语助）

仙岛语②

kʐo²⁵⁵lɔ³¹ kʐo²⁵⁵ te⁵⁵ pan³¹.　　　　　　　　　　猫咬老鼠。
猫　　　　老鼠（宾助）咬

景颇语③

wa²³¹ji³¹ wa²³¹la³¹ phe²⁵⁵ ka³¹wa⁵⁵ nu²⁵⁵ ai³³.　　母猪咬公猪。
母猪　　　公猪　（宾助）咬　　　（句尾）

白语大理话④

khua³³ le²¹ khɣ³³ nɔ⁴⁴ keɻ³⁵ mo³³.　　　　　　　　狗不怕蛇。
狗　只　蛇（宾助）怕　不

3. 无生命名词充任主语时，多为自然界中的风力、水力等。由于宾语是动物，生命度高于主语，所以宾语必须加格助词。例如：

拉祜语⑤

mu⁵³hɔ³³ pa¹¹pa¹¹gu³⁵ti³³ni³³ tha²¹ mɣ⁵⁴ tɕhi³⁵ vɣ³³.　风吹走了蜻蜓。
风　　蜻蜓　　　　　（宾助）吹　走　了
ɣɣ³¹lo³⁵ nu⁵³ tha²¹ tho¹¹ pɛ³¹ ɕe³¹o³¹.　　　　　　洪水淹死了黄牛。
洪水　黄牛（宾助）淹　死　了
nadzi⁵³tɔ²¹ma³³ va²¹ti³⁵pa¹¹ tha²¹ tɔ²¹ pɛ³¹ ɕe³¹o³¹.　毒药毒死了野猪。
毒药　　　　野猪　（宾助）毒　死　了

（三）人称代词或指人名词做宾语时

在藏缅语名词性词语生命度等级序列中，人称代词、指人名词的生命度最高。当人称代词、指人名词做宾语时，主、宾语生命度的对比可能出

① 李永燧：《桑孔语研究》，中央民族大学出版社 2002 年版。
② 戴庆厦、黄布凡等：《藏缅语十五种》，北京燕山出版社 1991 年版。
③ 戴庆厦、徐悉艰：《景颇语语法》，中央民族学院出版社 1992 年版。
④ 王锋：《试论白语的三种基本语序》，《中国民族语言文学研究论集》（4），2004 年版。
⑤ 金有景：《拉祜语主语宾语助词的出现规律》，《语言研究》，1990 年第 2 期。

现以下三种情况：

　　1. 若主语也是人称代词、指人名词，主宾语的生命度等级相同，都可以充当动作的施事和受事，为避免施受关系混淆，一般要在宾语后加格助词。例如：

基诺语①

ɑ³³phi⁴⁴ khə⁴² ɑ³³ tɣ⁴⁴ ɑ nœ³³.　　　　　奶奶打他。
奶奶　　他（宾助）打　（语助）

波拉语②

ŋa⁵⁵ jŏ³¹ ʒe³¹ tḭ³⁵kja³⁵ ve⁵⁵.　　　　　我告诉他了。
我　他（宾助）告诉　（助）

阿侬语③

ŋɑ³¹ ɑ³¹io³¹ khɑ³¹ sn⁵³ ʐɯŋ⁵⁵.　　　　　你可以问我。
你　我　（宾助）问　可以

尔苏语④

the⁵³ æ⁵⁵ wæ⁵³ kæ⁵³ læ³¹.　　　　　他打我了。
他　我（宾助）打　了

珞巴语⑤

tatɕin tajiŋ　me　lako jit　pa.　　　　　达金打了达英一下。
达金　达英（宾助）一下　打（完成体）

　　2. 当主语是动物名词时，宾语的生命度比主语高，所以，宾语后要加格助词。例如：

拉祜语⑥

phɯ⁵³ tʃhɔ³³ tha²¹ tɕhe²¹.　　　　　狗咬人。
狗　　人　（宾助）咬

---

① 盖兴之：《基诺语简志》，民族出版社 1986 年版。
② 戴庆厦、黄布凡等：《藏缅语十五种》，北京燕山出版社 1991 年版。
③ 孙宏开、刘光坤：《阿侬语研究》，民族出版社 2005 年版。
④ 戴庆厦、黄布凡等：《藏缅语十五种》，北京燕山出版社 1991 年版。
⑤ 欧阳觉亚：《珞巴族语言简志》，民族出版社 1985 年版。
⑥ 金有景：《拉祜语主语宾语助词的出现规律》，《语言研究》，1990 年第 2 期。

vɣ³¹ li²¹he⁵³ʒa⁵³ tha²¹ ɣa²¹.　　　　　　　　　　蛇追小学生。
蛇　小学生　（宾助）追

阿昌语梁河话①
khui³¹ tsu³³ xəu⁵⁵ tɑ³¹ ʐu⁷³¹ tə³³ pã³¹ na³³.　　　　狗在咬那个人。
狗　　人　那　一　个（宾助）咬　（助）

格曼语②
ɑ³¹kui⁵⁵ tsoŋ³⁵ xi³⁵ suɯt⁵⁵ ŋit⁵⁵ muɯn⁵⁵.　　　　狗会咬人。
狗　　　人（宾助）咬　会　（附）

3. 主语是无生命名词

这时的主宾语生命度逆差最大，宾语后必须加格助词，标记其受事性，否则会引起歧义。例如：

拉祜语③
pa¹¹e³³ ve³³ sɿ⁵⁴tɕɛ³¹ tʃhɔ³³ tha²¹ te³¹ hɣ⁵⁴ ɕe³¹o³¹.倒下的树压住了人。
倒　下　的　树　　人（宾助）压　住　了
ŋa⁵³tʃhu⁵³ ʒa⁵³　tha²¹ dʒu⁵⁴ na³¹ ɕe³¹o³¹.　　　　　鱼刺伤了孩子。
鱼　刺　孩子（宾助）扎　伤　了

哈尼语绿春老马话④
luɯ³¹ ɕa⁵⁵ji³³ ɣ³³ a⁵⁵bo⁵⁵ ne³³ tsho⁵⁵ jo⁵⁵ di³¹ the³¹ a⁵⁵.
倒　下　来　的　树　　（助）人　（宾助）压　住　了
倒下来的树压住了人。

藏缅语中还存在无生命名词被拟人化的修辞现象。比如，国家、政党名称、地名经常被认为与人一样具有同等生命力的事物，因而被赋予很高的生命度。拟人化的无生命名词进入句法结构做宾语时，受生命度原则的制约，也要加格助词。例如：

---

① 时建：《梁河阿昌语参考语法》，中国社会科学出版社 2009 年版。
② 李大勤：《格曼语研究》，民族出版社 2002 年版。
③ 金有景：《拉祜语主语宾语助词的出现规律》，《语言研究》，1990 年第 2 期。
④ 李泽然：《哈尼语的宾语助词》，《语言研究》，2005 年第 3 期。

拉祜语[1]

ŋa³¹xɯ³³ lɛ³³ ŋa³¹xɯ³³ ve³³ kɔ²¹tsia³³ tha²¹ xa²¹ ve³³.
我 们 （话助）我 们（领属助）国 家 （宾助）热爱（助）
我们热爱我们的国家。

ŋa³¹xɯ³³ pɤ²¹tsi³³ tha²¹ xa²¹.　　　　　　　　　我们热爱北京。
我 们 北 京（宾助）热爱

哈尼语绿春老马话[2]

da⁵⁵dʑa³³ kɔ²⁴tsha³³da³³ jo⁵⁵ jɔ⁵⁵xu²⁴　　　　大家拥护共产党。
大家 共 产 党（宾助）拥护

载瓦语[3]

ŋa⁵⁵moʔ⁵⁵ kuŋ²¹tʃhan⁵¹ta̠ ŋ⁵¹ ʒě⁵⁵ tʃi t⁵⁵tap²¹ le⁵¹. 我们热爱共产党。
我 们 共 产 党 （宾助）热爱 （一般体）

景颇语[4]

an⁵⁵the³³joŋ³¹ tʃi³³woi³³muŋ⁵⁵tan³³ pheʔ⁵⁵ ma³¹ko p³¹ma³¹ka³³ ʒaʔ³¹ kaʔ³¹ai³³.
我们 大家 祖国 （宾助） 保卫 要 （句尾）
我们大家要保卫祖国。

独龙语[5]

pɹa⁵⁵se⁵³ mi⁵⁵ aŋ³¹dza⁵⁵ kwe³¹tɕa⁵⁵ le³¹ nam⁵⁵.
农民 （助）粮食 国 家（宾助）卖
农民把粮食卖给国家。

aŋ³¹n̥i³¹ɹɯ ʔ⁵⁵ɹɯ̆ ʔ⁵⁵ a³¹tsă ŋ⁵³ sɯ³¹nă ʔ⁵⁵nă ʔ⁵⁵ kuŋ⁵⁵tsan⁵³taŋ⁵³ le³¹
各民族 人 都 共 产 党 （宾助）

a³¹ɯ̆ p⁵⁵ɕɯ³¹. 各族人民都热爱共产党。
热爱

　　拟人化是语言中普遍存在的修辞现象。比如，汉语经常把“祖国”比

① 常竑恩：《拉祜语简志》，民族出版社 1986 年版。
② 李泽然：《哈尼语的宾语助词》，《语言研究》，2005 年第 3 期。
③ 徐悉艰、徐桂珍：《景颇族语言简志（载瓦语）》，民族出版社 1984 年版。
④ 戴庆厦、徐悉艰：《景颇语语法》，中央民族学院出版社 1992 年版。
⑤ 孙宏开：《独龙语简志》，民族出版社 1982 年版。

喻为"母亲"，英语的 motherland（祖国）一词中 mother 就是"母亲"的意思。通过拟人化，无生命事物获得了生命力。

在文学语言中，"太阳"、"月亮"等无生命事物常常被拟人化，从而具有了生命力，作宾语时要加格助词。例如：

哈尼语绿春老马话[1]

a^{31}jo^{31}　ba^{33}la^{33}u^{31}tsha^{55}　jo^{55}　le^{31}.　　　　　　他追赶月亮。
他　　　　月亮　　　　　（宾助）赶

a^{31}dza^{31}　no^{55}ma^{33}　jo^{55}　tɕho^{33}.　　　　　　昂扎寻找太阳。
昂扎　　太阳　（宾助）寻找

拉祜语[2]

mu^{53}ni^{33}　tha^{21}　ɣa^{21}ʒu^{31}　　　　　　追太阳
太阳　（宾助）追

ha^{33}pa^{33}　tha^{21}　ɣa^{21}ʒu^{31}　　　　　　追月亮
月亮　（宾助）追

有的跟人密切相关的无生命事物名词由于与人的相关度高，也被赋予生命度，作宾语时要加格助词。例如：

拉祜语[3]

ŋa^{31}xɯ^{33}　tsa^{53}pa^{11}　xe^{31}kho^{53}　tha^{21}　ta^{53}　na^{33}　zɣ^{31}.
我们　　敌人　谣言（宾助）莫听　取
我们不要听信敌人的谣言。
ŋa^{31}xɯ^{33}　qha^{31}qhe^{33}te^{33}ka^{21}　pɣ^{31}　mo^{53}pɛ^{33}mi^{31}　ve^{33}　mɣ^{31}　tha^{31}　xa^{21}sa^{35}tɣ^{31}
我们　　一定　　　　　　　　祖国　　的　领土（宾助）保卫要
我们一定要保卫祖国的领土。

勒期语[4]

ŋo^{53}　ŋŏ^{53}nu̯ ŋ^{55}　jɔ m^{33}　le^{55}　ŋəː^{53}.　　　　　　我热爱我的家。
我　我们　　家　（宾助）爱

---

① 李泽然：《哈尼语的宾语助词》，《语言研究》，2005 年第 3 期。

② 金有景：《拉祜语主语宾语助词的出现规律》，《语言研究》，1990 年第 2 期。

③ 常竑恩：《拉祜语简志》，民族出版社 1986 年版。

④ 戴庆厦、李洁：《勒期语研究》，中央民族大学出版社 2007 年版。

格曼语[①]

n̠auŋ³⁵ wʌn³⁵ tʂɑ⁵⁵ɕi⁵⁵ phu⁵⁵tu⁵⁵ xi³⁵ xa³¹muɯn⁵³ muɯn⁵⁵.
妈妈　（助）扎　西　照片　（宾助）喜欢　　（附）
妈妈喜欢扎西的照片。

景颇语[②]

ʃan⁵⁵ aʔ³¹ sum³¹tsɔ̠ ʔ⁵⁵ mjit³¹ pheʔ⁵⁵ tiŋ³¹tɔ ³³ sa³³ tʃa³¹phjak³¹
他俩的　　情　　　　爱　（宾助）故意　去　破坏
kạ u⁵⁵ ja³³ sai³³. 他俩的爱情被他故意破坏了。
掉　给（句尾）

　　上面我们全面考察、梳理了主、宾语生命度等级和宾语格助词之间的
关系，得出的认识是：藏缅语宾语格助词的使用要取决于主、宾语生命度
差值的大小，而不是宾语自身生命度的高低。如果主、宾语生命度差值大，
则不用加宾语格助词；如果差值小，则要加。用表格表示如下：

表 2-4-1

	主语的语义角色	生命度比较	宾语的语义角色	宾语格助词
1	人称代词、指人名词	>	无生性名词	不加
	动物名词	>	无生性名词	不加
	无生性名词	=	无生性名词	加
2	人称代词、指人名词	>	动物名词	不加
	动物名词	=	动物名词	加
	无生性名词	<	动物名词	加
3	人称代词、指人名词	=	人称代词、指人名词	加
	动物名词	<	人称代词、指人名词	加
	无生性名词	<	人称代词、指人名词	加

　　那么，为什么主、宾语的生命度会制约到宾语格助词的使用呢？这要
从及物结构的自然信息流向原则、句法和语义的配位原则两个方面来解释。
　　1. 及物结构的自然信息流向原则
　　Comrie（1989：158）指出，在及物结构里，有一个信息流向涉及两个

---

① 李大勤：《格曼语研究》，民族出版社 2002 年版。
② 戴庆厦：《景颇语参考语法》，中国社会科学出版社 2012 年版。

实体，A（Agent，施事）和 P（Patient，受事）。在实际言谈中有一种很强的倾向，要求的信息流向跟生命度从较高到较低的信息流向相关联。及物结构最自然的类型是其中 A 的生命度较高，P 的生命度较低。任何对这一模式的偏离都会导致较特殊的有标记结构。

我们来看藏缅语的情况。当主语的生命度高于宾语时，信息是从主语流向宾语，信息流向属于"最自然的类型"，所以不需要采用"特殊的有标记结构"，即不用在宾语后加格助词。当宾语的生命度高于主语时，自然信息流向是从生命度较低的信息流向生命度较高的信息，与从生命度较高的信息流向生命度较低的常规模式相悖，这时就需要采用加标记的结构。

2. 句法和语义的配位原则

在施受程度构成的连续统上，人称代词和指人名词等生命度高的名词性词语被认为具有最强的施动性和最弱的受动性，无生命名词具有最强的受动性和最弱的施动性。这也是人类语言普遍的倾向。依据句法和语义的常规配位原则，人称代词、指人名词是典型的主语、非典型的宾语，无生命名词是典型的宾语、非典型的主语。遵守常规配位原则的句子，往往都采用无标记的基本句式；违反常规配位原则的句子，则要使用有标记的变式结构。

在藏缅语中，典型的主语由人称代词、指人名词充当，典型的宾语由无生命名词充当。人称代词、指人名词做主语、无生命名词做宾语时，符合句法和语义的常规配位原则，所以采用无标记的结构；反之，无生命名词作主语，人称代词、指人名词做主语时，就违反常了规配位原则，则要采用宾语后加格助词的标记型结构。

三　动词语义的制约

上文提到，主、宾语生命度接近，或者宾语生命度高于主语时，宾语后应加格助词。但我们看到在上述两种条件下不加宾语格助词的句子。例如：

基诺语巴亚话[1]

ɣɯ⁴² xo⁴²tʃʰɑ⁴⁴ mju⁵⁵.　　　　　　蛇吞老鼠。

蛇　老鼠　　　吞

---

[1] 盖兴之：《基诺语简志》，民族出版社 1986 年版。

仙岛语[①]

kzo?^{55}lɔ^{31} kzo?^{55} pan^{31}.　　　　　猫咬老鼠。

猫　　　老鼠　　咬

白语大理话[②]

a^{55}mi^{55} juɯ^{44} sʏ^{33}.　　　　　　　猫吃老鼠。

猫　　吃　　鼠

载瓦语[③]

tsun^{21} vo?^{21}tso^{21} ju^{51} tso^{21} pe^{51}.　　老鹰吃了小鸡。

老鹰　小鸡　　　拿　吃　（已行体）

格曼语[④]

tuɯ^{31}bo^{53} kla^{55}　so^{55}　kuɯ^{31}ɕut^{35} luɯn^{35} xa^{31}pu^{55} muɯn^{55}.

老虎　　迅速地（助）山羊　　　上　　扑　　　（附）

老虎迅速地扑向山羊。

苏龙语[⑤]

boh^{55} bi^{55} tua^{55}.　狗咬人。

狗　人　咬

　　上述例句看似违反了生命度原则，实际上是受到动词语义原则的管控。这里说的动词的语义主要是指词汇意义，它决定对主、宾语的选择，对宾语格助词的隐现起制约作用。在上例中，动词与主、宾语之间的语义关系是惟一的、确定的，即施事被默认为主语，受事被默认为宾语，主、宾语的施受关系不具有语义逻辑上的可逆性，所以，宾语后不需要加格助词。若出现主、宾语可逆的句子，母语人会认为是不合逻辑、不合法。这是由于施事和受事两种语法成分在语法上可逆，但由于受制于动词，在语义上不可逆。

　　还有一类动词，其特点是主、宾语都可以发出该动作，成为施动者，

① 王朝晖：《仙岛人及其语言》，民族出版社 2005 年版。

② 王锋：《试论白语的三种基本语序》，《中国民族语言文学研究论集》（4），2004 年版。

③ 徐悉艰、徐桂珍：《景颇族语言简志（载瓦语）》，民族出版社 1984 年版。

④ 李大勤：《格曼语研究》，民族出版社 2002 年版。

⑤ 李大勤：《苏龙语研究》，民族出版社 2004 年版。

也都可以承受该动作，成为受动者。这时，如果不对其中之一加以标记的话，容易造成施受关系混乱。例如：

桑孔语[1]

than⁵⁵ tsha³¹la³¹ aŋ⁵⁵ la³³ mjaŋ⁵⁵ pi⁵⁵ ʑe⁵⁵.　　　　　他看见了那只老虎。
他　　老虎　　只（宾助）见　　了（助）

tha³¹la³¹ than⁵⁵ wa̱³¹ la³³ mjaŋ⁵⁵ pi⁵⁵ ʑe⁵⁵.　　　　　那老虎看见了猪。
老虎　　那　猪（宾助）见　　了（语助）

哈尼语绿春大寨话[2]

a³¹ni⁵⁵ a³¹ma³³ jo⁵⁵ tɕho³³ le³¹.　　　　　　　　孩子跟着母亲。
孩子　母亲（宾助）跟　着

　　在哈尼语和拉祜语中，表示心理活动的动词，如"想念"、"爱"、"恨"、"讨厌"、"怕"等，不论宾语生命度的高低要加格助词。例如：

哈尼语绿春老马话[3]

a⁵⁵ba³³ o⁵⁵lo⁵⁵ jo⁵⁵ gu̱³³.　　　　　　　　姐姐怕蛇。
姐姐　蛇（宾助）怕

a³¹jo³¹ a⁵⁵mo⁵⁵ jo⁵⁵ sɔ³¹.　　　　　　　　他讨厌苍蝇。
他　苍蝇（宾助）讨厌

ŋa⁵⁵ ŋa⁵⁵ja³¹ ɣ³³ mi⁵⁵tsha³¹ jo⁵⁵ dɔ̠³³ nø³¹ la⁵⁵ ja³³.
我　我们　的　地方　（宾助）很　想　来　（助）
我很想念我们的家乡。

拉祜语[4]

ɔ⁵³ a³⁵khɔ³³ tha²¹ dɔ⁵³nɔ⁵³.　　　　　　　　他想念家乡。
他　家乡　（宾助）想念

ɔ²¹ sɿ³⁵ve⁵⁴ tha²¹ fa¹¹ dʒa⁵³.　　　　　　　他最爱花。
他　花　（宾助）爱　最

---

① 李永燧：《桑孔语研究》，中央民族大学出版社2002年版。
② 李永燧、王尔松：《哈尼语简志》，民族出版社1986年版。
③ 李泽然：《哈尼语的宾语助词》，《语言研究》，2005年第3期。
④ 金有景：《拉祜语主语宾语助词的出现规律》，《语言研究》，1990年第2期。

tʃhɔ³³qhɔ⁵³ tha²¹ ni³³phu⁵⁴ dʒa³¹.　　　　　　　最讨厌小偷

小偷　（宾助）讨厌　　最

ɔ⁵³ vɤ³¹ tha²¹ kɔ²¹.　　　　　　　　　　　他怕蛇。

他　蛇（宾助）怕

四　小结

综上，本节讨论了制约藏缅语宾语格助词隐现的三个条件：语言类型、主宾语生命度以及动词的语义。各项条件对宾语格助词的制约作用表现在：

1. 语言类型。根据及物动词的主语和不及物动词的主语格标记的不同，把藏缅语分为"主格——宾格"型和"作格——通格"型两类。"主格——宾格"型语言，宾语后要加格助词；"作格——通格"型语言，宾语后一般不加格助词，但分裂作格型语言宾语后可加格助词。

2. 主宾语生命度。藏缅语名词性短语的生命度等级可分为三级，由高到低依次为：人称代词、指人名词＞动物名词＞无生命名词。宾语格助词的隐现要取决于主、宾语生命度差值的大小，而不是宾语自身生命度的高低。如果主、宾语生命度差值大，则不用加宾语格助词；如果差值小，则要加。

3. 动词的语义。动词的词汇意义决定动词对主、宾语的选择。当施事被默认为动词的主语、受事被默认为宾语时，主、宾语的施受关系不具有逻辑上的可逆性，宾语后不需要加格助词。当主、宾语都可以充任动作的施动者和受动者时，施受关系容易混淆，宾语后必须加格助词。还有一些心理动词，不论宾语生命度的高低都要后加格助词。

语言类型对宾语格助词的制约属于语法原则，主、宾语生命度原则以及动词的语义则属于语义原则。从藏缅语的实际出发可以看到，宾语格助词的隐现首先要受语言类型即语法原则的制约，然后受语义原则的制约。在语义原则的内部，动词的语义原则又优先于主、宾语的生命度原则。因此，按照制约力的大小将制约条件排列如下：语言类型＞动词的语义＞主宾语生命度。

各项制约条件并不是孤立的，而是相互配合、相互协调的关系，共同对宾语格助词的隐现起作用。

第五节　宾语格助词的多功能性

藏缅语的宾语格助词大多具有多功能性。这一特点主要表现在两个方面：在语义成分上，宾语格助词除了能标记受事成分以外，还能表示方所、时间、工具、比较等语义成分；在句法功能上，除了能标记动宾关系外，还能标记状中、定中和中补等句法关系。各语言的具体情况见下表：

表 2-5-1

语支	序号	语言或方言、土语	宾语格助词	语义功能	句法关系
彝语支	1	纳西语	to⁵⁵	受事	动宾
	2	傈僳语	tɛ⁵⁵	受事	动宾
	3	基诺语巴亚话	ɑ³³	受事	动宾
				时间	状中
	4	基诺语巴朵话	va⁵⁵	受事	动宾
				方所	状中
				时间	状中
	5	拉祜语 拉祜纳方言勐朗话	tha²¹	受事	动宾
				方所	动宾+状中
				时间	状中
	6	拉祜语 拉祜纳方言富邦话	tha³¹	受事	动宾
				方所	动宾+状中
	7	拉祜语苦聪话	lɔ³³	受事	动宾
				方所	状中
	8	桑孔语	la³³	受事	动宾
	9	哈尼语绿春大寨话	jɔ⁵⁵、le⁵⁵	受事	动宾
			a³³	受事	动宾
				方所	动宾+状中
	10	哈尼语绿春老马话	jo⁵⁵、le⁵⁵	受事	动宾
			a³³	受事	动宾
				方所	动宾+状中
	11	哈尼语西摩洛话	tʃʌ⁵⁵	受事	动宾
	12	哈尼语卡多话	zɔ⁵⁵	受事	动宾
	13	泰国阿卡语	ɣŋ⁵⁵	受事	动宾
				方所	动宾+状中
				时间	状中
	14	柔若语	kɔ³³	受事	动宾
	15	怒苏语	nɑ³⁵	受事	动宾
	16	毕苏语	na³³	受事	动宾

语支	序号	语言或方言、土语	宾语格助词	语义功能	句法关系
缅语支	1	阿昌语陇川话	te⁵⁵	受事	动宾
	2	阿昌语梁河话	tə³³	受事	动宾
				方所	动宾+状中
				时间	状中
				工具	动宾
				比较	状中
	3	载瓦语	ʒĕ⁵⁵、lĕ⁵⁵	受事	动宾
				时间	状中
	4	波拉语	ʒe³¹	受事	动宾
				方所	状中
				时间	状中
	5	仙岛语	te⁵⁵	受事	动宾
				方所	动宾+状中
	5	仙岛语	te⁵⁵	时间	状中
				比较	状中
	6	勒期语	le⁵⁵	受事	动宾
	7	浪速语	ʒe³¹	受事	动宾
				方所	状中
				时间	状中
景颇语支	1	景颇语	phe?⁵⁵	受事	动宾
	2	阿侬语	kha³¹、ba³¹	受事	动宾
				方所	状中
	3	格曼语	xi³⁵	受事	动宾
	4	独龙语	le³¹	受事	动宾
				方所	动宾+状中
羌语支	1	羌语桃坪话	zie³³	受事	动宾
	2	羌语麻窝话	çi	受事	动宾
				方所	状中
	3	普米箐花话	tçi⁵⁵、bie³¹	受事	动宾
	4	普米桃巴话	pe³⁵	受事	动宾
	5	史兴语	sɿ⁵⁵	受事	动宾

续表

语支	序号	语言或方言、土语	宾语格助词	语义功能	句法关系
羌语支	6	扎坝语	wu³³	受事	动宾
				方所	状中
	7	却域语	kɯ	受事	动宾
	8	木雅语	le³³	受事	动宾
				方所	状中
	9	尔苏语	wæ⁵³	受事	动宾
				方所	状中
	10	纳木义语	dæ⁵⁵	受事	动宾
藏语支	1	藏语	la	受事	动宾
				方所	动宾+状中
				时间	状中
	2	门巴语	le³¹	受事	动宾
				比较	状中
	3	仓洛语	ka¹³	受事	动宾
				方所	状中
				时间	状中
语支未定	1	苏龙语	o³³	受事	动宾
	2	白语大理话	nɔ⁴⁴	受事	动宾
			pɯ⁵⁵	受事	动宾
	3	白语剑川话	no³³	受事	动宾
				方所	状中
				定语	定中
				状语	状中
				补语	中补
			ŋɣ⁵⁵	受事	动宾
				方所	状中
	4	白语赵庄话	nɔ⁴⁴	受事	动宾
				处所	状中
				时间	状中
				定语	定中
				补语	中补
			mɯ⁵⁵	受事	动宾

语支	序号	语言或方言、土语	宾语格助词	语义功能	句法关系
语支未定	5	珞巴语	me	受事	动宾
				时间	状中
			fiam	受事	动宾
				时间	状中
				比较	状中
	6	义都语	go^{31}	受事	动宾

在上述 46 种有宾语格助词的藏缅语中，有 26 种（约占 56.5%）的宾语格助词具有多功能性。其中，彝语支 8 种，缅语支 5 种，景颇语支 2 种，羌语支 4 种，藏语支 3 种，语支未定 4 种。可见，藏缅语宾语格助词的多功能特征还是比较普遍的。下面对宾语格助词的多功能特点进行描写和分析。为便于比较各语义特征之间的联系与区别，下文把"宾语格助词"称为"受事格助词"。

一　表方所义

方所包含方位和处所之意，方所格又称位格、方位格、处所格。有 20 种藏缅语（含方言、土话）的受事成分和方所成分使用相同的格助词标记。

受事格助词兼表方所意义有两种情况，特点不一样，要区别对待：1. 本语中没有专门的方所格助词；2. 本语中有专门的方所格助词，但在有的句子中不用，而是使用受事格助词。

（一）本语中没有方所格助词

属于这一类型的语言有 11 种：彝语支的哈尼语绿春话、阿卡语、苦聪话、基诺语巴亚话和巴朵话，缅语支的阿昌语梁河话，羌语支的尔苏语，藏语支的藏语、仓洛语以及语支未定的白语剑川话和赵庄话。该类语言方所意义的表达主要有 3 种形式：（1）用方所名词表示；（2）用"方所名词+方位名词"表示；（3）用"方所名词+（方位名词）+受事格助词"表示，方位名词有时可以不用。以阿卡语[①]和梁河阿昌语[②]为例说明。

1. 用方所名词表示。例如：（方所成分用"﹏﹏"表示，方位名词用"＿＿"表示，受事格助词用"＿＿＿"表示，下同）

---

① 戴庆厦：《泰国阿卡语研究》，中国社会科学出版社 2009 年版。

② 时建：《梁河阿昌语参考语法》，中国社会科学出版社 2009 年版。

阿卡语

xo³¹xɛ³³　（ɣŋ⁵⁵）① i⁵⁵　ɣ³³.　　　　　　　　到学校去。

学校　　（受助）　去（体助）

ja⁵⁵ŋjɛ³¹　a³³bɔ⁵⁵　thi³¹　bɔ⁵⁵　dɛ³¹.　　　　　地里有一棵树。

地里　　树　　一　　棵　　有

阿昌语梁河话

ŋai³⁵ nuŋ³³sai³³ kha⁵⁵ᐟ³³nai³³ pə³¹tɕin³³ lɑʔ³¹ xəu³³.　我的表哥今天去北京了。

我的　表哥　　今天　　　北京　　去　了

ʂaŋ³¹ ka³³ᐟ³⁵ ʑin³³ tɕu⁵⁵ xai⁵⁵pjɑʔ³¹ tə³¹.　　　　他家就在那边。

他　　的　　家　　就　那边　　在

2. 用“方所名词+方位名词”表示。例如：

阿卡语

njum⁵⁵ la³¹xø⁵⁵ tshɔ⁵⁵xa³¹ ø³¹ ɣa³¹ dzɔ⁵⁵.　　　房间里有四个人。

房子　里　　人　　四　个　在

ka³³phjɔ⁵⁵ la³¹ta³³ mji³³tshɛ⁵⁵ thi³¹ khɣŋ⁵⁵ ɣɣ³³tshɣ³¹ tha³¹.

墙　　　上　刀　　　一　把　挂　　着

墙上挂着一把刀。

梁河阿昌语

me³¹me³¹, tʂɿ³³laŋ³³khɑu³¹ nu³³ pa³³ nɛi ʔ⁵⁵!　　　哎呀，河里有水蛭！

哎呀　　河　　里　　水蛭 有 （助）

tʂ̩ɯŋ³¹thɑʔ³¹ ɛiʔ⁵⁵ tsuk³¹pha³³ muɯŋ⁵⁵ thɑʔ³¹ ʑi³¹.　山上的野鸡叫起来。

山　　上　　的　野鸡　　叫　　起　来

3. 用“方所名词+（方位名词）+受事格助词”表示。例如：

阿卡语

a³¹jɔ³¹ gɔ³¹dzɔ³¹ ɣŋ⁵⁵ tshi⁵⁵xa³¹ thi³¹ mɔ⁵⁵ bɣ³³ sɛ³¹ a³³.

他　　山　（受助）麂子　　一　只　打　死 （语助）

他在山上打到一只麂子。

---

① ɣŋ⁵⁵可以省略。

no⁵⁵ tse⁵⁵ma³³ ɣŋ⁵⁵ i⁵⁵ xɔ³³ ma³¹la³¹?   你到过清迈吗？
你   清迈   （受助）去 过 （语助）

梁河阿昌语

ŋa³³ tʂuŋ³¹thaʔ³¹ tə³³ naŋ³³ tə³³ laŋ³¹ nɛiʔ⁵⁵.   我在山上等着你。
我   山   上 （受助）你（受助）等 （助）

naŋ³³ mu³¹sau³¹ phen³¹ tə³³ ȵai⁵⁵ na³³/³¹.   你把书放在桌子上。
你   书   桌子 （受助）放   （助）

在前两种表达形式中，方所名词后都不加格助词：在第（1）种表达形式中，方所名词以零标记形式出现；在第（2）种表达形式中，方所名词后附加方位名词。在第（3）种表达形式中，方所成分需要使用格助词标记。由于本语中没有专门的方所格助词，于是用受事格助词来标记方位处所义，受事格助词和方所格助词合二为一。

这一类型的其他藏缅语的情况与阿卡语、梁河阿昌语相同，也是用受事格助词来标记方所成分。例如：（方所成分用"～～～"表示，方位名词用"＿＿"表示，受事格助词用"＿＿"表示，下同）

哈尼语绿春大寨话[1]

a³¹ȵi⁵⁵ ɕo³¹ɕo²⁴ a³³ so³¹ɣa³¹ dzo⁵⁵.   弟弟在学校里读书。
弟弟   学校 （受助）书 读

xɔ⁵⁵gɔ³ ɕi⁵⁵ gɔ³¹ a³³ tɕhi⁵⁵za³¹ dzo⁵⁵ ŋa³³. 这座山有麂子。
山   这 座 （受助）麂子   在 （助）

苦聪话[2]

tɕhiaŋ³¹ lɔ³³ a³³khu³¹ ti³¹ pa³¹ kua⁵⁵ ȵɛ⁵⁵ta³⁵. 墙上挂着一把刀。
墙   （受助）刀 一 把 挂 着

phɯ³³kɯ³³ xie⁵⁵ȵɛ³³ pha³³la³¹ lɔ³³ a⁵⁵vi³³ kɯ⁵⁵ ȵɛ⁵⁵ta³⁵.
衣服   和   袖口 （受助）花 绣 （助）
衣服和袖口上绣着花。

① 李永燧、王尔松：《哈尼语简志》，民族出版社 1986 年版。
② 常俊之：《元江苦聪话参考语法》，中国社会科学出版社 2011 年版。

基诺语巴朵话[1]

xo³¹mɔ³³ thi⁴⁴ mʌ⁴⁴ a³³tsɯ⁴⁴ va⁴⁴[2] a⁴⁴sɯ⁴⁴ tsɔ⁴⁴ kɔ³³ a³³

猴子　　一　　只　　树　　（受助）果子　吃　（助）

一只猴子正在树上吃果子。

to⁵⁴m̥⁵⁴pɔ⁴⁴m̥⁵⁴tse⁴⁴ va⁴⁴　ma⁵⁴pa⁴⁴a³³phu⁴⁴ tʃa³¹ a³³.　地棚周围有南瓜。

地棚周围　　　　（受助）南瓜　　丛　　　有　（助）

基诺语巴亚话[3]

zo⁴²m̥ɛ⁵⁵ pə⁴²tɕiŋ³³ ɑ³³ le³³.　　　　　　　　他们去北京。

他们　　北京（受助）（助）

xo⁴²tɕhi⁴² ɣ³³ khə⁴⁴vu⁴⁴ the⁴² ɑ³³ thu¹³ e.　　红旗插在山顶上。

红旗　（话助）山顶　　（受助）　插

尔苏语[4]

bæ⁵⁵ læ⁵⁵ ma⁵⁵ n̠e³³ wæ⁵³ dzu³⁵.　　　　　　父亲母亲都在家。

父亲 和　母亲 家（受助）有

藏语[5]

so¹²tʂɛ¹⁴ naŋ¹⁵ la　so¹²pa⁵⁴ maŋ¹⁴po⁵⁴ jøʔ¹².　工厂里有很多工人。

工厂　　内　（受助）工人　多的　　　有

tʂa⁵⁴ɕiʔ⁵⁴ tak⁵⁴pa⁵⁵ pẽ⁵⁴tsøʔ¹²khaŋ⁵⁵ la tʂo¹²kiʔ⁵⁴.

扎西　　经常　　图书馆　　　（受助）去

扎西经常去图书馆。

仓洛语[6]

na¹³ ka　a⁵⁵pa⁵⁵ la⁵⁵sa⁵⁵ ka¹³ te¹³wa ma¹³te¹³waʔ?

你 （助）爸爸　拉萨 （受助）去　　没去

你爸爸去拉萨了没有？

---

①　蒋光友：《基诺语参考语法》，中国社会科学出版社 2010 年版。

②　受事格助词va⁴⁴一般可省略。

③　盖兴之：《基诺语简志》，民族出版社 1986 年版。

④　戴庆厦、黄布凡等：《藏缅语十五种》，北京燕山出版社 1991 年版。

⑤　金鹏：《藏语简志》，民族出版社 1983 年版。

⑥　张济川：《仓洛门巴语简志》，民族出版社 1983 年版。

ɕin⁵⁵thuŋ⁵⁵　ŋa　wun¹³pa¹³　thor⁵⁵　la¹³.　　　　　　树上有一只鹰。
树　上　（受助）鹰　　　　一　　　有

白语剑川话[①]

ku²¹　tɕo⁴²　no³³　tsɯ³³　ʄi²¹kẽ⁵⁵　ʄi²¹.　　　　　　桥上有个人。
桥　座　（受助₁）有　人　　　　　个

ku²¹　tɕo⁴²　ŋɣ⁵⁵　tsɯ³³　ʄi²¹kẽ⁵⁵　ʄi²¹.　　　　　　桥附近有个人。
桥　座　（受助₂）有　人　　　　　个

tsɯ²¹　tsɯ²¹　no³³　me⁴⁴　tɯ⁴⁴　khɣ³³　tɯ²¹.　　　　树上爬着一条蛇。
树　棵　（受助₁）爬　着　蛇　　只

tsɯ²¹　tsɯ²¹　gɣ⁵⁵　me⁴⁴　tɯ⁴⁴　khɣ³³　tɯ²¹.　　　　树附近爬着一条蛇。
树　棵　（受助₂）爬　着　蛇　　只

白语赵庄话[②]

po³³　ka⁴⁴　ko³³　tsi²¹　tɕa⁴⁴tshi⁴²　ne²¹　no⁴⁴.　　　把他叫到家祠里。
他　把　弄　到　家祠　　　个（受助₁）

pɯ³³　tɕhɯ³³　tɕi³³tsi⁴⁴po³³　no⁴⁴　ki³⁵kɯ³³lu³³ŋɯ²¹　tɕi³⁵.
那　阵　田　埂　　（受助₁）螃蟹　　　　　　多
那时候田埂上螃蟹多。

nɯ⁵⁵　ɕi³⁵　mɯ⁵⁵　mi⁴²?　　　　　　　　　你心里怎么想？
你　心　（受助₂）（语气词）

ŋo³³　sɯ⁴⁴　pia⁴²　xɯ⁵⁵　pɯ⁵⁵　te⁴⁴　khui⁵⁵　mɯ⁵⁵.　我就抱着树根（这里）。
我　就　抱　在　它　根　个　（受助₂）

（二）本语中有专门的方所格助词

属于这一类型的语言有 9 种：彝语支的拉祜语、缅语支的浪速语、波拉语和仙岛语，景颇语支的阿侬语和独龙语，羌语支的麻窝羌语、扎坝语和木雅语。本语中原本有专门的方所格助词，但是不用，转而使用受事格助词。例如：（方所成分用"﹏﹏"表示，方位格助词用"＿＿"表示，受事格助词用"＿"表示，下同）

① 徐琳、赵衍荪：《白语简志》，民族出版社 1984 年版。
② 赵燕珍：《赵庄白语参考语法》，中国社会科学出版社 2012 年版。

拉祜语

zε^2qho^1　ɔ^5　　lɛ^1　tʃa^{3}tu^2 kɯ^1 bi^3 ta.　　　　屋里装满了粮食。[①]

屋里（方所助）（话助）粮食 装　满　着

a^{35}tɕhe^{21} qhɔ^{33} tha^{21} ʒa^{21} la^{33} o^{31}.　　　　羊从山上下来了。[②]

羊　　　　山　（受助）下　来　了

phɤ^{1}lɔ^{3}qho^5 tha^5　lɛ^1　li^5 te^3 pɤ^3 tɛ^1 ta.　　桌上放着一本书。[③]

桌子上面 （受助）（话助）书 一　本 放　着

浪速语[④]

mɔ^{55}　　me^{31} ɣək^{31} tʃɔʔ^{31} ʒa^{55}.　　　　　那下面有水。

那下面（方所助）水　有　（助）

jɔ̃^{35} maŋ^{31}ʃi^{31} me^{31}　muk^{31}suk^{55} mɔ^{55} ne^{55}.　他在芒市学文化。

他　芒　市（方所助）文化　　学　（助）

ŋo^{31} xək^{55} ʒɛ^{31} lɔ^{55} va^{55}.　　　　　　我上前去了。

我　前（受助）去（助）

波拉语

ŋa^{55} maŋ^{31}ʃi^{31} mɛ̃^{31} ŋji^{55} a^{55}.　　　　　我在芒市。

我　芒市　（方所助）在（助）

kui^{35}thaʔ^{55} mɛ̃^{31} mau^{31}sau^{31} ta^{31} pap^{31} tʃaʔ^{31} a^{55}. 柜子上有一本书。

柜子上（方所助）书　　　一　本 有　（助）

ŋa^{55} xəi^{35} ʒɛ^{31} la^{35} vu^{31}nɛ̃^{55}.　　　　我上前去了。

我　前（受助）去　（助）

仙岛语[⑤]

ŋjaŋ^{31} su^{31}pa^{51} zu$^{31/35}$ lɔ^{31} pɔ^{51}.　　　　他到那边去了。

他　　那边（方所助）去（助）

pum^{55} zuŋ^{51} zuɲ^{31}zɔ^{35} n^{31} mzaŋ^{35} ɔ$^{31/51}$.　山上的树不多了。

山 （方所助）东西　不　见　（助）

ŋɔ^{55} thɛ^{55} te^{55} lɔ$^{35/31}$ ta^{51}.　　　　我要去那儿。

我 那儿（受助）去　要

---

① 金有景:《拉祜语的主语、宾语、状语助词》,《民族语文》,1990 年第 5 期。

② 金有景:《拉祜语主语宾语助词的出现规律》,《语言研究》,1990 年第 2 期。

③ 金有景:《拉祜语的主语、宾语、状语助词》,《民族语文》,1990 年第 5 期。

④ 戴庆厦:《浪速语研究》,民族出版社 2005 年版。

⑤ 戴庆厦、丛铁华等:《仙岛语研究》,中央民族大学出版社 2005 年版。

ŋɔ⁵⁵ phun³¹ te⁵⁵ a³¹pzuʔ⁵⁵ tem³¹ nɛʔ⁵⁵.　　　　　　我在桌子上写字。
我　桌子（受助）字　　　写　（助）

麻窝羌语①

thaχlɑ ba　　ka　khçi stə tçi ji.　　　　　　他们在平坝上放犏牛。
他们 坝子（方所助）犏牛 放牧（后加）

muɣu arguɑ　　ka　lutçi ari ʑi ji .　　　　　火塘边上有一只猫。
火塘 一个（方所助）猫 一 只 有

tsə　ka　ʁzə la ji.　　　　　　　　　河里有鱼。
水（方所助）鱼 有（后加）

qa phintsə　ka/çi　sman jiaː.　　　　　　我用瓶子装药。
我 瓶 子（方所助/受助）药　装

məʐ ɑtsa　ka/çi　　səpatʂ ɣnə rguə laji.　　枪里有两发子弹。
枪 一支（方所助/受助）子弹 二 颗 有（后加）

阿侬语②

dʑa³¹kho⁵⁵ duŋ⁵⁵kha³¹ buɯ⁵⁵dʑa³¹ tʂʰŋ⁵⁵ a³¹nɛ⁵⁵.　　　锅里还有饭。
锅　　　（方所助）　饭　　还　有

tçɛ⁵⁵tsʅ³¹ thaŋ⁵⁵　a³¹ ʂ⁵⁵va³¹ thi³¹ tham⁵⁵ a³¹ nɛ⁵⁵. 桌子上有一本书。
桌 子（方所助）（定助）书　一　本　有

muɯ³¹guŋ⁵⁵ phaŋ³³　a⁵⁵ tçhim³¹ thi⁵⁵ tçhim³¹ io⁵⁵ ɛ³¹.
山坡　　（方所助）（定助）人家　一　户　　有
山下有一户人家。

tçhuɯ³¹muɯ³¹　sɑ³¹　ŋua⁵⁵a³¹tçhuŋ³³su⁵⁵ thi³¹ ioʔ⁵⁵ ŋo⁵⁵　ɛ³¹.
江　　（方所助）钓鱼者　　　　一　个　有（陈述后缀）
江边有一个钓鱼的人。

a³¹ʂa⁵⁵phuɯ³¹ khu⁵⁵ ioʔ⁵⁵ mi⁵³ zɿ³¹ʔuŋ⁵⁵ kha³¹ nõ ³¹uã ³¹dza³¹ ʂan⁵³ dʑɛ⁵⁵ç
老头　　　那 个（助）山　（受助）牛　　食 割(体后缀)
那个老头到山上割牛草去了。

a³¹phuɯ⁵⁵ȵi³¹ a³¹io³¹ muɯ³¹gum⁵⁵ ba³¹ çuŋ⁵⁵ ua³¹ a³¹ɖaŋ⁵⁵.
明天　　　我　山　（受助）柴　做（方向后缀）
明天我去山上砍柴去。

---

① 刘光坤：《麻窝羌语研究》，四川民族出版社 1998 年版。
② 孙宏开、刘光坤：《阿侬语研究》，民族出版社 2005 年版。

独龙语[①]

nuŋ⁵⁵ŋwɑ⁵³ gɔŋ⁵⁵ dɔ³¹ ɕin⁵⁵ kai⁵⁵.　　　牛在山坡上吃草。
牛　　　　山坡（方所助）草　吃

tă k⁵⁵tsă ŋ⁵⁵ pă ŋ⁵⁵ dɔ³¹ nɯ⁵³ ti⁵⁵ lum⁵⁵ sɯ³¹ɹɔŋ⁵⁵.
床铺　　　　下（方所助）酒　一　罐　搁
床铺底下放着一罐子酒。

ŋă i⁵³ am⁵⁵bɯ⁵⁵ ɑ³¹sɑ⁵⁵ le³¹ bjă ʔ⁵⁵diŋ⁵⁵.　　我把米撒在地上了。
我　米　　　　地（受助）撒（后加）

ŋa⁵³ ɑ³¹bli⁵³sɯ³¹lɑ⁵⁵ ti⁵⁵ni⁵⁵ dɔ³¹ kuŋ⁵⁵san⁵⁵ le³¹ ɑ³¹blă ŋʔ⁵⁵.
我　四　月　　　　一 日（方所助）贡 山 （受助）到达
我四月一日到达贡山。

扎坝语[②]

jɿ¹³　　khə⁵⁵ sy⁵⁵ tɕø⁵⁵.　　　　　屋里有人。
房子（方所助）人 有

tɕa⁵⁵tsɿ³³ tha³³ tɕə⁵⁵ti⁵⁵ tɕa⁵⁵zе⁵⁵.　　桌上有书。
桌子 （方所助）书　 有

zɿ³³ty⁵⁵ wu³³ tɕa³³ndze⁵⁵ ŋø³³tɕy⁵⁵ tɕɛ¹³.　鞋底上有五个钉子。
鞋 （方所助）铁钉　　五 个　 有

木雅语[③]

phə³³lɑ⁵⁵ khu³³ tɕə⁵³ khuə²⁴ ti³³.　　　碗里有水。
碗　（方所助）水 有

tɕo³³tsi⁵³ pu³³ ɣə⁵³ndə³³ mə⁵³.　　　　桌子上有书。
桌子 （方所助）书　 有

ʐ⁵⁵tsə³³ mbo⁵³ le³³　 tə³³ra²⁴.　　　　他上山了。
他　 山 （方所助）去

mbo⁵³ le³³ ɣə³³tshi⁵³ n̥dzə⁵³ ti³³.　　　山上有獐子。
山 （方所助）獐子　　 有

　　受事格助词和方所格助词标记方所成分时存在差异，主要表现在：
　　1. 方所格助词表示具体的空间方位意义，包括"……上"、"……下"、

　　① 孙宏开：《独龙语简志》，民族出版社 1982 年版。
　　②③ 戴庆厦、黄布凡等：《藏缅语十五种》，北京燕山出版社 1991 年版。

"……里"、"……外"、"……旁边"等；而受事格助词表示抽象、概括的方所意义，主要起标记作用，不表示具体的方所义。比如，阿侬语[①]的方所格助词duŋ⁵⁵khɑ³¹"……里面"、tʰaŋ⁵⁵"……上面"、pʰaŋ³³"……下面"、sa³¹"……边上"，方所义分工很细。又如，木雅语在表示具体的空间意义时使用方所助词kʰu³³"在……里"、pu³³"在……上"，表示抽象的方所意义时使用受事格助词le³³。

2. 受事格助词的语法化程度较高，而方所格助词语法化程度较低，主要来源于方位名词的虚化。比如，阿侬语[②]的tʰaŋ⁵⁵来源于方位名词ga³¹tʰaŋ⁵⁵，pʰaŋ³³来源于方位名词ga³¹pʰaŋ³³。又如，扎坝语的受事格助词wu³³表示方所意义时，比方所助词kʰə⁵⁵"在……里"、tha³³"在……上"的语义更虚化些。

3. 受事格助词在标记方所状语时，表示方所名词是实施动作行为的空间和场所，不能表示动作行为的来源或起源地。而大多数藏缅语都有表示"动作行为从某处开始或在某处出现"的从由助词[③]。从由助词可以被认为是广义的方所助词，加在方所名词或代词后，表示动作行为的起点、源点。例如：

哈尼语[④]

ŋa⁵⁵　pe³¹tɕi⁵⁵　ne³³　i³³.　　　　　　　我从北京来。
我　　北　　京（从由助）来

仙岛语[⑤]

ŋɔ⁵⁵　tan³⁵　　mɔ³⁵　　a³⁵　　lɔ³⁵.　　　　　我从坝子来。
我　　坝子（从由助）（助）来

独龙语[⑥]

kǎ n⁵⁵mɹɑ⁵⁵　paŋ⁵⁵　kǎ ʔ⁵⁵　ɑ³¹ni⁵⁵　gɯ⁵⁵　ɟa⁵⁵　le³¹　ǎ t⁵⁵.
菜园　（从由助）鸡　　二　　只　　这（助）跑
从菜园里跑来两只鸡。

①② 孙宏开、刘光坤：《阿侬语研究》，民族出版社 2005 年版。

③ 有的学者称"离格助词"。

④ 李永燧、王尔松：《哈尼语简志》，民族出版社 1986 年版。

⑤ 戴庆厦、丛铁华等：《仙岛语研究》，中央民族大学出版社 2005 年版。

⑥ 孙宏开：《独龙语简志》，民族出版社 1982 年版。

麻窝羌语①

qɑ peitɕin ji　　 tə lya.　　　　　　 我从北京来。
我 标记（从由助）（前加）来

仓洛语②

tɕaŋ¹³　me¹³to⁵⁵ɕen⁵⁵ kai¹³ u⁵⁵pha.　　　　 我是从墨脱县来的。
我　　 墨　脱　县（从由助）来

4. 独龙语的dɔ³¹、浪速语的mɛ³¹、波拉语的mɛ̃³¹是语法化程度较高的方所格助词，受事格标记也是语法化程度较高的格助词，它们在标记方所成分时，有共性也有不同。相同点在于意义相近，有的还可以互换；不同点在于，方所格标记的方所成分在句中作状语，而受事格标记的方所成分则带有宾语的性质（孙宏开1982：150；戴庆厦2005：77）。

5. 方所格助词标记的方所成分在句中只作状语，表示动作发生的方位、处所；受事格助词标记的方所成分在句中一般作状语。在拉祜语、哈尼语、阿卡语、阿昌语、藏语中，受事格助词标记的方所成分既能作状语，还能作宾语。例如：

拉祜语拉祜纳方言富邦话③

jɔ⁵³ qha⁵³pɛ³¹pa¹¹　ɔ³¹ mɯ³³ ta¹¹.　　　 他坐在火塘边。（作状语）
他 火塘　边（方所助）坐　着
a³³pa³³ khui³³mi̠³¹　（ɔ³¹）④ qe³³.　　　　爸爸去昆明。（作宾语）
爸爸 昆　明　（受助）去

哈尼语⑤

ɕo³¹ɕɔ²⁴　a³³　　so³¹ɣa³¹jo³³sɿ³¹ dɔ̠³³ dʐa̠³³.
学校（方所助）书　　新　　很　有
学校里有很多新书。（作状语）
lɔ³³sɿ⁵⁵ nɔ̠³¹ɔ⁵⁵ ŋa⁵⁵ tɕo³¹ la³¹xø⁵⁵ a³³ dʑo⁵⁵.
老师　 现在　我　家　房子　（受助）在
老师现在在我家。（作宾语）

---

① 刘光坤：《麻窝羌语研究》，四川民族出版社1998年版。

② 张济川：《仓洛门巴语简志》，民族出版社1983年版。

③ 李春风：《拉祜语宾格助词tha³¹》，《民族语文》，2011年第6期。

④ 格助词可以省略。

⑤ 李永燧、王尔松：《哈尼语简志》，民族出版社1986年版。

阿卡语[①]

a³¹jo̠³¹ go³¹dzo³¹ ɤŋ⁵⁵ mji³¹dza³¹ xɛ³¹ a³³.

他　　山　　（方所助）柴　　　砍（语助）

他在山上砍柴。（作状语）

xo³¹xɛ³³ ɤŋ⁵⁵ i⁵⁵ ɤ³³　　　　　　　　　到学校去（作宾语）

学校　（受助）去（助）

阿昌语梁河话[②]

phɛn³¹thaʔ³¹ tə³³ mu³¹sau³¹ sɿ⁵⁵ pən³³ nai³³ nɛiʔ⁵⁵.

桌子　　上（方所助）书　　　两　本　在　（助）

桌子上有两本书。（作状语）

ʂaŋ³⁵ a³¹tsa³³/³⁵ maŋ³¹sɿ³¹ tə³³ laʔ³¹ xəu³³/³⁵.

他的 孩子　　芒市 （受助）去 了

他的孩子去芒市了。（作宾语）

藏语[③]

phǿʔ¹² la　　jaʔ⁵⁴ ta raʔ¹²luʔ¹² maŋ¹³po⁵⁴ joʔ¹² reʔ¹².

西藏（方所助）牦牛 和 山羊　　绵羊　　多的　有

在西藏有很多牦牛和山羊绵羊。（作状语）

kho⁵⁴ tʂhom⁵⁵ la　tʂo¹² joʔ¹²reʔ¹².　　　他就要上街了。（作宾语）

他　　街　（受助）去

二　表时间义

当代类型学研究注意到时量成分使用宾格标记的现象。在 Haspelmath
（1997）调查的 49 种语言中，俄语、德语、阿拉伯语等 12 种语言的时量表
达使用宾格标记。在藏缅语中，基诺语、仙岛语、仓洛语、珞巴语等 11 种
语言的受事格助词也能同时标记时间成分。分为两种类型：一类是本语中
没有专门用来标记时间成分的格助词，受事成分、时间成分都用同一个格
助词来标记；一类是本语中有专门标记时间成分的格助词，即便如此，有
的句子中使用受事格助词标记时间成分。

---

① 戴庆厦：《泰国阿卡语研究》，中国社会科学出版社 2009 年版。

② 时建：《梁河阿昌语参考语法》，中国社会科学出版社 2009 年版。

③ 金鹏：《藏语简志》，民族出版社 1983 年版。

（一）本语中没有专门的时间格助词

属于这一类的藏缅语有 7 种：彝语支的基诺语和阿卡语、缅语支的仙岛语和梁河阿昌语、藏语支的仓洛语以及语支未定的珞巴语和白语。在这 7 种语言中，仓洛语的时间成分进入句子后，必须后加受事格助词；其他几个语言的时间成分在句中一般以零标记形式出现，但在有的句子中，时间词语后加上了受事格助词。例如：（时间成分用"＿＿＿"表示，受事格助词用"＿＿＿"表示，下同）

基诺语巴朵话①

khɤ³¹ ŋji³³tʃhʌ³³a⁴⁴ŋji³³ tsɔ⁴⁴tʃho⁵⁴ tsɔ⁴⁴ nɛ³³.　　他每天都吃剩菜剩饭。
她　　每天　　　　剩菜饭　吃　助

tshɤ⁴⁴mjɔ⁴⁴ lʌ⁴⁴po³¹ ja⁵⁴ phlu³¹ ko⁴⁴ jɔ³³ mɤ³³ sø³³/⁴⁴ tshɛ⁴⁴ jɔ³³ ɛ³³ ŋɤ³¹ɛ⁵⁴nɛ³³.
今年　　　茶叶　助钱　卖　得助　三　　千　得助　肯定
今年卖茶叶的钱肯定会有三千块。

ŋo³¹ thi⁴⁴ ŋji³³ va⁴⁴ jɔ⁴⁴kho⁴⁴ ŋɔ³³tshɤ⁴⁴ ku³³li³¹ zo⁴⁴ khjy⁵⁴ a³³
我　一　天（受助）路　五　十　　公　里　走　能　（助）
我一天能走 50 公里路。

xji³³ a³³khjɛ⁴⁴ thi⁴⁴ kjɔ⁴⁴ va⁴⁴② mi⁴⁴tshɔ⁴⁴ kha³¹ tsɤ³¹ nɛ³³.
这　时间　　一　阵（受助）太阳　晒　超（助）
这一段时间太阳很烈。

阿卡语③

ŋa⁵⁵ na³¹li³¹ ko³¹la³¹ ɤŋ⁵⁵ thu⁵⁵ e³³.　　　　我六点起床。
我　点钟　六　点（受助）起床（语助）

ŋa⁵⁵ thi³¹pha⁵⁵ ɤø³¹ja⁵⁵ ɤø³¹tshe⁵⁵ti³¹ ɤŋ⁵⁵ dɛ³¹ le³³ e³³.
我　一千　　九百　　九十一　（受助）生　出来（语助）
我 1991 年出生。

① 蒋光友：《基诺语参考语法》，中国社会科学出版社 2010 年版。
② 用复杂短语或者小句形式表示时间意义时，不能省略受事格助词va⁴⁴。其他形式表示时间意义时，va⁴⁴可用，也可不用。
③ 戴庆厦：《泰国阿卡语研究》，中国社会科学出版社 2009 年版。

仙岛语①

fu³¹nɛn³⁵khjot⁵⁵ pau⁵⁵l̩ɔ⁵¹ tɤk⁵⁵ vun³¹ pɔ⁵¹.　　　　　今晚月亮最圆。

今天　　晚上　　月亮　　　最　圆　了

ŋau⁵⁵ a³¹ni⁵⁵ ȵjaŋ³¹n̩ɤk³⁵ pɔ⁵¹.　　　　　　　我弟弟是去年生的。

我　　弟弟　去年　　　　　有

ŋɔ³¹tu³⁵ s̠ɯ³¹ȵje⁵¹ te⁵⁵ xɔ³¹kzɔʔ³¹ phut⁵⁵.　　　　我们过年时杀鸡。

我们　　过年　（受助）鸡　　杀

ŋɔ⁵⁵tu³⁵ ŋɔ³¹ nɛn³⁵ te⁵⁵ xɔ³¹ tsai³¹thɔ³⁵ ta³¹ lai⁵⁵ lɔ³⁵.

我们　　五　天　（受助）（话助）街　　　一　次　去

我们五天去赶一次集。

ŋɔ⁵⁵ khjut⁵⁵ te⁵⁵ mu³⁵ lɤ³¹ ta³¹ su⁵¹ li³¹ nɛʔ⁵⁵.　我晚上工作。

我　晚上　（受助）活　做　要　（助）去（助）

梁河阿昌语②

ŋa³³ a³¹mã³¹ m̥jaŋ³³ ʐit³¹ ka³³ kə³³ kaŋ³¹. 我昨天晚上睡得很好。

我　昨天　　晚上　睡　得　好　很

s̠aŋ³¹ sɿ⁵⁵/³³nuuk⁵⁵ kha³³naŋ³¹ tʂə³¹ laʔ³¹ ɛiʔ⁵⁵? 他明年什么时候要回去？

他　明年　　　什么时候　　回　去（助）

ŋo³¹tuŋ³³ nai³¹ （tə³³）③ laʔ³¹ ɛiʔ⁵⁵.　　　　　我们白天去。

我们　　白天　（受助）去（助）

naŋ³³ kuŋ³³m̥jaŋ³³ （tə³³）maŋ³¹ ɛiʔ⁵⁵ m³¹ maŋ³¹/³⁵? 你晚上忙不忙？

你　晚上　　（受助）忙　（助）不　忙

仓洛语④

tɕaŋ¹² thi⁵⁵noŋ¹² ça⁵⁵ɕe⁵⁵le¹² ma¹²te¹²la¹².　　　　我今天不去打猎。

我　今天　　打猎　　　不　去

tɕaŋ¹² jan¹²then⁵⁵ taŋ suŋ¹²then⁵⁵ tham⁵⁵tɕeʔ⁵⁵ raŋ me¹²to⁵⁵ ka tɕho⁵⁵wa

我　去年　　和　前年　　一切　（助）墨脱（受助）在

tɕa⁵⁵ka⁵⁵. 去年和前年我都在墨脱。

（助动）

---

① 戴庆厦、丛铁华等：《仙岛语研究》，中央民族大学出版社 2005 年版。

② 时建：《梁河阿昌语参考语法》，中国社会科学出版社 2009 年版。

③ 时间名词后加不加受事格助词tə³³，具有选择性。时间名词提前至句首时，不加受事格助词tə³³；时间名词在句中时，tə³³可加可不加。

④ 张济川：《仓洛门巴语简志》，民族出版社 1983 年版。

thi⁵⁵noŋ¹³ pi¹³naŋ¹³ ka¹³ tik⁵⁵ta⁵⁵re sop⁵⁵ la.　　　　今天晚上有点热。
今天　　　夜　（受助）稍微　　热　（助动）

tɕuʔ¹³ ka¹³ roʔ¹³ lop⁵⁵tʂa¹³ ka ti¹³wa la.　　　　　后来他到学校去了。
后来（受助）他　学校　（受助）去　（助动）

珞巴语①

aːrə me koː haɕə bo in dəbo.　　　　　　　　　明天他要去拉萨。
明天（受助）他　拉萨（方所助）去（将行体）

jup ja me gom ben jo ka.　　　　　　　　　　睡觉的时候不要说话。
睡 时候（受助）话　说 别（语助）

koː loː ɦam akeː laɦum moː dəna.　　　　　　　他一天要做三顿饭。
他　天（受助）饭　三次　做　（现行体）

ajum ɦam leːkə i dəbo.　　　　　　　　　　　下午劳动。
下午（受助）劳动 做（尾助）

白语赵庄话②

fv⁵⁵xua⁴² tɕɛ³⁵xui⁴⁴ nɔ⁴⁴ nɔ³³ za⁴⁴ ɣɯ³⁵. 富华结婚的时候你回来。
富 华　结 婚（受助₁）你　回 来

na⁵⁵ sɯ⁴⁴ za⁴⁴ŋiɛ²¹ tɯ²¹ nɔ⁴⁴ ne⁴⁴ kɯ⁴⁴ ŋa⁵⁵.
你们就　回去　前（受助₁）拿 给　我们
你们就在回去前拿给我们。

　　（二）本语中有专门标记时间成分的格助词
　　属于这一类型的藏缅语有 4 种：拉祜语、波拉语、载瓦语和浪速语。其共同点是，本语中有"专职"的时间助词，在有的句子中却不用，而是借用受事格助词，使受事格助词兼有标记时间成分的语义功能。例如：（时间成分用"﹏﹏"表示，时间格助词用"＿＿"表示，受事格助词用"＿＿"表示，下同）

拉祜语③

ɕi³⁵ni³³ qo³³ tsɿ³³qhɔ³³ tʃhɔ³³ ma⁵³.　　　　　　　　星期天街上人多。
星期天（时助）街 上　　人 多

─────────────

　① 欧阳觉亚：《珞巴族语言简志》，民族出版社 1985 年版。
　② 赵燕珍：《赵庄白语参考语法》，中国社会科学出版社 2012 年版。
　③ 金有景：《拉祜语的主语、宾语、状语助词》，《民族语文》，1990 年第 5 期。

a^{35}ni^{33}qh$\mathfrak{o}^{21}$　qo^{33}　ŋa^{31}　ʃa^{35}hai^{53}　$\mathfrak{o}^{21}$　qe^{33}　o^{31}.　　　去年我去上海了。
去年　　（时助）我　上　海（方所助）去　了

$\mathfrak{o}^{53}$　a^{35}ni^{33}qh$\mathfrak{o}^{21}$　tha^{53}　pi^{21}nie^{21}　ҫe^{31}o^{31}.　　　他去年毕业了。
他　去年　　（受助）毕业　　了

ʃ$\mathfrak{o}^{35}$te^{53}ni^{33}　tha^{53}　lɛ^{33}　ŋa^{31}　khai^{33}hui^{35}　qe^{33}　tu^{31}.　明天我要去开会。
明天　　（受助）（话助）我　开　会　去　要

波拉语[1]

ʃɛʔ^{55}　khjiŋ^{35}　mẽ^{31}　ŋa^{55}　tʃ$\mathfrak{o}$ŋ^{31}　ai^{55}　nẽ^{55}.　　八点钟我去学校。
八　点　　（时助）我　学校　去　要

ta^{55}　ta^{31}　th$\mathfrak{o}^{55}$　mẽ^{31}　la^{35}　n$\mathfrak{o}^{31}$vɛ^{55}.　　　吃饭后就回去。
饭　吃　之后（时助）回去　（助）

mj$\mathfrak{o}$n^{35}　ʒɛ^{31}　mau^{31}sau^{31}　m$\mathfrak{a}^{35}$　a^{55}.　　　晚上要学习文化。
晚上　（受助）文化　　学　（助）

a^{31}m̃^{31}　mj$\mathfrak{o}$n^{35}　ʒɛ^{31}　s$\mathfrak{o}^{35}$　vɛ^{55}.　　　哥哥晚上走了。
哥哥　　晚上（受助）走　（助）

ŋa^{55}　ŋji^{35}　kauŋ^{31}　ʒɛ^{31}　mu^{35}　tui^{31}.　　我白天干活。
我　在　白天　（受助）活　干

载瓦语[2]

ʃit^{55}khjiŋ^{51}　ma^{55}　ŋo^{51}　tat^{55}ʃin^{21}　vu^{55}　e̩^{51}　ʒa^{55}.　八点钟我要去看电影。
八　点钟（时助）我　电　影　　看　去（谓助）

1977 tsan^{51}　ma^{55}　ŋo^{51}　kuŋ^{55}tso^{21}　vaŋ^{51}　e^{55}.　我是1977年参加工作的。
　　　年　（时助）我　工　作　进　的

xi^{51}　lĕ^{55}　lo^{55}　pe^{51}.　　　　　　先去了。
先（受助）去　了

mjin^{55}　ʒĕ^{55}　lai^{21}k̩a^{55}　m$\mathfrak{o}$ʔ^{55}　ʒa^{51}.　　晚上要学习文化。
晚　（受助）文化　　学　（谓助）

浪速语[3]

ʃɛʔ^{55}khjiŋ^{31}　mɛ^{31}　ŋ$\mathfrak{o}^{31}$　tat^{55}ʃin^{31}　vu^{55}ʒa^{55}.　我八点看电影。
八点　　（时助）我　电影　　看见

---

① 戴庆厦：《波拉语研究》，民族出版社2007年版。

② 徐悉艰、徐桂珍：《景颇族语言简志（载瓦语）》，民族出版社1984年版。

③ 戴庆厦：《浪速语研究》，民族出版社2005年版。

ŋɔ³¹ nɛʔ³¹sum³¹ me³¹ muk³¹suk⁵⁵ mɤ ʔ⁵⁵ ȥa⁵⁵.　　我早上念书。
我　早上　（时助）书　　念　（助）

jõ³⁵ nɛʔ³¹mɔ⁵⁵nɛʔ⁵⁵ ȥɛ³¹ vo⁵⁵ pă³¹ lo⁵⁵ ȥa⁵⁵.　　他明天能去帮忙。
他　明天　　（受助）能　帮　去（助）

nɔ ŋ⁵⁵ tʃhe³¹ me³¹ ɣək³¹ xək³¹ ȥɛ³¹ kjai³¹ kjaŋ⁵⁵ ʑu³¹.
池塘　这（方所助）水　原先（受助）很　清　（助）
这池塘的水原先很清。

三　表工具义

藏缅语中，受事格助词标记工具成分的现象只出现在梁河阿昌语中。梁河阿昌语的受事格助词是tə³³。例如：[①]

tsu³³maŋ³¹/⁵⁵ tɕaŋ³³ mau³¹pji³¹ tə³³ thau³¹ ɛiʔ⁵⁵.　　老人会写毛笔。
老人　　　会　毛　笔（受助）写（助）

ŋa³³ pei³³tsɿ³³tsa³¹ tə³³ ʂu ʔ³¹ a³³!　　　　我喝小杯子啊！
我　杯　子　（受助）喝　（助）

"工具成分+受事格助词tə³³"在句中充当的是工具宾语，而不是工具状语，因为工具状语的标记是在工具名词后加工具格助词xɑ³³。例如：

ŋa³³ tɕɛ̃³³pji³¹ xa³³ tsɿ³³ ɕɛ³³.　　　　我用铅笔写字。
我　铅笔　（工具助）字　写

sə ʔ³¹luŋ³³/³¹ xa³³ kai³³ thaʔ⁵⁵ʑi³³　　用土坯盖起来
土坯　（工具助）盖　起　来

原生型的工具宾语在缅语支乃至整个藏缅语语族语言中都很少见到。梁河阿昌语的工具宾语也不是原生的，而是与汉语深度接触、受汉语深刻影响而新产生的语义类型，是语言接触的结果。

四　做比较标记

差比句的三个基本构成要素是比较参项（包括比较主体和比较基准）、比较的属性、比较的语法标记，其句法结构是：比较主体+比较基准+比较

---

① 时建：《梁河阿昌语参考语法》，中国社会科学出版社 2009 年版。

标记+比较属性。语序类型学的研究认为，差比句首先是一种语义结构，其构成成分在句法上的投射是：属性主体一般充当主语或话题，表示比较属性的形容词是谓语核心，基准是修饰核心的从属成分。比较标记的标注方向既可以是比较主体，又可以是比较基准。[1]

藏缅语差比句的比较标记一般由比较格助词充当，主要有三个不同的来源：

1. 来源于动词的虚化

《基诺语简志》（盖兴之 1986：73）指出，基诺语表示比较的助词 jə^{33} "比"意义比较实在，动词意义还比较强。《凉山彝语的差比句》（胡素华 2005）指出，标注指向比较主体的 ta^{33} 来源于动词"放、置"，标注指向比较标准的 a^{31}tʂʅ^{33} "超过"，来源于动词短语的虚化：a^{31} 是否定词"不"，tʂʅ^{33} 是动词"止"。例如：

基诺语[2]

nə^{42}	ŋə^{42}	jə^{33}	tʃɤ^{44}	m̥ɛ^{42} ɑ.		你比我矮。
你	我	（比较助）	更	矮		
khə^{42}	nə^{42}	jə^{33}	n̥^{33}	m̥jɔ^{55} mi^{42} ɑ.	他比你小两岁。
他	你	（比较助）	两	岁 小	

彝语[3]

ȵe^{33}ma^{55}	ta^{33}	vɪ^{55}mo^{31}	ʐɪ^{31}	a^{31}	tʂʅ^{33}.		妹妹比姐姐高。
妹妹	（比较助）	姐姐	大	不	止		
ȵe^{33}ma^{55}	vɪ^{55}mo^{31}	tɕo^{44}	a^{31}tʂʅ^{33}	mu^{33}	ndʐa̱^{55}.	妹妹比姐姐更漂亮。
妹妹	姐姐	（助）	（比较助）	（助）	漂亮	

2. 来源于方所名词"上边，上面"

《柔若语研究》（孙宏开等 2002：126）指出，比较标记 tɯ^{33} 来源于方位名词 tɯ^{55}tɯ^{33} "上面"。tʰaŋ^{55}a^{31} 源于阿侬语方位名词 ga^{31}tʰaŋ^{55} "上面"的虚化。例如：

---

① 刘丹青：《差比句的调查框架与研究思路》，《现代语言学理论与中国少数民族语言研究》，民族出版社 2003 年版。

② 盖兴之：《基诺语简志》，民族出版社 1986 年版。

③ 胡素华：《凉山彝语的差比句》，《民族语文》，2005 年第 5 期。

柔若语[①]

tu⁵⁵　ŋu⁵⁵　tɯ³³　mia⁵⁵.　　　　　　　　　他比我高。

他　我（比较助）高

mia³³　ko⁵³　nu³³　ko⁵³　tɯ³³　ta̱³³　mia³³.　　马比牛跑得快。

马　只　　牛　只（比较助）跑　快

阿侬语[②]

iɛ³¹　khuaŋ⁵⁵　ŋɯ³¹　　　tʂaŋ⁵⁵a³¹　khu⁵⁵　khuaŋ⁵⁵　ŋɯ³¹　　ta⁵⁵　ɛ³¹.

这　间　（定指助）（比较助）那　间　（定指助）大（陈述后缀）

那间比这间大。

dɯ³¹daŋ³¹　khu⁵⁵　kho⁵⁵　ŋɯ³¹　　tʂaŋ⁵⁵a³¹　iɛ⁵⁵　kho⁵⁵　ŋɯ³¹　sɿn̩³³　ɛ³¹.

棍子　　那　根　（定指助）（比较助）这根（定指助）细（后缀）

这根棍子比那根细。

　　藏缅语差比句比较标记的来源和汉语有类型学上的相似。汉语的比较标记除了"比"来自"比较"义动词、"过"来自"超过"义动词外，还与处所空间标记有密切的关系，如古代汉语的"于"、山东方言的"起"、闽北方言的"去"。[③]柔若语分布在云南省怒江傈僳族自治州兰坪白族普米族自治县兔峨地区的澜沧江两岸，当地汉语方言也把"他比我高"说成"他我上高"。

　　3. 使用受事格助词

　　属于这一类型的藏缅语有 5 种：拉祜语、梁河阿昌语、仙岛语、门巴语和珞巴语。其差比句的典型句法结构是：比较主体＋比较基准＋受事格助词＋比较属性（形容词）。[④]例如：

拉祜语拉祜纳方言富邦乡话[⑤]

jɔ⁵³ɔ³¹n̩i³³pa¹¹　tha̱³¹　kɛ³⁵　la³¹lɛ³⁵　a³¹.　　　　　他比弟弟聪明。

他　弟弟　（受助）更　聪明　（助）

---

　　① 孙宏开：《柔若语研究》，中央民族大学出版社 2002 年版。

　　② 孙宏开、刘光坤：《阿侬语研究》，民族出版社 2005 年版。

　　③ 刘丹青：《差比句的调查框架与研究思路》，《现代语言学理论与中国少数民族语言研究》，民族出版社 2003 年版。

　　④ 之所以称"典型的差比句"是因为仙岛语、门巴语和珞巴语差比句的句法表现不止这一种结构。这里提到的是典型的差比句结构，或称"基式"。在实际语用中还可能出现其他非典型的差比句结构，亦称"变式"。

　　⑤ 李春风：《拉祜语宾格助词tha̱³¹》，《民族语文》，2011 年第 6 期。

phɯ⁵³　le³³　me³⁵n̩i³³　tha⁻³¹　ke³⁵　ɔ³¹tshɔ⁵³　mɯ⁵³　ça³³.　狗比猫更忠诚。
狗　（助）　猫　（受助）　更　朋友　　做　　容易

梁河阿昌语[1]

mjau³¹　xɑ⁵⁵　ta³¹　pa³³　xəu⁵⁵　ta³¹　pa³³　tə³³　thɑ⁻³¹　ɕi⁻⁵⁵.
刀　这　一　把　那　一　把（受助）快　（助）
这把刀比那把刀快。

ŋa³³　xai⁵⁵tɕhi³³　xəu⁵⁵tɕhi³³　tə³³　pjau³¹　ɕi⁻⁵⁵/³¹.　　　　我现在比以前胖。
我　现在　　以前　（受助）　胖　（助）

仙岛语[2]

ŋo⁵⁵　n̩aŋ³¹　te⁵⁵　m̩ zaŋ³¹.　　　　　　　　　　　我比他高。
我　他（受助）高

ŋo⁵⁵　n̩aŋ³¹　te⁵⁵　kɯ³¹.　　　　　　　　　　　　我比他大。
我　他（受助）大

门巴语[3]

ŋe³⁵　pe³⁵　le³¹　thɔ⁵⁵po⁵³　jin³⁵.　　　　　　　　　　我比他高。
我　他（受助）高　　是

ʑɔ³⁵mo⁵³　ʔʌ⁵⁵wo⁵³　le³¹　lop⁵⁵tɕuŋ⁵⁵　li³⁵khu³¹　jin³⁵te³¹.
妹妹　　姐姐（受助）学习　　　好　　是
妹妹比姐姐学得好。

珞巴语[4]

kuŋtʂantaŋ　anə　abo　ɦiam　po　joŋ　　ka.　　共产党比父母还亲。
共 产 党　母亲　父亲（受助）好　比较（一般体）

çi:n̩iŋ　　ka　pa:pe　mun̩iŋ　ka　　ɦiam　po　joŋ　da.
今年（领属助）小麦　去年（领属助）（受助）好　　比较（尾助）
今年的小麦比去年的好。

　　藏缅语中比较标记与受事格助词同形的现象值得研究。差比句的比较

---

① 时建：《梁河阿昌语参考语法》，中国社会科学出版社 2009 年版。
② 戴庆厦、丛铁华等：《仙岛语研究》，中央民族大学出版社 2005 年版。
③ 陆绍尊：《错那门巴语简志》，民族出版社 1986 年版。
④ 欧阳觉亚：《珞巴族语言简志》，民族出版社 1985 年版。

主体多为名词、代词等体词性成分，充当主语；比较属性是形容词，充当句子的谓语；比较基准一般也是体词性成分，加上比较标记后，往往被认为是句子的状语。拉祜语、梁河阿昌语、仙岛语、门巴语和珞巴语等语言采用受事格助词标记比较基准，与其他藏缅语采用不同的比较标记，也就意味着这 5 种藏缅语的比较基准更接近于受事成分，更倾向于作宾语，而不是状语。这样的话，这 5 种语言的差比句的句法结构与 SOV 句式非常接近。惟一不同的是，差比句中的谓语核心是形容词，而 SOV 句式中的谓语核心是动词。学者们在语法研究中用"谓词性成分"来统称动词和形容词，正好反映出人们已经认识到动词和形容词在句法表现上具有共同之处，比如动词和形容词都是有价的。虽然形容词带宾语在类型学上不是优势结构，但汉语方言闽南话中还是不乏这样的例子。例如[①]：

我勇汝。　　　　　（我比你强壮）
伊大汉我。　　　　（他比我高大）
你高伊。　　　　　（你比他高）

　　藏缅语中也有形容词带宾语的句子。例如：

纳西语[②]
xər^{33} thv^{33} thɯ^{33} ba^{31} to^{55} mə^{33} khua^{33}. 刮风对庄稼无益。
风　刮　那　庄稼（受助）不　益

梁河阿昌语[③]
tsu^{33}maŋ$^{31/55}$ tə^{33} ʐau^{33} kə^{33} khau^{31} ɛi^{ʔ55}. 　对老人要好。
老人　　（受助）要　好　（助）（助）

独龙语[④]
sɯ^{31}nǎ ʔ^{55}nǎ ʔ^{55} ǎ ŋ^{53} le^{31} gǎ m^{53}. 　　　　大家都很关心他。
大家　　　　　他（受助）好

　　① 刘丹青：《差比句的调查框架与研究思路》，《现代语言学理论与中国少数民族语言研究》，民族出版社 2003 年版。

　　② 和即仁、姜竹仪：《纳西语简志》，民族出版社 1986 年版。

　　③ 时建：《梁河阿昌语参考语法》，中国社会科学出版社 2009 年版。

　　④ 孙宏开：《独龙语简志》，民族出版社 1982 年版。

格曼语①

ŋɑ⁵⁵ xi⁵³ ɯi⁵³ ti⁵⁵lʌŋ⁵³ kɯ³¹sɯt⁵⁵ xɑm⁵⁵.　　对谁他都很热情。
谁（受助）他　很　　好　　　（形动）

苏龙语②

var⁵⁵ ha⁵⁵ o³³ dəŋ³³ a³¹n̠iaŋ⁵³.　　　　　　　　对谁他都很热情。
他　谁（受助）都　好

　　我们认为，上述藏缅语差比句的句法结构在线性序列上与 SOV 式接近，由于比较标准是句中的焦点成分，所以使用宾语格助词来强调，也是有一定道理的。

五　做定语、状语、补语和名物化标记

　　白语和傈僳语的受事格助词也具有多功能性，可以做定语、状语、补语和名物化的标志，其多功能的表现有别于其他藏缅语。

（一）标记定语

　　充当定语的成分有形容词、方位名词、主谓短语等。例如：

白语剑川话③

tsa³⁵si⁵⁵ kɯ⁵⁵ no³³ ɕui³³ tã³³ tsi³³pɑ⁴⁴.　　　太冷的水冰牙齿。
太　　冷（受助）水　冰　　牙齿

tõ³³fɣ³³ no³³ thu³³ tsui⁴².　　　　　　　　　上边的路滑。
上边　（受助）路　滑

liɑ⁴² tsɯ³³ mo³¹ suɑ⁴⁴ no³³ tõ²¹.　　　　　这是他说的话。
这　是　他　说（受助）话

白语赵庄话④

no³³ ɣɯ⁴⁴ kuo⁴⁴ nɔ⁴⁴ xɛ⁵⁵si³³ ŋɔ³³ pɯ³³ ɣɯ⁴⁴.　你吃过的饭我不吃。
你　吃　过（受助）饭　　我　不　吃

khua⁴⁴ tɯ²¹　nɔ⁴⁴ n̠i⁴⁴to³³ phu⁴⁴ si³³.　　　那只狗的耳朵疼。
狗　　只（受助）耳朵　只　疼

---

① 李大勤：《格曼语研究》，民族出版社 2002 年版。
② 李大勤：《苏龙语研究》，民族出版社 2004 年版。
③ 徐琳、赵衍荪：《白语简志》，民族出版社 1984 年版。
④ 赵燕珍：《赵庄白语参考语法》，中国社会科学出版社 2012 年版。

（二）标记状语

充当状语的成分有形容词、副词以及联合词组、支配词组和偏正词组等。例如：

白语剑川话[1]

ŋa⁵⁵ jõ⁴⁴ ço³¹ no³³ ɣɯ⁴².　　　　　　　　我们要好好地学习。
我们　要　好（受助）学

tho⁵⁵lo⁵⁵miɛ²¹ li⁵⁵ xã⁵⁵ mɛ³³ no³³ kɛ̃³³.　小毛驴也要像马一样地狂跑。
毛驴　　　也　像　马（受助）狂跑

mo³¹ se³¹tshẽ⁵⁵se³¹tɕhi⁴⁴ no³³ tã⁴² ŋa⁵⁵ tõ²¹.他小声小气地回答我们。
他　小　声　小　气（受助）回答 我们 话

（三）标记补语

白语的受事格助词还能做补语的标志，中心语是动词或者形容词。例如：

白语剑川话[2]

si⁵⁵ɣɯ³³ lɯ³¹ tsɯ³¹ xɛ̃⁵⁵ no³³ tũi⁵⁵.　　　　这棵柳树长得直。
柳　　这　棵　生（受助）直

xɯ³³tsi³³ lɯ³¹ suã⁵⁵ tshɛ⁴⁴ no³³ xã⁵⁵tɕɛ⁴².　这园李子红得好看。
李子　　这　园　红（受助）看好

su⁵⁵ lɯ³¹ kho³³ kɯ⁴⁴ no³³ sɛ⁴⁴ tɕui³³kɛ⁵⁵.　　这粒花椒麻得刺嘴。
这　粒　花椒　麻（受助）割　嘴

白语赵庄话[3]

po³³ tɕi²¹ khv⁴⁴ tɕi²¹ nɔ⁴⁴ tɕho⁵⁵.　　　　　她唱曲唱得好。
她　唱　曲　唱（受助）好

ui⁴² nɯ³³ tɕy³⁵ ɕu⁴⁴ nɔ⁴⁴ tɕi⁵⁵ço³³ xɛ⁵⁵!　　这尊佛塑得真活！
佛　这　尊　塑（受助）很　　活

（四）名物化标记

赵庄白语的nɔ⁴⁴还可以作名物化标记，与形容词和动词构成名词性短

_____

[1][2]　徐琳、赵衍荪：《白语简志》，民族出版社1984年版。
[3]　赵燕珍：《赵庄白语参考语法》，中国社会科学出版社2012年版。

语。[①]例如：

ŋo³³　çi⁴⁴xua³⁵　nɔ⁴⁴　mu³³.　　　　　　　　我喜欢的没有。
我　喜欢　（受助）没
ko⁴⁴　ŋv³⁵　nɔ⁴⁴　pi³³　ɕu⁵⁵tha³³　nɔ⁴⁴　xɯ⁴⁴.　　打鱼的比烧炭的黑。
网　鱼（受助）比　烧炭　（受助）黑

　　傈僳语[②]在人称代词或指人名词后加宾格助词tɛ⁵⁵，表示领格形式，转指被领属的人或物。"人称代词/名词＋tɛ⁵⁵"后面一般不出现被领属的人或物。例如：

ŋua³³　tɛ⁵⁵　ŋa³³.　　　　　　　　　　　　　是我的。
我　（受助）是
a⁵⁵mo³¹　the³³　thi³¹　tʃhi⁴⁴　a³¹ma⁴⁴　tɛ⁵⁵　ŋa³³?　　这匹马是谁的？
马　　　这　一　匹　谁　（受助）是
a⁵⁵tsɿ⁴⁴　tɛ⁵⁵　ma⁴⁴　vu³¹,　a⁵⁵ʑi⁴²　tɛ⁵⁵　ma⁴⁴　ʒo⁴⁴.
姐姐（受助）（话助）大　哥哥（受助）（话助）小
姐姐的大，哥哥的小。
ŋua³³nu³¹　tɛ⁵⁵　dʒi³³,　nu³³ua³¹　tɛ⁵⁵　ma³¹　dʒi³³.
我们　（受助）好　你们　（受助）不　好
我们的好，你们的不好。

　　上述兼义的现象仅出现在白语或者傈僳语中，其他藏缅语中没有。我们认为，这几种兼义现象可能是由于同音词造成的，也可能是白语或者傈僳语不同于其他藏缅语的一个特点，有待进一步研究。

六　小结

　　综上，本节讨论了藏缅语宾语格助词多功能性的特点及其表现。藏缅语宾语格助词除了能表示受事义外，还能表示方所、时间、比较、工具等意义。从句法功能来看，除了能标记宾语外，还能标记状语、定语和补语。下面按照功能分类把宾语格助词的多功能性归纳如下：

---

① 赵燕珍：《赵庄白语参考语法》，中国社会科学出版社 2012 年版。
② 徐琳、木玉璋等：《傈僳语简志》，民族出版社 1986 年版。

表 2-5-2

句法成分	语义成分	分布
状　语	方所义	**彝语支**：哈尼语、阿卡语、拉祜语、苦聪话、基诺语 缅语支：阿昌语、浪速语、波拉语、仙岛语 景颇语支：阿侬语、独龙语 羌语支：尔苏语、羌语、扎坝语、木雅语 藏语支：藏语、仓洛语 语支未定：白语
	时间义	**彝语支**：拉祜语、基诺语、阿卡语 缅语支：阿昌语、波拉语、载瓦语、浪速语、仙岛语 藏语支：仓洛语 语支未定：珞巴语、白语
	比较义	**彝语支**：拉祜语 缅语支：阿昌语、仙岛语 藏语支：门巴语 语支未定：珞巴语
	性状义	白语
宾　语	方所义	**彝语支**：拉祜语、哈尼语、阿卡语 缅语支：阿昌语 藏语支：藏语
	工具义	阿昌语
定　语	修饰义	白语
补　语	程度义	白语

　　可以看出，宾语格助词表示受事和方所、受事和时间、受事和比较是藏缅语中比较普遍的现象，表示性状、工具、修饰和程度义是个别现象。

　　藏缅语宾语格助词的多功能性是一个非常有价值的语言学现象。其研究意义不仅在于揭示出句法和语义之间并不是一一对应的关系，即相同的语法范畴可能有不同的语法表现形式，相同的语法表现形式也能反映出不同的语法意义，还在于能揭示出各种语义成分之间的共性与个性，以及各种语法现象之间的联系与区别。

第六节　特殊句式中的宾语格助词

　　上文的分析都是立足于 SOV 型单句、单宾语、单核动词展开的。本节将关注双宾语句、兼语句、使动句、受事提前句中的宾语格助词。这些句式不同于常见的 SOV 句式，有的语法书称之为"特殊句式"。我们沿用这种说法。在特殊句式中，宾语格助词的隐现情况如何？宾语格助词的特点又是什么？这些是本节要讨论的问题。

一 双宾语句

动词的宾语可以有两个，一个指人，另一个指物。两个宾语和动词一起构成双宾语结构，含有双宾语结构的句子叫双宾语句。SOV 型藏缅语双宾语句的基本句法结构是：主语+指人宾语+指物宾语+动词。指人宾语又叫间接宾语、远宾语，指物宾语又叫直接宾语、近宾语。指人宾语一般在指物宾语的前面。

根据述语部分的构成形式和动词特点，可以把藏缅语的双宾语结构大致分为 3 类：1.动词是"给₁"；2.动词是"给₁"以外的三价动词；3.述语部分由"动词+给₂"构成。下面分析各类双宾语结构中宾语格助词的使用特点。

（一）动词是"给₁"

"给₁"是表示给予义的实词。其句法结构是：指人宾语+宾语格助词+指物宾语+动词"给₁"。这是藏缅语中最典型、最常见的双宾语结构。指人宾语后必须加格助词，指物宾语后不加。例如：①

毕苏语②
ẓa³¹maŋ³¹ ga³³ na³³ ni³¹ sɿ³¹ pi³¹.　老人给我两个水果。
老人　　我（宾助）两个 水果 给

怒苏语③
zu⁵³so³⁵su⁵⁵ ia⁵³ ŋu⁵⁵ kɔ³³ io⁵⁵ nɛ⁵³ ʔɛ⁵³ pi³¹ lɛ³¹.
医生　　　个 我（宾助）药 二　瓶 给 （助）
医生给我两瓶药。

梁河阿昌语④
ʂaŋ³¹ zɛ̃³¹ zi³¹ kho³³ nuŋ³³tɕhe³³ tə³³ tɕi³¹ ɛi³⁵.　他给客人一支烟。
他 烟　一 支　客人 （宾助）给 （助）

① 每个语支例举两个语言。
② 徐世璇：《毕苏语研究》，上海远东出版社 1998 年版。
③ 孙宏开、刘璐：《怒族语言简志（怒苏语）》，民族出版社 1986 年版。
④ 时建：《梁河阿昌语参考语法》，中国社会科学出版社 2009 年版。

波拉语①

ŋa⁵⁵ jɔ̃³¹ ʒɛ³¹ mak³¹ tă³¹ pɔn⁵⁵ pi³¹ ɛ³¹.　　　　我给他一根竹笋。
我　他（宾助）竹笋　一　根　给（助）

景颇语②

ŋai³³ ʃi³³ pheʔ⁵⁵ phoŋ³³tin³³ lă⁵⁵ŋai⁵¹ mi³³ ja³³ să³³ŋai³³.
我　他（宾助）钢笔　　一　　一　给　（句尾）
我给了他一支钢笔。

独龙语③

ŋă i⁵³ ă ŋ⁵⁵nĭ ŋ⁵⁵ le³¹ ti⁵⁵ pɯŋ⁵⁵ bĭ ŋ⁵⁵.　　　　我给他们一本。
我　他们　（宾助）一　本　给

仓洛语④

roʔ¹³ ka u⁵⁵hu⁵⁵ pi¹³.　　　　　　　　　　　给他这个。
他（宾助）这　给

珞巴语⑤

ŋo: kom ojok abar go bi: pa.　　　　　　　我给了他一把刀。
我　他　刀　把（数助）.给（完成体）

　　在汉语中，与藏缅语"主语+指人宾语+宾语格助词+指物宾语+给₁"句式对应的也是双宾语句，其句法结构是"主语+给+指人宾语+指物宾语"。
　　（二）动词是"给₁"以外的三价动词
　　其句法结构是：指人宾语+宾语格助词+指物宾语+三价动词。根据动词的语义特点，三价动词还可细分为五类：⑥
　　1. 给予类。动词有"送、发、借（出）"等，带指人宾语时必须后加格助词。例如：

---

① 戴庆厦：《波拉语研究》，民族出版社 2007 年版。
② 戴庆厦：《景颇语参考语法》，中国社会科学出版社 2012 年版。
③ 孙宏开：《独龙语简志》，民族出版社 1982 年版。
④ 张济川：《仓洛门巴语简志》，民族出版社 1983 年版。
⑤ 欧阳觉亚：《珞巴族语言简志》，民族出版社 1985 年版。
⑥ 王文斌、王苹、田甜：《汉英双宾语动词的分类及特点》，《现代语文》，1999 年第 5 期。

格曼语①

ki⁵³ ɑ³¹na⁵³so⁵⁵ n̩o⁵³ xi³⁵ ɕat⁵⁵bɹat⁵⁵ so⁵⁵ xu⁵³ mi³⁵.
我 马上 　　　你（宾助）粮食 　　送 来 （附）
我马上送粮给你。
ɖu⁵⁵ kin⁵⁵ xi³⁵ ɕat⁵⁵bɹat⁵⁵ juŋ⁵⁵ pɹɑ⁵³ pu⁵⁵.
官 我们（宾助）粮食 　　许多 发 　（附）
政府发给我们许多粮食。

浪速语②

tsɔ̆³¹ʃɔ̃³¹ ʒɛ³¹ tsɔ³¹ tsɔ̣³⁵ a ʔ⁵⁵！ 　　　　　喂孩子吃饭吧！
孩子 　（宾助）饭 喂 　吧

藏语③

ŋɛʔ¹² 　　kho⁵⁴ la ji¹²ke¹² tɕi taŋ⁵⁵ki⁴³ ʃi¹⁴. 我要给他寄一封信。
我（助）他（宾助）信 　一 寄（将行时）

苏龙语④

var⁵⁵ ɟe³³ na⁵⁵ o³³ ɕi⁵⁵ ɕun⁵⁵ lu⁵³ da³¹ ɣaŋ³¹？
他（话助）你（宾助）牛 一 卖（助）（语气）
他卖给了你一头牛吗？

　　2. 取得类。动词有"买、借（入）、偷"等，带指人宾语时必须后加格助词。例如：

基诺语巴亚话⑤

ŋo⁴² khə³⁵ ɑ³³ ŋɑ⁴²sɣ⁴⁴ thi⁴⁴ tshə³³ pho³⁵ sɔ³⁵ ɑ nœ³³.
我 他（宾助）香蕉 　一 串 买（完成体）（语助）
我买他一串香蕉。
khə⁴² ŋo⁴² ɑ³³ 　ɑ³³pjo⁵⁵ tso⁴² lɔ⁴². 　他向我借书。
他 我（宾助）书 　借 来

　① 李大勤：《格曼语研究》，民族出版社 2002 年版。
　② 戴庆厦：《浪速语研究》，民族出版社 2005 年版。
　③ 金鹏：《藏语简志》，民族出版社 1983 年版。
　④ 李大勤：《苏龙语研究》，民族出版社 2004 年版。
　⑤ 盖兴之：《基诺语简志》，民族出版社 1986 年版。

尔苏语[1]

æ^{33}phu^{51} le^{31} luo^{33}thuo^{53} ji^{53}　　wæ^{33} kæ^{31} bi^{35} te^{55} pao^{31} khe^{33}vu^{55}læ^{53}
爷爷　　（主助）孙子　　（为格）（宾助）糖　　一　包　　　买
te^{33}læ^{31}.　　　爷爷给孙子买来了一包糖。

苏龙语[2]

da^{33}kin^{55} sə^{31} ɣuk^{55} ã^{31} da^{33}ja^{55} o^{33} ɣah^{55}.　达金偷达雅三只羊。
达　金　　羊　　三　个　　达　雅（宾助）偷

3. 问告类：动词有“告诉、讲、问”等，带指人宾语时必须后加格助
词。例如：

哈尼语卡多话[3]

ŋɔ^{55} ʑɔ^{31}xʅ^{31} ʑɔ^{55} a^{31}ʑe^{33} ku^{33} a^{31}mi^{55} nɑ^{55}tʅ^{31}.　　　我问他花的名字。
我　他　　（宾助）花　　的　名字　问

景颇语[4]

nu^{51} ʃi^{33} phe^{ʔ55} mau^{31}mji^{31} khai^{31} tan^{55} nu^{ʔ55}ai^{33}.　妈妈给他讲了故事。
妈　他（宾助）故事　　　讲　　（貌）（句尾）

格曼语[5]

ɑː^{55} tɯ^{31}phi^{55} ŋo^{53} wʌn^{35} ɯi^{53} xi^{35} khɹai^{55} mɯ^{31} khɹɑ^{53}.
这　事　　　你　（助）他（宾助）告诉　不　必要
这件事情你不必告诉他。

4. 称封类：动词有“叫、认、选”等，带指人宾语时必须后加格助词。
例如：

① 戴庆厦、黄布凡等：《藏缅语十五种》，北京燕山出版社 1991 年版。
② 李大勤：《苏龙语研究》，民族出版社 2004 年版。
③ 赵敏、朱茂云：《墨江哈尼族卡多话参考语法》，中国社会科学出版社 2011 年版。
④ 戴庆厦：《景颇语参考语法》，中国社会科学出版社 2012 年版。
⑤ 李大勤：《格曼语研究》，民族出版社 2002 年版。

基诺语巴朵话①

ŋo³¹ khɣ³¹ va⁴⁴ ŋo⁴⁴ phy⁴⁴ khu³¹ nɛ³³.　　　　我叫他爷爷。
我　他　（宾助）我　爷爷　叫　助

哈尼语绿春老马话②

a⁵⁵dʑa³³ a³¹jo³¹ jo⁵⁵ bo⁵⁵na̠³³ le⁵⁵ gu⁵⁵.　　　　大家叫他波南。
大家　　他　（宾助）波 南（宾助）叫

a³¹jo³¹ ŋa³¹ jo⁵⁵ lɔ³³sʅ⁵⁵ le⁵⁵ zʅ⁵⁵.　　　　他认我老师。
他　　我（宾助）老师（宾助）认

5. 服务类。动词有"教、写"等，带指人宾语时必须后加格助词。句中的施事为受事服务。例如：

怒苏语③

n̠o³³ ŋu⁵⁵ kɔ³³ xɛ³⁵po³³ mɔ¹³.　　　　　　　你教我汉语。
你　我（宾助）汉语　教

景颇语④

ŋai³³ nu̠⁵¹ pheʔ⁵⁵ ʃa³¹kʒa m³³ ka³³ n³¹ŋai³³.　　我给母亲写信。
我　母亲　（宾助）信　　　写　（句尾）

格曼语⑤

ki⁵³ wʌn³⁵ n̠o⁵³ xi³⁵ pun⁵⁵ kɯ³¹mu⁵³ xoŋ⁵⁵ mi⁵⁵.
我　（助）你（宾助）办法　一个　　找　（附）
我给你想个办法。

wʌn³⁵lau⁵³ wʌn³⁵ ɕan⁵⁵ kin⁵⁵ xi³⁵ tɯ³¹gli⁵³kɯ³¹toŋ³⁵ kɯ³¹mu⁵³ ɹul⁵⁵ pu⁵⁵.
那　年　（助）县　我们（宾助）铁　　桥　　　　一　架　（附）
那年县里为我们架了一座钢索桥。

① 蒋光友：《基诺语参考语法》，中国社会科学出版社 2010 年版。
② 李泽然：《哈尼语的宾语助词》，《语言研究》，2005 年第 3 期。
③ 孙宏开、刘璐：《怒族语言简志（怒苏语）》，民族出版社 1986 年版。
④ 戴庆厦：《景颇语参考语法》，中国社会科学出版社 2012 年版。
⑤ 李大勤：《格曼语研究》，民族出版社 2002 年版。

藏语①

ɳɛʔ¹³² raŋ¹³ la tʂa⁵⁴ çar¹¹³ ko. 我给你理发。
我（施格）你（宾格）头发 理 （助）

苏龙语②

var⁵⁵ ɟe³³ goh⁵⁵ o³³ hren⁵⁵graŋ⁵³ a³¹lei⁵³ da³³ ɣet⁵⁵ lo³³ hwei³³.
他（话助）我 （宾助）柴 山坡 （助） 背 （助）（助）
他替我把柴从山坡上背了下来。

　　服务类三价动词构成的双宾语结构对应的汉语结构有两种：一种是双宾语结构"动词+指人宾语+指物宾语"，见怒苏语例句；还有一种是状中结构"为/替/给+指人宾语+动词+指物宾语"，见景颇语、格曼语、藏语、苏龙语例句。

　　（三）述语部分由"动词+给₂"构成

　　"给₂"和"给₁"的不同点在于，"给₁"是实义动词，是谓语的核心，与直接宾语、间接宾语构成双宾语结构；"给₂"由"给₁"虚化而来，紧跟在二价实义动词后，类似于助动词，其作用是帮助二价的动词增价充容，变成三价动词。其句法结构是"指人宾语+宾语格助词+指物宾语+动词+给₂"。例如：

拉祜语拉祜纳方言勐朗话③

ze³¹sɛ³¹pha⁵³ le³³ te⁵³ ɣa⁵³ le³³ tha²¹ sɣ³⁵ te⁵³ qhɣ³¹ tɔ³³ pi⁵³ve³³.
主人 （话助）一 个 每（宾助）烟 一 支 拿 给 （助）
主人传给每人一支烟。

拉祜语拉祜纳方言富邦话④

no³¹ jɔ⁵³ tha³¹ a³⁵su¹¹ma³³ ku³¹ pi⁵³. 你叫她婶婶。
你 她（宾助）叔妈 叫 给

　　① 王志敬：《藏语与汉语述宾结构对比》，《汉语与少数民族语言语法比较》. 戴庆厦主编，民族出版社 2006 年版。

　　② 李大勤：《苏龙语研究》，民族出版社 2004 年版。

　　③ 常竑恩：《拉祜语简志》，民族出版社 1986 年版。

　　④ 李春风：《拉祜语宾格助词tha³¹》，《民族语文》，2011 年第 6 期。

怒苏语①

ia³⁵ma³⁵sɛ³⁵　i³¹　ŋa³⁵　na³⁵　ɬa⁵⁵　çi³⁵　gɯ³⁵　khɹɔ⁵³　bi³¹　a³¹.

杨　玛　三（主助）我（宾助）裤　这　条　缝　给（助词）

杨玛三给我缝了这条裤子。

纳西语②

thɯ³³　nɯ³³　ŋə³³　ko⁵⁵　zɿ³³　tɕhi³³　zə⁵⁵.　　　　　　他把酒卖给我。

他　（主助）我（宾助）酒　卖　给

浪速语③

nõ³¹　ŋɔ³¹　ʒɛ³¹　xa³¹mjan⁵⁵　mo̞⁵⁵　pjik⁵⁵　laʔ³¹!　你教我汉语吧！

你　我（宾助）汉语　　教　给　（助）

波拉语④

jõ³¹　ŋa⁵⁵　ʒɛ³¹　pu³¹　tã³¹　khjɛʔ⁵⁵　vɛ⁵⁵　pi³¹　ɛ³¹.　他买给我一件衣服。

他　我（宾助）衣服　一　件　　买　给　（助）

景颇语⑤

tiŋ³¹　la³³wa³³　ko³¹　kǎ³¹ʃa³¹ni³³　pheʔ⁵⁵　khoi³³tse³¹　khat⁵⁵　ʃi³³　ʃi³³

那　老人　（话助）儿子　们　（宾助）筷　子　支　十　十

kǎ³¹ʒan⁵⁵　ja³³　mǎ⁵⁵nuʔ⁵⁵ai³³.　　　　老人分给儿子们每人十支筷子。

分　　　给　（句尾）

　　在双宾语结构中，指物宾语和指人宾语在语义角色和句法标记的使用上是不同的：指物宾语表示狭义的受事成分，不需后加格助词；指人宾语表示与事成分，必须后加格助词。双宾语句中宾语格助词的使用必须遵循主、宾语生命度原则的要求。

二　兼语句

　　兼语，顾名思义是一种兼有两种句法成分的语法成分。含有兼语的句

---

① 孙宏开、刘璐：《怒族语言简志（怒苏语）》，民族出版社 1986 年版。

② 木仕华：《纳西语和汉语双及物结构比较研究》，戴庆厦主编《汉语与少数民族语言语法比较》，民族出版社 2006 年版。

③ 戴庆厦：《浪速语研究》，民族出版社 2005 年版。

④ 戴庆厦：《波拉语研究》，民族出版社 2007 年版。

⑤ 戴庆厦：《景颇语参考语法》，中国社会科学出版社 2012 年版。

子是兼语句。兼语句的基本句法结构是：主语+兼语+动词$_1$+动词$_2$。藏缅语兼语结构由 1 个动宾结构和 1 个主谓结构构成。动宾结构是指"兼语+宾语格助词+动词$_2$"部分，动词$_2$是兼语句谓语部分的核心动词，兼语实际上是动词$_2$的宾语。主谓结构是指"兼语+动词$_1$"部分，动词$_1$是主谓结构谓语的核心，兼语是动词$_1$的主语。

兼语一般由名词、代词等体词性成分充当，它既是主谓结构中动词$_1$的施事主语，又是动宾结构中动词$_2$的受事宾语，"兼语"一词因而得名。动词$_1$和动词$_2$不在同一个句法层次上，在语义上没有关联。由于兼语句句式的特点，动词$_2$通常由具有［+命令］、［+指使］、［+要求］语义特征的动词充当。当兼语由指人名词、代词充当时，必须后加宾语格助词。例如：

毕苏语[1]

ʐum^{55}suŋ^{55} gu^{33}　na^{33} oŋ^{55}le^{33} pi^{31} la^{31}.　　　　主人请我们进去。
主人　　　我们（宾助）进去　请 （助）
a^{55}boŋ^{55} ga^{33} na^{33} tsa^{31} pi^{31} ne^{55}.　　　　爸爸让我吃。
爸爸　我（宾助）吃　让 （助）

拉祜语拉祜纳方言富邦话[2]

ɔ^{31}pa^{33} mɔ^{53}xɯ^{35}n̥ɛ^{31} tha̱^{31} ma^{31}mi^{35} ti^{33} tsɿ^{33}.　父亲让他俩种洋芋。
父亲　　他俩　　　（宾助）洋芋　　种　让
ŋa^{31} lɛ^{33} jɔ^{53} tha̱^{31} li^{31}dɔ^{53} tɕhi^{33} xe^{53} tsɿ^{33} ga^{53} ve^{33}.
我（助）他（宾助）书　　这　学　使　想 （助）
我想让他学这本书。

桑孔语[3]

lau^{55}sɿ^{33} naŋ^{33} la^{33} pɔ lɔ^{33} tso^{33} pi^{31} ʑe^{55}.　　老师让你读书。
老师　　你（宾助）书　　读　让 （助）
thaŋ^{55} ŋa^{33} la^{33} la^{55} pi^{31} ɣŋ^{35}.　　　　他让我来。
他　我（宾助）来　让 （助）

---

① 徐世璇：《毕苏语研究》，上海远东出版社 1998 年版。

② 李春风：《拉祜语宾格助词tha^{31}》，《民族语文》，2011 年第 6 期。

③ 李永燧：《桑孔语研究》，中央民族大学出版社 2002 年版。

梁河阿昌语[①]

ʂaŋ³¹ ŋu³¹tuŋ³³ tə³³ kə³¹ʂ̩³⁵ tsa³¹ᐟ⁵¹ la²³¹ tɕi²³¹.　　　　他让我们赶快下去。
他　我们（宾助）赶快　下　　去　给

波拉语[②]

a³¹va⁵⁵ ŋa⁵⁵ ʒɛ³¹ tʃŋ³¹ ta³¹ᐟ⁵⁵ nõ ⁵⁵ᐟ⁵¹ a⁵⁵.　　　父亲让我上学。
爸爸　我（宾助）学校　上　　让　（句尾）

na k⁵⁵pa⁵⁵su⁵⁵ ŋa⁵⁵ ʒɛ³¹ sak⁵⁵ xa³⁵ nõ ⁵⁵ᐟ⁵¹ a⁵⁵.　领头人让我种树。
领头人　　　我（宾助）树　种　让　（句尾）

勒期语[③]

a³³pho⁴³ ŋo⁵³ le⁵⁵ wɔm³³ tso³³ na:ŋ³³.　　　　父亲让我吃饭。
爸　我（宾助）饭　吃　让

njaŋ³³ ŋo⁵³ le⁵⁵ ŋə⁵³ thu̧ ʔ⁵⁵ na:ŋ³³.　　　　　他让我出钱。
他　我（宾助）钱　出　让

载瓦语[④]

ja ŋ²¹ lě⁵⁵ ta̧ u²¹ lo⁵¹ na̧ ŋ⁵¹.　　　　　　让他返回来。
他（宾助）返回　来　让

格曼语[⑤]

ŋo⁵³ ɯi⁵³ xi³⁵ tɕa⁵³ ka⁵⁵.　　　　　　你让他吃。
你　他（宾助）吃　（使动）

　　兼语同时兼表施事主语和受事宾语两种语义成分和句法成分，但藏缅语在形式标记上凸显的是宾语成分，而不是主语成分，因为兼语后使用的是宾语格助词。

　　当主语的生命度高于宾语时，在常规的SOV句式中施受关系不会混淆，因此不需要加格助词。但在一些兼语句中，宾语格助词的使用突破了生命度原则的限制，表现在：当宾语（兼语）的生命度比主语低时，宾语（兼

① 时建：《梁河阿昌语参考语法》，中国社会科学出版社 2009 年版。
② 戴庆厦：《波拉语研究》，民族出版社 2007 年版。
③ 戴庆厦、李洁：《勒期语研究》，中央民族大学出版社 2007 年版。
④ 徐悉艰、徐桂珍：《景颇族语言简志（载瓦语）》，民族出版社 1984 年版。
⑤ 李大勤：《格曼语研究》，民族出版社 2002 年版。

语）后却加上了格助词。例如：（兼语用"＿＿＿"表示）

毕苏语[1]

ξan^{33}　$\underline{\xi}$a^{33}　na^{33}　ko^{33}lo^{33}　oŋ^{55}le^{33}　pi^{31}　ɣ^{31}.　　　　他让鸡进窝。
他　　鸡（宾助）窝　　　　进　　　　让（助）

拉祜语拉祜纳方言富邦话[2]

ŋa^{31}　$\underline{phu}$w^{53}　tha$_{\cdot}^{31}$　tɔ$_{\cdot}^{53}$　e^{33}　tsɿ^{33}.　　　　我让狗出去。
我　　狗　　（宾助）出去　　让

　　可见，兼语由指人名词、代词充当时，其后必须强制性使用宾语格助词；兼语是生命度低的名词时，有时也可以不受生命度原则的限制，可以加上宾语格助词。这是由兼语句的构式特点决定的。兼语句在语用上需要凸显受事焦点，即说话人想让听话人注意到宾语和宾语相关的新信息，因而在句法上体现为在宾语后使用格助词，无生命宾语也不例外。所以，兼语句中的宾语格助词除了标记受事外，还起到凸显焦点的语用功能。[3]

三　使动句

　　藏缅语中有一部分语言的动词、形容词有自动态和使动态的区别。自动是指动作是自身形成的，或者是本来的性质和状态，不受外力的干扰；使动是指动作或者性质状态是由于外力的作用而形成的。动词、形容词为使动态的句子叫使动句，为自动态的句子叫自动句。例如：

阿昌语梁河话[4]

tɕaŋ^{31} phu^{33} kaŋ^{31}.　　　　墙壁很白。（形容词的自动态）
墙　　白　　很
tɕaŋ^{31} tə^{33} khut^{31} phu^{33} kəu$^{33/31}$.　　　　把墙弄白了。（形容词的使动态）
墙　（宾助）使　白　　了

① 徐世璇：《毕苏语研究》，上海远东出版社1998年版。
② 李春风：《拉祜语宾格助词tha^{31}》，《民族语文》，2011年第6期。
③ 详见本章第二节关于宾语格助词的语用功能的论述。
④ 时建：《梁河阿昌语参考语法》，中国社会科学出版社2009年版。

彝语①

tsa³³phu³⁴　dʐo̞³³　o³⁴.　　　　　　　　墙垮了。（动词的自动态）
墙　　　　垮　　（助）

tsa³³phu³⁴　tɕho̞³³　ko³⁴ʂa³³　o³⁴.　　　墙拆掉了。（动词的使动态）
墙　　　　使拆　掉　　（助）

　　使动的表达方式有分析型和屈折型两种。分析式是通过在自动词之前或之后加上具有使动意义的词语，构成使动态，见阿昌语梁河话例句；屈折式通过语音变化来实现，比如元音的松紧交替、辅音的送气与不送气交替、清音与浊音交替、零声母与清擦音交替等。上述彝语例句使用的是辅音的清浊交替。分析式句法结构和兼语式相同，下文不再讨论。

　　藏缅语使动句的动词具有"致使义"，和一般动词比较，使动动词强调对宾语的处置。在使动句中，宾语后是否加格助词要受到生命度原则的制约。当宾语是生命度较高的指人名词或代词时，宾语后要加格助词。例如：

傈僳语②

za³¹ne³³　tɛ⁵⁵　a⁵⁵tʃɿ³⁵　to⁴⁴.　　　　　　给孩子喂奶。
孩子　（宾助）奶　　使吃

ʒo³¹　khu³¹pha³¹　tɛ⁵⁵　tʃo³⁵.　　　　　　咱们吓唬小偷。
咱们　小偷　　（宾助）使害怕

阿昌语梁河话③

naŋ³³　a³¹nuŋ³¹　tə³³　tsə³¹mə³¹　xut³¹　ɛiʔ⁵⁵.　　你给弟弟穿衣服。
你　弟弟　（宾助）衣服　　使穿（助）

景颇语④

ʃi³³　pheʔ⁵⁵　tso̞m⁵⁵ʒa⁵¹　mi³³　ʃa³¹pa⁵⁵　ka̩u⁵⁵　sai³³.　　使他相当累了。
他（宾助）相当　　　　　使累　掉　（句尾）

---

① 陈康、巫达：《彝语语法（诺苏话）》，中央民族大学出版社 1998 年版。

② 徐琳、木玉璋等：《傈僳语简志》，民族出版社 1986 年版。

③ 时建：《梁河阿昌语参考语法》，中国社会科学出版社 2009 年版。

④ 戴庆厦：《景颇语参考语法》，中国社会科学出版社 2012 年版。

普米语[1]

ɑ⁵⁵ nie⁵⁵je³¹ tə⁵⁵gə⁵⁵ tʃi⁵⁵ ma³¹ a³¹-wa⁵⁵-ʃtʃe³¹ san³¹.
我（主助）他　（宾助）粥　熬 使（1单、已行体）
我让他煮了粥了。

义都语[2]

a³³hi⁵⁵ja³³ go³¹ i⁵⁵bi³⁵（la⁵⁵la⁵⁵）.　　　　　　让他来。
他　　（宾助）使来

a³³hi⁵⁵ja³³ go³¹ we⁵⁵nuŋ³³ ha⁵⁵.　　　　　　给他闻。
他　　（宾助）使闻　（助）

　　当宾语是无生命的事物，或者生命度明显低于主语时，宾语后一般不加格助词。例如：

基诺语[3]

khə⁴² ŋɔ³⁵ ɛ⁵⁵ pjo⁵⁵tɛ⁵⁵ m̩⁴²lu⁴⁴ nœ³³.　　　　他弄坏了我的笔。
他　我 的 笔　　弄坏 （语助）

彝语[4]

nu̠³³tɕɿ³³ khɯ³³pho²¹ o³⁴.　　　　　　　使豆荚开口了。
豆荚　　使开口　了

浪速语[5]

nɔ³¹ sak⁵⁵ na̠n⁵⁵ aʔ⁵⁵!　　　　　　　你摇树吧！
你 树 使摇 吧

格曼语[6]

ki⁵³ ɡɹi³⁵ phɑt⁵⁵ kɑ⁵⁵ lɑ³⁵.　　　　　　我的衣服弄破了。
我 衣服 破 （使动）（附）

① 傅爱兰：《普米语动词的语法范畴》，中国文史出版社 1998 年版。
② 江荻：《义都语研究》，民族出版社 2005 年版。
③ 盖兴之：《基诺语简志》，民族出版社 1986 年版。
④ 陈康、巫达：《彝语语法（诺苏话）》，中央民族大学出版社 1998 年版。
⑤ 戴庆厦：《浪速语研究》，民族出版社 2005 年版。
⑥ 李大勤：《格曼语研究》，民族出版社 2002 年版。

珞巴语[①]

əmə mo: mit to!   把火弄灭！

火 弄 灭（语助）

  但也有不受生命度原则制约的情况。无生命名词作宾语时，后面加上了格助词。例如：

载瓦语[②]

mau^{51}sau^{21} tshau^{21} ku^{51} ʒě^{55} a^{21}sik^{55} tut^{21} na̰ ŋ^{51}.

书   旧 （助）（宾助）新的 成 使

使旧书变成新书。

史兴语[③]

ŋɜ^{55} rɜ^{55} sɿ^{55} na^{33}bɜ^{33}ra^{33} xi^{53} sɿ^{33}.   我把绳子弄断了。

我 绳子（宾助）断 使（语助）

  在梁河阿昌语的使动句中，宾语格助词被要求强制共现，所以，在无生命名词宾语后也要加上格助词。例如：

ʂaŋ^{31} ŋai^{35} tsa^{31}mə^{31} tə^{33} phji$^{?55}$ kəu$^{33/31}$. 他把我的衣服弄破了。

他 我的 衣服 （宾助）弄破 了

ʂaŋ^{31} tɕaŋ^{31}tʂu^{35} tə^{33} phət^{55} kəu^{33}.   他把筷子弄断了。

他 筷子 （宾助）弄断 了

naŋ^{33} uŋ^{31} tə^{33} tshən^{31} tha$^{?55}$ʑi^{33} ka$^{?55}$. 你把肚子鼓起来啊。

你 肚子（宾助）使鼓 起 来 啊

lu^{31}tɕuŋ^{33} tə^{33} tɕhua$^{?55}$ la$^{33/31}$ kəu$^{33/31}$.   牛弄烂了草棚。

牛 草棚（宾助）使烂 去 了

  可见，当使动句的宾语是高生命度的名词时，必须后加宾语格助词；当宾语是无生命名词时，一般以零形式存在，也可突破主、宾语生命度原则限制，后加宾语格助词。这是由于使动句的构式特点决定的。使动句式

---

① 欧阳觉亚：《珞巴族语言简志》，民族出版社 1985 年版。

② 徐悉艰、徐桂珍：《景颇族语言简志（载瓦语）》，民族出版社 1984 年版。

③ 戴庆厦、黄布凡等：《藏缅语十五种》，北京燕山出版社 1991 年版。

在语义上通过加宾语格助词来强调对宾语的处置，从语用角度来看，就是凸显受事宾语焦点，强调宾语的新信息特点，使听话人关注宾语。所以，宾语格助词除了标记受事宾语外，还起到凸显焦点的语用功能。[1]

四 受事提前句

藏缅语的基本语序是 SOV，基本句法成分包括主语、谓语和宾语。各项句法成分在句中的位置相对固定。在句子的线性排列中，主语处在最靠左的句首位置，紧跟其后的句法成分是宾语，动词在最右侧的句末位置。

受事提前句是指宾语提前至句首位置的句子。因为藏缅语宾语最典型的语义特征是受事，故称为受事提前句。受事提前句多是语用原因形成的话题句。话题句是一种语用分类，其结构是"话题结构+述题结构"。话题结构是已知的旧信息，是叙述的起点；述题结构是未知的新信息，是话题延续和核心。话题的作用仅在于对已知信息的导入。充当话题的成分很多，从语义成分来看，有施事、受事、时间、处所等；从句法成分来看，有主语、宾语、谓语、状语、定语等。本节讨论藏缅语的受事宾语话题句。

藏缅语的受事提前句多为话题句，有一部分话题句还能表达被动义。下面分话题句和被动义表达句两部分来分析。

（一）话题句

话题句一般都有专门的话题标记，包括韵律成分、助词及语序等形式。在宾语话题句中，最重要、最常见的话题标记是 OSV 语序。下面分析宾语话题句中宾语格助词的隐现及特点。

宾语格助词的使用要受主、宾语生命度原则的制约。在指人名词、人称代词、动物名词等生命度较高的宾语后，常常要加格助词。因为主、宾语换位后，有可能导致施受关系混乱，而加上宾语格助词后，宾语的受事性及其句法地位得以标明，句首位置的宾语不会被误认为是主语，句子的施受关系也不会因移位而发生改变。例如：

哈尼语[2]

a^{31}jo^{31} jo^{55} ŋa^{55} gu^{55}.　　　　　　　　　　我叫的是他。
他 （宾助）我　叫

---

① 详见本章第二节关于宾语格助词的语用功能的讨论。
② 李泽然：《哈尼语的宾语助词》，《语言研究》，2005 年第 3 期。

a³¹phi³¹a³¹bo⁵⁵　jo⁵⁵　ŋa⁵⁵ja³¹　ga³¹.　　　　　爷爷奶奶，我们爱。

奶奶　爷爷（宾助）我们　爱

载瓦语[①]

khui²¹　lĕ⁵⁵　ja̠ŋ²¹　pat²¹　sat²¹　pe⁵¹.　　　　　狗，他打死了。

狗　（宾助）他　　打　杀（已行体）

　　宾语格助词还可以与话题助词并用。OSV 语序和话题助词一起充任话题标记，宾语格助词主要起标明受事义和句法地位的作用。例如：

怒苏语[②]

ʔn̠o⁵⁵　na³⁵　　nu⁵⁵　tha⁵⁵　hũ³⁵　tɕi̠³¹　lo³¹!　　　他嘛，就别说了！

他　（宾助）（话助）别　说　　（助）（助）

景颇语[③]

ʃi³³　phe²⁵⁵　　ko³¹　ŋai³³　n³³　ka̠m³³　ʃã³¹ʒin⁵⁵　ja³³　n³¹ŋai³³.

他（宾助）（话助）我　不　愿　　教　　　给　（句尾）

他啊，我不愿意教。

n³³tai³³　lam³³　pheʔ⁵⁵　ko³¹　ka³¹tai³³　muŋ³¹　kje̠³³　sai³³.

这　　事　（宾助）（话助）谁　　也　　知道（句尾）

这事谁都知道了。

　　当宾语为生命度很低或者无生命成分时，一般不加宾语格助词。例如：

彝语[④]

thu̠²¹z̠i³³　tshi³³　dz̠ɿ⁵⁵　ŋa³³　pɿ³³　ndzo³⁴.　　　这本书我读过。

书　　这　　本　　我　读　过

tho³³tsa²⁴　ŋa³³　xɣ³²³　wa³³,　la⁵⁵tsa²⁴　ma³¹　vɣ²⁴　la³³.

衣服　　我　买　了　裤子　没　买　（助）

衣服我买了，裤子没有买。

① 徐悉艰、徐桂珍：《景颇族语言简志（载瓦语）》，民族出版社 1984 年版。

② 孙宏开、刘璐：《怒族语言简志（怒苏语）》，民族出版社 1986 年版。

③ 戴庆厦：《景颇语参考语法》，中国社会科学出版社 2012 年版。

④ 陈康、巫达：《彝语语法（诺苏话）》，中央民族大学出版社 1998 年版。

载瓦语①

mau⁵¹sau²¹ xji⁵¹ ŋo⁵¹ mjaŋ⁵¹ vu⁵⁵ pe⁵¹.　　这书我看过了。
书　　　这　我　见　　过（已行体）

义都语②

i⁵⁵he⁵⁵ ɑ³³dzo⁵⁵ pra⁵³ ŋa³⁵ n̩i⁵⁵ ɑ³³thu⁵³ doŋ⁵⁵ ja³¹　这本书我看过了。
这　　本书　　　我（主助）看　　（助）

　　但也有一些语言生命度低的宾语后要加格助词，用以标记宾语的语义特征和句法地位，即虽然宾语移位到句首的主语位置，但在语义上仍然是受事，不是施事；在句法上仍然是宾语，不是主语。有了宾语格助词的标记，句子的施受关系和句法关系不会改变和混乱。例如：

拉祜语拉祜纳方言富邦话③

no³¹ ve³³ u³tsɿ¹¹ thḁ³¹ ŋa³¹ ma⁵³ mo³¹.　　　　你的帽子我没看见。
你　的　帽子（宾助）我　不　　见

哈尼语绿春老马话④

lo⁵⁵ga⁵⁵ jo⁵⁵ da⁵⁵dʑa³³ sa³¹ne³³ du³¹dza³¹ za³³.　大家都在挖水沟。
水沟　（宾助）大家　全部　挖　　（助）

ɕi⁵⁵tɕha³³ jo³³li³¹ jo⁵⁵　a³¹jo³³mḁ³¹ lo³¹ a⁵⁵.　他们明白这种道理。
这种　　道理（宾助）他们　　明白（助）

景颇语⑤

n³³tai³³ la³¹pu³¹ pheʔ⁵⁵ ʃi³³ ni³³ni⁵⁵ ta³¹ nuʔ⁵⁵ai³³. 这裙子他织了两天了。
这　裙子　（宾助）他　两天　织　（句尾）

n³³ ka³¹tʃa³³ ai³³ pheʔ⁵⁵ lai³³ka u⁵⁵ ʒaʔ³¹ kaʔ³¹ ai³³. 我们要改掉缺点。
不　好　的（宾助）改　掉　要　（句尾）

---

① 徐悉艰、徐桂珍：《景颇族语言简志（载瓦语）》，民族出版社 1984 年版。
② 江荻：《义都语研究》，民族出版社 2005 年版。
③ 李春风：《拉祜语宾格助词tha³¹》，《民族语文》，2011 年第 6 期。
④ 李泽然：《哈尼语的宾语助词》，《语言研究》，2005 年第 3 期。
⑤ 戴庆厦：《景颇语参考语法》，中国社会科学出版社 2012 年版。

（二）被动义表达句

　　藏缅语受事提前句还可以表达被动意义，但由于被动意义较弱，没有汉语被动句中那么强的"被动义"、"遭受义"，加上被动义表达句采用 OSV 语序，和 SOV 语序相比，被动义表达句更强调施事，所以又被称为"强调施事句"、"类被动句"。

　　藏缅语被动义表达句的形式标记是 OSV 语序和主语格助词或宾语格助词。受经济原则制约，主、宾语格助词一般二选一，不同时使用。

　　1. OSV 语序+主语格助词

　　无论宾语是有生命事物还是无生命事物，主语后都要加格助词，以强调主语的施动性。例如：

卡卓语[1]

tɕhia³³pi³¹ tɛ³¹ po²⁴ ʑi³³ kɛ³³ v³²³ kɑ³²³ ʑi³³ wɑ³³.
铅　笔　一　支　他（主助）拿　走　了（语助）
这支铅笔被他拿走了。

tshi³²³ ko⁵⁵ tsɣ⁵³ ʐo²⁴ kɛ³³ khv³²³ kɑ³²³ ʑi³³. 钱被贼偷走了。
钱　一些　贼　个（主助）偷　　　去

浪速语[2]

ɣɔʔ³¹ ɣauŋ³¹ jaŋ³¹ pən³⁵ sɛʔ³¹ va⁵⁵.　　　鸡被野猫咬死了。
鸡　野猫（主助）咬　死（助）

kauk³¹ nuŋ³⁵ jaŋ³¹ tsɔ³⁵ pjɛ ʔ⁵⁵ va⁵⁵.　　　稻子被牛吃掉了。
稻子　牛（主助）吃　掉　（助）

阿昌语梁河话[3]

tsə³¹mə³¹ mau³¹ xɑ³³ to³¹ tɕuɛʔ³¹ xəu³³ᐟ³⁵.　衣服被雨淋湿了。
衣服　　雨（主助）淋　湿　了

tʂa³¹luŋ³⁵ u³⁵z̃ɛ̃³¹ xɑ³³ kau³¹ tʂu³³ kəu³³ᐟ³¹.　阳光被房檐遮住了。
阳光　　屋檐（主助）遮　住　了

---

① 木仕华：《卡卓语研究》，民族出版社 2002 年版。
② 戴庆厦：《浪速语研究》，民族出版社 2005 年版。
③ 时建：《梁河阿昌语参考语法》，中国社会科学出版社 2009 年版。

土家语仙仁话[1]

kuɛ⁵⁴ ɣa³³pa³³ ko³³ tɕi³³pha³³ tsa³⁵ o⁵⁴ sã⁵⁵ lu³³. 他被石头砸伤了脚。

他　石头　（主助）脚　　砸　（助）伤　了

liã³³sɿ³⁵ tshe⁵⁴ ko³³ na⁵⁴/³⁵pi⁵⁴ ŋã³⁵ lu³³.　　　　粮食被水淹了一大片。

粮食　水　（主助）一大片　　淹　了

　　2. OSV 语序+宾语格助词

　　宾语是指人名词时，一定要加宾语格助词。宾语是无生命名词时，也可加宾语格助词。例如：

怒苏语[2]

si⁵³khɹɑ³⁵ nɑ³⁵ mi⁵ dzã³¹ gɑ³¹.　　　　那片树被火烧了。

树片　（宾助）火　烧　（助）

基诺语巴朵话[3]

ŋo³¹ va⁴⁴ mi⁴⁴tshɔ⁴⁴ kha³¹ xjʌ³¹/³⁵ vi⁴⁴ nɛ³³.　　阳光把我晒得萎靡不振。

我（宾助）阳光　晒　蔫　（助）（助）

毕苏语[4]

za³¹ki³³ na³³ noŋ³³ xa³³ duŋ³¹.　　　　孩子被你们弄醒了。

孩子　（宾助）你们　弄　醒

le³¹tɯ³¹ na³³ xa³³ ton³¹.　　　　绳子被弄断了。

绳子　（宾助）弄　断

阿昌语梁河话[5]

n̩ɯŋ⁵⁵ka³¹ tə³³ ʂi³¹tuŋ³³ zu³³ la²³¹ xəu³³/³⁵.　石头被他们抬走了。

石头　（宾助）他们　拿　去　了

tɕa²³¹tsa³³ tə³³ tɕun³³ma³³/⁵⁵ ti³¹ la²³¹ xəu³³/³⁵. 小鸡被老鹰叼走了。

小鸡　（宾助）老鹰　　叼　去　了

---

① 戴庆厦、田静：《仙仁土家语研究》，中央民族大学出版社 2005 年版。

② 孙宏开、刘璐：《怒族语言简志（怒苏语）》，民族出版社 1986 年版。

③ 蒋光友：《基诺语参考语法》，中国社会科学出版社 2010 年版。

④ 徐世璇：《毕苏语研究》，上海远东出版社 1998 年版。

⑤ 时建：《梁河阿昌语参考语法》，中国社会科学出版社 2009 年版。

勒期语[①]

la :p^{55} tɔ^{55} ta^{55} pji^{33} le^{55} mou^{33} pa :t^{31} tʃu ʔ^{55} pjɛ^{33}.
晒　　着　的　衣服（宾助）雨　淋　　湿　　了
晒着的衣服被雨淋湿了。

景颇语[②]

lǎ ^{31}pu^{31} pheʔ^{55} mǎ ^{31}ʒaŋ^{33} thuʔ^{31} mǎ ^{31}tit^{31} ka̠ u^{55} mǎ ^{33}sai^{33}.
裤子　（宾助）雨　　　打　　湿　　掉　　（句尾）
裤子被雨打湿了。

　　被动义表达句采用 OSV 语序，也可算作是一种话题句。但二者还是有区别的，表现在：（1）使用的标记不同。话题句使用 OSV 语序和话题标记；而被动义表达句使用 OSV 语序和主、宾语格助词。（2）话题句是一种语用结构，而被动义表达句更倾向于是一种句法结构，只是这种句法结构还处于语法化过程中。（3）在语义上，话题句不强调施事，而被动义表达句强调施事。所以，我们可以把这两种有区别、也有关联的句式看作是受事提前句演化的两个不同方向。

　　虽然话题句和被动义表达句有区别，但宾语格助词在这两种句式中的隐现特点及作用是相同的。表现在：高生命度名词、代词作宾语时，受主、宾语生命度原则的制约，要后加格助词；低生命度名词作宾语时，可以不加宾语格助词，也可以加。无生命宾语加格助词的原因是，在非常规语序 OSV 语序中，宾语移位到句首位置，其受事性和句法地位需要标记才能显示清楚。

　　五　小结

　　以上我们讨论了各种特殊句式中宾语格助词的使用情况及其特点、作用，小结如下：

　　1. 在双宾语结构中，指人宾语后加格助词、指物宾语后不加格助词，符合主、宾语生命度原则的要求。这一特点与单宾语结构中宾语格助词的使用特点是相同的。

　　2. 在兼语句中，兼语兼表施事主语和受事宾语，但在形式标记上，藏缅语采用加宾语格助词的方式来凸显宾语。兼语（宾语）由指人名词、人

① 戴庆厦、李洁：《勒期语研究》，中央民族大学出版社 2007 年版。
② 戴庆厦：《景颇语参考语法》，中国社会科学出版社 2012 年版。

称代词充当时，受生命度原则的制约，必须强制性后加格助词；兼语（宾语）是生命度低的名词时，可不加格助词，但有时不受生命度原则的限制，要加上宾语格助词。

3. 在使动句中，当宾语是高生命度的名词时，必须后加宾语格助词；当宾语是无生命名词时，一般以零标记形式存在，也可突破主、宾语生命度原则限制，后加宾语格助词。

4. 在话题句中，宾语格助词的使用要受主、宾语生命度原则的制约。高生命度名词、代词作宾语时，要后加格助词；无生命度名词作宾语时，可以不加宾语格助词，也有加格助词的现象。

可见，在特殊句式中，宾语格助词的隐现要受主、宾语生命度原则的制约。生命度高的指人名词、代词作宾语时，要遵循主、宾语生命度原则，必须后加格助词；无生命名词作宾语时，一般情况下要遵循生命度原则，即不加格助词。

但在兼语句、使动句和受事提前句中，屡有突破生命度原则制约的现象，即无生命名词后加上了格助词。这主要与特殊句式的构式特点有关。要分两种情况。（1）在兼语句和使动句中，由于动词具有"命令义"和"致使义"的语义特征，表示有一种外力作用于宾语并且产生结果，故而要求句式具有凸显宾语焦点的构式特点。藏缅语选择在宾语后加格助词的方式来凸显宾语焦点。所以，兼语句和使动句中的宾语格助词，除了能标记宾语的受事性以外，还有凸显焦点的语用功能。（2）在受事提前句中，宾语移位到句首主语位置，为避免施受关系、主宾关系混淆，藏缅语采用加格助词的方式来标明宾语的受事性和句法地位，无生命宾语也不例外。

第七节　宾语格助词的来源和演变

前面我们从共时的角度入手，讨论了藏缅语宾语格助词的共时特征和隐现规律。本节将关注宾语格助词的历史来源和演变问题。

目前可资借鉴的藏缅语宾语格助词的历时研究成果还不多。（见第一章第二节）我们不能归咎于前人对这个问题的忽视，应该客观地认识到开展宾语格助词历时研究的困难：

1. 大多数藏缅语没有文字，有 500 年以上文字历史的语言很少，有古藏文（7 世纪）、古缅文（12 世纪）、西夏文（12 世纪）、彝文（15 世纪）和内瓦利文（14 世纪）。因此，藏缅语的历时研究不像汉语那样有丰富的、历史悠久的、持续不间断的文献资料可借鉴。

2. 藏缅语研究起步较晚，没有更多的研究成果可以参考，特别是具体语言宾语格助词的历时研究还未开展，因此不能为藏缅语宾语格助词来源的比较提供基础性材料。

3. 语法化是一个长期的历史过程，一个句法成分的语法化过程短则要历经百年，长则上千年。语法化过程中多是渐变，鲜有突变。而目前对于无文字语言的历时追踪研究，最大时间跨度不过几十年。大多数藏缅语宾语格助词的语法化程度较高，经历了较长时间的发展演变，已经很难再追溯其最初的来源。

所以，现在仍然不具备对宾语格助词语法化过程进行研究的客观条件。我们目前所能做的工作，是在现有材料的基础上对宾语格助词的历史来源、语法化等问题进行科学地假设和推测。

一　宾语格助词的同源关系和创新表现

分析同源关系最基本的语言学方法是语音比较，但分化时间久远的语言语音对应规律不严整，因此困难很大。本书第一章表 2-1-1 曾列出 56 种藏缅语宾语格助词的语音形式。语音的共时特征是语音历时演变的必然结果，能反映历时发展的轨迹，保留历史发展的痕迹。因此，对藏缅语宾语格助词的语音特点进行描写和分析，不仅有助于我们认识和把握宾语格助词在语音上的基本特征，还有助于宾语格助词来源的历时研究。本节主要依据语音比较，确定藏缅语宾语格助词的同源关系、历史层次以及创新表现。

（一）同源关系

通过比较分析，我们认为以下两组声母语音对应比较严整，宾语格助词可能具有同源关系。

1. l—t—th—n—ʒ—tʃ

（1）彝语支（11 种）：桑孔语 la^{33}、拉祜语苦聪话 $lɔ^{33}$、哈尼语绿春大寨话 le^{55} 和哈尼语绿春老马话 le^{55}，纳西语 to^{55} 和傈僳语 $tɛ^{55}$，拉祜语拉祜纳方言勐朗话 tha^{21} 和拉祜语拉祜纳方言富邦话 $tha̠^{31}$，怒苏语 $nɑ^{35}$ 和毕苏语 na^{33}，哈尼语西摩洛话 $tʃʌ^{55}$。

（2）缅语支（8 种）：阿昌语陇川话 te^{55}、阿昌语梁河话 $tə^{33}$ 和仙岛语 te^{55}，载瓦语 $lĕ^{55}$ 和勒期语 le^{55}，载瓦语 $ʒĕ^{55}$、波拉语 $ʒɛ^{31}$ 和浪速语 $ʒɛ^{31}$。

（3）藏语支（2 种）：藏语 la 和门巴语 le^{31}。

（4）景颇语支（1 种）：独龙语 le^{31}。

（5）羌语支（1 种）：木雅语 le^{33}。

（6）语支未定（3 种）：白语大理话 $nɔ^{44}$、白语剑川话 no^{33} 和白语赵庄话 $nɔ^{44}$。

从发音部位来看，l（10 种）、t（5 种）、th（2 种）和 n（5 种）是舌尖中辅音，ʒ（3 种）、tʃ（1 种）是舌叶中辅音。这些声母在藏缅语中具有语音对应关系，说明上述宾语格助词可能是同源词。

2. k-kh-g

彝语支柔若语ko³³、景颇语支阿侬语kha³¹、羌语支却域语kɯ、羌语麻窝话标记宾语的后缀k-、藏语支仓洛语ka¹³以及义都语的go³¹等 6 种语言的声母具有语音对应关系，可能是同源词。

（二）创新表现

有一些宾语格助词在语族层次、语支层次找不到语音对应关系，可以判断不是原始藏缅语族的同源词，而是原始藏缅语族分化为语支或语支分化为语言后的创新。比如，景颇语支的景颇语pheʔ⁵⁵、阿侬语bɑ³¹、格曼语xi³⁵，羌语支的羌语桃坪话zie³³、羌语麻窝话çi、普米箐花话tçi⁵⁵和bie³¹、普米桃巴话pe³⁵、史兴语sɿ⁵⁵、扎坝语wu³³、尔苏语wæ⁵³、纳木义语dæ⁵⁵。

部分语支未定语言的宾语格助词找不到语音对应，也可能是创新形式。比如，珞巴语me和ɦiam、白语大理话pɯ⁵⁵、白语剑川话ŋɤ⁵⁵、白语赵庄话mɯ⁵⁵。

通过上述语音比较和分析，可以得出两点认识：

1. 从不同语支来看，彝、缅、藏语支宾语格助词的声母多为舌尖中音（以t、l为最多），语音对应严整，在语支层面有共同的来源。景颇、羌语支宾语格助词声母创新较多，缺少语音对应规律，在语支层面没有共同的来源。

相比较来说，彝、缅、藏语支宾语格助词出现时间较早，因为宾语格助词的同源关系能追溯到原始藏缅语族分化为语支阶段；景颇、羌语支语言宾语格助词出现时间较晚，因为其同源关系最早只能追溯到语支层，有的还仅限于语支内部语言的创新。

2. 从语音形式来看，属于l—t—th—n—ʒ—tʃ组的共有 26 种藏缅语，分别来自彝语支（11 种）、缅语支（8 种）、藏语支（2 种）、景颇语支（1 种）、羌语支（1 种）和语支未定（3 种）。这么多数量、而且来自不同语支语言的宾语格助词具有语音对应关系，说明在原始藏缅语族分化为语支之前，最早的宾语格助词已经产生。

但宾语格助词在语族层面同源的可能性小。因为景颇、羌语支的宾语格助词多为语言创新形式，与彝、缅、藏语支的宾语格助词不同源。所以，最早的宾语格助词是在原始藏缅语族形成之后、分化为各个语支之前的历史阶段产生的。这也说明，藏缅语宾语格助词是后起的。

宾语格助词的产生与语言类型有密切关系。彝、缅语支语言以分析性为主，语序和虚词是主要语法手段，而宾语格助词正是虚词的一种，其出现和使用是语言系统的需要和必然。羌、景颇语支等屈折性语言以形态为主要语法手段，助词只是一种辅助的语法手段。藏语支和景颇语支兼有分析性和屈折性特点，前者的宾语格助词与彝、缅语支有同源关系，而后者宾语格助词的特点与羌语支相同，语支层次同源的少，多为语言创新。

二　宾语格助词的来源

通过对宾语格助词的语音比较，我们发现，藏缅语宾语格助词可能有两个不同来源：彝、缅、藏语支宾语格助词具有相同的来源；羌、景颇语支宾语格助词多为语支内部创新，与彝、缅、藏语支不同源。

（一）羌、景颇语支宾语格助词的来源

从共时来看，羌语支语言共采用三种形式的宾语标记：动词形态变化（包括前缀、后缀和语音屈折）、宾语格助词和宾语后缀。每种语言所使用的宾语标记有所不同。见下表：

表 2-7-1

序号	语言	动词形态变化	宾语格助词	宾语后缀
1	嘉戎语	+[①]	—	—
2	羌语桃坪话	+	zie^{33}	—
3	羌语麻窝话	+	çi	-k
4	羌语曲谷话	+	—	-tç
5	普米箐花话	+	$t\varsigma i^{55}$、bie^{31}	—
6	普米桃巴话	+	pe^{35}	—
7	史兴语	+	$sɿ^{55}$	—
8	扎坝语	+	wu^{33}	—
9	道孚语道孚话	+	—	—
10	道孚语革什扎话	+	—	—
11	却域语	+	kɯ	—
12	木雅语	+	le^{33}	—
13	尔苏语	+	$wæ^{53}$	—
14	纳木义语	+	$dæ^{55}$	—

从上表可以看出：（1）在三种宾语标记中，动词形态变化分布最多，其次是宾语格助词，宾语后缀使用得最少。羌语支语言区分主、宾语的最

---

① "+"表该语言有这种形式，"—"表示没有。本书同。

重要的语法手段是动词形态变化，宾语格助词和宾语后缀都是辅助性的。
（2）羌语支语言宾语格助词的声母分布很分散，有舌尖音d和l、z和s，双唇音b、p和w，舌面音tɕ、k和ɕ。这说明宾语格助词在语支层面没有共同来源，都是语支分化为语言后各自的创新。

景颇语支共 4 种语言，使用句尾词、宾语格助词和动词形态变化三种形式的宾语标记。每种语言采用的宾语标记有所不同。见下表：

表 2-7-2

序号	语言	宾语格助词	动词形态变化	句尾词
1	景颇语	phe?^{55}	—	+
2	阿侬语	kha^{31}、bɑ^{31}	+	—
3	格曼语	xi^{35}	+	—
4	独龙语	le^{31}	+	—

从上表可以看出：（1）在三种宾语标记中，宾语格助词分布最广，其次是动词形态变化，句尾词最少。阿侬语、独龙语和格曼语主要使用动词形态变化区分主、宾语，景颇语主要使用句尾词和宾语格助词。动词形态变化和句尾词都属于形态手段。所以，景颇语支主要使用形态手段来区分主、宾语。（2）从宾语格助词的声母分布来看，有双唇音ph和b、舌尖中音l、舌面后音kh、小舌音x，难以找到语支层次的同源，应视为语支分化为不同语言后的创新。

虽然大多数羌、景颇语支宾语格助词在语族层次、语支层次找不到共同来源，但其创新机制和创新途径具有共性。

1. 从产生机制来看，宾语格助词的产生是藏缅语语言类型转变的产物。

藏缅语的语言类型从屈折型向分析型转变的过程中，形态变化逐渐失去，转而主要依靠语序和虚词来表达语法意义。宾语格助词作为一种分析性手段，可能是语言类型转换过程中形态脱落的一种替代和补偿。

景颇、羌语支语言保留古代藏缅语的特点较多，形态和形态变化相对多，因此，宾语格助词出现时间较晚，有的语言甚至还没有产生。即使有宾语格助词，在区分主、宾语时，宾语格助词的作用也没有形态手段重要。

2. 从产生途径来看，宾语标记经历了从形态手段到分析手段的转变。

景颇、羌语支宾语标记先后经历了"动词的形态变化、句尾词——宾语后缀——宾语格助词"的演变过程。这样的排列方式揭示了宾语格助词从无到有、宾语标记从形态到分析的演变过程，也说明宾语格助词是一种后起的宾语标记形式。

（二）彝、缅、藏语支宾语格助词的来源

从语法化途径来看，实词虚化是语法化的常见途径。比如，相关研究表明，动词语法化为状语性助词、名词语法化为领属性助词都是比较常见的方式。所以，宾语格助词也可能来源于实词的虚化。

本书第二章第五节"宾语格助词的多功能性"指出，有 20 种藏缅语的宾语格助词能同时表示受事和方所两种语义成分。从认知语言学来看，空间域是人类较早具有的认知范畴，很多抽象的概念都是通过空间隐喻来构建。空间域可以映射到时间、状态、数量、社会等级等抽象目标域。我们推测，宾语格助词也可能是由空间域隐喻而来。

三　宾语格助词的语法化过程

本书第二章第二节分析了共时状态下藏缅语宾语格助词的三种不同功能：（1）当生命度较高的受事、对象和与事成分充任宾语时，必须后加宾语格助词。这时，宾语格助词是一种语义标记，即语义格，标记宾语成分的受事性。（2）当谓词性成分、结构复杂的短语和关系小句等非体词类成分充任宾语时，必须后加宾语格助词。这时，宾语格助词还是一个句法标记，即句法格，起到标明非体词类成分是宾语的作用。（3）当一些无生命名词做宾语、或者主语生命度比宾语生命度高时，要后加宾语格助词。这时，宾语格助词又是一个语用标记，起"突显焦点"和"对比焦点"作用。语言共时平面上的变异是语言历时演变不同阶段及不同层次的反映。宾语格助词从语义格到句法格、再到语用标记，三种不同功能的共时差异，立体地呈现出藏缅语宾语格助词的语法化过程。

四　宾语格助词的演变迹象

任何一种语法现象都有产生、发展和消亡的演变过程。这个过程要受到语言的内部和外部因素的综合制约。宾语格助词也不例外。藏缅语宾语格助词是一种后起的语法现象，在各语支中因语法化程度的不同而发展不平衡。一些研究资料显示，阿昌语、阿侬语的宾语格助词已经开始出现脱落迹象，其脱落原因主要是与汉语频繁接触，受汉语影响而导致语言功能的衰退。

《阿昌语的述宾结构》（袁焱 2002）发现，受汉语的影响，阿昌语的句法结构发生变化，出现 VO 型新语序。凡使用 VO 语序的句子，均不用宾语格助词te[55]。例如：

父母希望我们经常回家。

te?^{55}me^{55} ŋo^{55}tu^{55} te^{55} phǎ^{31}lə^{55} in^{55} lo^{55} sam^{55} a^{31}.　　　OV 语序

父母　　我们 （宾助）经常　　家 回 想 （助）

te?^{55}me^{55} sam^{55} ŋo^{55}tu^{55} phǎ^{31}lə^{55} in^{55} lo^{55} a^{31}.　　　　VO 语序

父母　　　想　　我们　　经常　　家 回（助）

有关类型学研究成果表明，一种语言的语序在从 SOV 向 SVO 的转变过程中，伴随特征就是标记大量丢失。[1]

在与汉语的并存与竞争中，濒危语言阿侬语处于弱势地位，使用该语言的人口越来越少、范围越来越小，语言功能逐渐衰退。阿侬语在语言本体结构上受汉语影响，逐渐与汉语趋同，一个突出的表现就是宾语格助词的脱落。《阿侬语研究》（孙宏开 2005：153）发现，近几年来，在年龄不同、母语熟练程度不同的阿侬人中，阿侬语结构助词的使用存在一定差别：老年人和母语熟练的阿侬人，宾语格助词kha^{31}、ba^{31}使用比较严格，而年轻人和母语不熟练的阿侬人，宾语格助词kha^{31}、ba^{31}已基本不用。

与宾语格助词脱落相关的一个问题是，彝语、卡卓语、嘉戎语、羌语曲谷话、道孚语（道孚话、革什扎话）、克伦语和土家语（龙山话、仙仁话、泸溪话）等 10 种藏缅语，在共时状态下没有宾语格助词，其原因究竟是历史上从来没有产生过宾语格助词，还是宾语格助词曾经产生过但现在业已消失？我们认为，没有宾语格助词的原因要从以下几个方面来分析：

1. 与语序有关

在 SVO 型语言中，主语和宾语分居动词的两侧，施事和受事不会混淆，表义清晰。语序就能清楚地区分主、宾，如果再添加宾语格助词的话，势必有违语言经济原则，造成冗余，所以 SVO 型语言一般不使用宾语格助词。克伦语[2]正好就是这样一种 SVO 型语言。例如：

je^{33} pa^{31} do^{55} o^{33}.　　　　　　　　　我爸打他。

我的爸　打　他

θǎ^{31}ra^{31} he^{33} ja^{33} li^{33} tě^{55} be^{31}.　　　老师给我一本书。

老师　　给　我　书　一　本

① 石毓智、李讷：《汉语语法化的历程——形态句法发展的动因和机制》，北京大学出版社 2001 年版。

② 戴庆厦、黄布凡等：《藏缅语十五种》，北京燕山出版社 1991 年版。

2. 与语言标记系统有关

"作格——通格"型语言倾向于标记施事，受事使用通格形式，即无标记。（详见第二章第四节）嘉戎语是一种"作格——通格"型语言，主要使用动词形态变化区分主、宾语。动词的形态变化主要用动词前、后缀以及动词词根的语音屈折来表示。动词的形态变化与主宾语的人称、数保持一致关系，主、宾语有时还可省略。此外，嘉戎语还有一个作格助词kə，用以标记施事主语。所以，目前嘉戎语主要通过动词形态变化区分主、宾语，同时辅以作格助词kə，尚不需要宾语格助词。例如：[①]

wojoɲe-k[②]　　　ŋa wə-no-ŋ.　　　　　　　　　他们将赶我。

他们（作格）我（主3）赶（宾1）

ŋa wəjo stɕo-ŋ.　　　　　　　　　　　　　　　我将送他。

我　他　　送（主1）

羌语曲谷话、道孚语（道孚话、革什扎话）也是"作格——通格"型语言。与嘉戎语同属羌语支语言，特点十分接近：主要使用动词形态变化指示主宾语的人称、数；作格助词指示施事主语，分别是：羌语曲谷话ʂ，道孚语道孚话ɣu，道孚语革什扎话wə。所以，现阶段羌语曲谷话、道孚语（道孚话、革什扎话）还没有产生也不需要宾语格助词。

卡卓语与彝语是亲属语言，操用卡卓语的人是历史上云南通海当地彝族与南下的蒙古族联姻的后代，所以两个语言的特点很接近。彝语和卡卓语都是分裂作格型语言，使用主语格助词，没有宾语格助词。主、宾语的区分主要是通过语序和主语格助词。例如：

卡卓语[③]

zi^{33} $nɛ^{33}$ $sɿ^{35}z̧a^{33}$ sa^{33}?　　　　　　你认识他吗？

他　你　　知道（语气助）

zi^{33} $kɛ^{33}$ $ŋa^{33}$ $khoɤ^{31}$ tha^{55}.　　　　他打我。

他（主助）我　打　　着

---

① 林向荣：《嘉戎语研究》，四川民族出版社1993年版。

② k是作格助词kə的弱化。

③ 木仕华：《卡卓语研究》，民族出版社2002年版。

彝语[1]

khɯ³³ a³⁴n̠ɪ³³ çɪ⁵⁵ o³⁴.　　　　　　狗咬猫了。

狗　　　猫　　　咬　了

khɯ³³ a³⁴n̠ɪ³³ kɯ²¹ çɪ⁵⁵ o³⁴.　　　猫被狗咬了。

猫　　　狗　（主助）咬　了

　　语序和主语格助词的配合，能承担区分主、宾语的功能，确保句子施受关系明晰，语言各个系统运转正常，所以，从语言使用的经济原则角度考虑，彝语和卡卓语尚不需要宾语格助词。

　　土家语龙山话、仙仁话是北部方言，有主语格助词和与事格助词，没有宾语格助词。由于受汉语的影响，仙仁话的与事格助词已经开始脱落。土家语泸溪话是南部方言，没有主、宾语格助词，也没有与事格助词。例如：

土家语龙山话[2]

ŋa³⁵ ko³⁵ tha⁵⁵.　　　　　　　　　我告发他。

我　他　　告发

pã³⁵ ko³⁵ sa⁵⁵ nau⁵⁵ pie⁵⁵ a⁵⁵lu²¹.　老鹰捉去一只鸭子。

老鹰（主助）鸭子　一　捉　　已去

ko³⁵ ŋa³⁵ po⁵⁵ zo³⁵tha⁵⁵pha²¹ le³⁵ le⁵⁵.他给了我羊皮。

他　我（与助）羊皮　　　　给（助）

土家语仙仁话[3]

ɛ⁵⁴ mo³³ nɔ³⁵ zə³⁵ nɔ³⁵ ka³⁵ sɿ⁵⁵ lu³³.　那只猫咬死了老鼠。

那　猫　一只　老鼠　一只　咬　死　了

kue⁵⁴ thõ³³tɕhẽ³³ lo³⁵thie⁵⁴ no⁵⁴ ko³³ a⁵⁵ʐi⁵⁵ lu³³/⁵⁴.

她的　钱　　　包　　　　人　（主助）抢　　了

她的钱包被抢了。

ko³³ ŋa³³ o⁵⁴ tshɿ⁵⁴tshɿ³³ na⁵⁴ phu³³/⁵⁴ lie³⁵.　他送给我一本书。

他　我（与助）书　　　一　本　　送

ŋa³³ wu³⁵ çi⁵⁵ lie³⁵.　　　　　　　　我给牛吃草。

我　牛　草　给

①　陈康、巫达：《彝语语法（诺苏话）》，中央民族大学出版社 1998 年版。

②　田德生、何天贞等：《土家语简志》，民族出版社 1986 年版。

③　戴庆厦、田静：《仙仁土家语研究》，中央民族大学出版社 2005 年版。

土家语泸溪话①

a¹³pa⁵⁵ ŋo³³ mu³³du³⁵.　　　　　　　　　　父亲骂我。
父亲　我　骂

ŋo³³ çi¹³ ka³³ la¹³ wo⁵⁵ bu⁵⁵.　　　　　　　我被他打了一顿。
我 （助）他 一 顿 打

ŋo³³ ka³³ tsha³³ la²¹ bu²¹ ŋɿ⁵⁵.　　　　　　我借了他一间房。
我　他　房子　一　间　借

从南、北部方言比较来看，原始土家语应该是通过 SOV 语序和主语格助词来区分主、宾语的，没有产生过宾语格助词。土家语是一种濒危语言，与汉语接触时间长，受汉语影响程度深，泸溪话中主语格助词已经脱落，仙仁话中与事格助词也开始脱落。土家语没有宾语格助词不是脱落的原因所致，而是在历史上可能根本就没有产生过宾语格助词。

五　小结

本节分析了藏缅语宾语格助词的来源和演变，小结如下：

1. 藏缅语宾语格助词是后起的。最早的宾语格助词是在原始藏缅语族形成之后、分化为各个语支之前产生的。彝、缅、藏语支宾语格助词，在语支层面有共同的来源。景颇、羌语支宾语格助词声母创新较多，在语支层面没有共同来源。

2. 藏缅语宾语格助词的产生是语言类型转换的产物。藏缅语从屈折型向分析型转变的过程中，形态变化逐渐失去，转而主要依靠语序和虚词来表达语法意义。藏缅语宾语标记先后经历了"动词的形态变化、句尾词——宾语后缀——宾语格助词"的演变，宾语格助词是对动词形态变化和句尾词的替代和补偿。

3. 宾语格助词可能由空间域隐喻而来。宾语格助词经历了从语义格到句法格、再到语用标记的语法化演变。

4. 阿昌语、阿侬语的宾语格助词已经开始出现脱落迹象。脱落的原因主要是与汉语频繁接触，受汉语影响而导致语言功能的衰退。

---

① 李敬忠：《泸溪土家语》，中央民族大学出版社 2000 年版。

第三章　动词形态变化和句尾词

　　动词的人称范畴是指动词在句中做谓语时，用动词的形态变化或者句尾词体现与主语、宾语人称和数的一致关系。关于动词人称范畴的分布及来源，学术界主要存在两种分歧意见。一种意见认为，动词的人称范畴几乎覆盖了整个藏缅分布区。动词人称范畴是原始藏缅语共同特征的遗存，"发展到今天，有的语言消失了，有的语言简化了，有的语言留下一些痕迹，有的语言保留得较完整。由于各语言的人称一致系统存在很大差异，因此其原始形式可以通过构拟而再现。"（孙宏开 1983，1993，1994）。另一种意见认为，藏缅语中只有少量语言动词有人称标记（Person Marking System），主要分布在从中国西北部沿着青藏高原的东南边这一环形地带。7 世纪古藏文和 13 世纪缅文中的动词没有人称标记，12 世纪西夏文中反映的人称后缀是藏缅语中动词人称标记最古老的形式。所以说，动词的人称标记是一种后起的语法现象。语言接触、语支内部的"共同创新"，或者是这两个因素的组合，都有可能是产生人称标记的原因。（LaPolla 1993，Matisoff 1993）

　　从共时来看，藏缅语族动词的人称范畴主要分布在羌语支和景颇语支语言中，表达动词人称范畴的语法手段主要有两种：一是用添加前、后缀表示，动词本身的语音结构也会发生相应的变化，用声调、元音等语音内部屈折表示；二是用句尾词表示。因前后缀、句尾词主要来源于人称代词，学术界把动词的人称范畴称为"代词化"现象（pronominalisation），又称"动词一致关系"（verb agreement）。具体来说，"动词一致关系"主要有三类：一是动词形态变化或句尾词与主语的人称、数保持一致关系，多数藏缅语属于这种情况；二是一部分藏缅语动词形态变化或句尾词除了要与主语的人称、数保持一致外，还要与宾语的人称、数保持一致关系；三是少数藏缅语动词形态变化或句尾词与主语或宾语的定语的人称、数保持一致关系。本章主要讨论动词形态变化、句尾词与主语或宾语人称、数的一致关系。

第一节 动词的形态变化与宾语人称、数的一致关系

一 动词的形态变化与宾语人称、数的一致关系

嘉戎语、拉坞戎语、阿侬语、独龙语、道孚语和木雅语等藏缅语，动词的形态变化主要与主语的人称、数保持一致关系，在一定条件下，动词的形态变化还要与宾语的人称、数保持一致关系。

（一）动词的形态变化同时与主语、宾语的人称、数保持一致

如果动词不带宾语，动词的前、后缀均与主语的人称、数保持一致。如果动词带宾语，在一定条件下，动词的前缀除了表示主语人称外，还可能表示其他的语法范畴，而动词的后缀只表示宾语的人称、数。

1. 嘉戎语动词的形态变化

嘉戎语①动词的形态变化与主宾语的人称、数之间相互配合关系见下表：

表 3-1-1

主语人称	宾语人称	前缀	后缀	说明
1	2	ta-	-n（单数）、-n̩（复数）、-ntʃh（双数）	前缀表主语人称，后缀表宾语人称、数
3	2	təu-		
2	1	kəu-	-ŋ（单数）、-n̩（复数）、-ntʃh（双数）	
3	1	wə-		
1	3	/	-ŋ（单数）、-n̩（复数）、-ntʃh（双数）	前、后缀均表主语的人称，后缀还表示主语的数
2	3	tə-	-n（单数）、-n̩（复数）、-ntʃh（双数）	
3	3	/	-u（单数）	
		wə-	/（双数、复数）	

从上表可以看出，当宾语是第三人称时，动词的前、后缀只与主语的人称、数保持一致。当宾语是第一、二人称时，动词的前缀与主语的人称保持一致，后缀与宾语的人称、数保持一致。以主语是第一人称、宾语是第二人称、动词ka-no"赶"为例。例如：

---

① 林向荣：《嘉戎语研究》，四川民族出版社1993年版。

ŋa no　 ta - no - n.　　　　　　　　　　我将赶你。
我　你（主 1）赶（宾 2，单）

ŋa n̥o　　 ta - no - n̥.　　　　　　　　　我将赶你们。
我　你们（主 1）赶（宾 2，复）

ŋa ndʒo　 ta - no - ntʃh.　　　　　　　我将赶你俩。
我　你俩（主 1）赶（宾 2，双）

ŋəndʒe n̥o　　 ta - no - n̥.　　　　　　我俩将赶你们。
我俩　你们（主 1）赶（宾 2，复）

ŋən̥e ndʒo　 ta - no - ntʃh.　　　　　　我们将赶你俩。
我们　你们（主 1）赶（宾 2，双）

　　嘉戎语动词加前缀 **ta-** 表示主语的人称，不区分单数、双数和复数。动词加后缀 -n 表示宾语是第二人称单数，加后缀 -n̥、-ntʃh 分别表示宾语是第一或第二人称复数、双数。

　　2. 拉坞戎语动词的形态变化

　　当拉坞戎语业隆话[①]宾语是第三人称时，动词的形态变化只与主语的人称、数保持一致。当宾语是第一、二人称时，动词的形态变化要与宾语的人称、数保持一致。动词形态变化还表示动词的体。在已行体和将行体的句子中，动词形态变化与主语、宾语的人称、数一致。动词的前缀表示主语的人称，同时兼表动词的体，后缀表示宾语的人称、数。主语后要加标记施事的作格助词 ji^{33}。例如：

ai^{55}-ti^{33} ji^{33} n̥o^{55}　　　 li^{33} - ɣdo - n^{55}.　　　 他打了你。
他　（施助）你（主 3，已行体）打（宾 2，单）

ai^{55}-ti^{33} ji^{33} ge^{55}-ɟjo^{55} e^{55}-ɣdo - i^{55}　　　　 mi^{55} ŋos^{33}.
他　（施助）我们 （主 3）打（宾 1，复）（动名化）是
他将打我们。

　　在一般体和进行体的句子中，动词的形态变化只与宾语的人称、数保持一致，不与主语的人称、数保持一致。主语后要加施事格助词 ji^{33}。例如：

ai^{55}-ti^{33} ji^{33} ŋo^{55} ɣdo - ŋ^{55}.　　　　　　他常打我。
他　（施助）我　打（宾 1，单）

---

　　① 尹蔚彬：《业隆话动词的人称和数范畴》，第 38 届国际汉藏语会议论文，2005 年版。

ai⁵⁵-ti³³　ji³³　ŋo⁵⁵　ɣdo - ŋ⁵⁵　　　khʂə³³.　　　　　他正在打我。
他　（施助）我　打（宾1，单）进行

（二）动词的形态变化只与宾语的人称、数保持一致关系

在一定条件下，藏缅语动词的形态变化只与宾语的人称、数保持一致关系，而不与主语的人称、数保持一致关系。属于这一类的藏缅语有阿侬语、独龙语、道孚语和木雅语等。

1. 阿侬语动词的形态变化

阿侬语①动词的形态变化用加前、后缀或词根屈折变化等手段表示。当主语是第一、二人称时，动词的形态变化要与主语的人称、数保持一致关系，不与宾语的人称、数保持一致。当主语为第三人称、宾语是第一、二人称时，动词的形态变化要与宾语的人称、数保持一致关系。以动词a³¹n̪ɛ³³"打"为例。例如：

ŋa³¹n̪ɛŋ³⁵ɛ̃³¹　　　　　　　　（他）打（我）
ŋa³¹n̪ɛ³⁵ɛ³¹　　　　　　　　　（他）打（你）
ŋa³¹n̪ɛ³⁵sɛ⁵⁵ua³¹　　　　　　（他）打（我俩）
ŋa³¹n̪ɛ³⁵sɛ⁵⁵ua³¹　　　　　　（他）打（你俩）
ŋa³¹n̪ɛ³⁵i⁵⁵ua³¹　　　　　　　（他）打（我们）
ŋa³¹n̪ɛ³³ŋɯ³¹ua³¹　　　　　　（他）打（你们）

阿侬语在动词后加后缀-ŋ表示宾语是第一人称单数，加后缀-sɛ⁵⁵表示宾语是第一、二人称双数，加后缀-i⁵⁵表示宾语是第一人称复数，加后缀ŋɯ³¹表示宾语是第二人称复数。

2. 独龙语动词的形态变化

独龙语②动词的形态变化用加前后缀、语音屈折等方式表达。当主语是第一人称时，动词的形态变化要与主语的人称、数保持一致关系，不与宾语的人称、数保持一致。当主语是第三人称、宾语是第一、二人称时，动词的形态变化要与宾语的人称、数保持一致。以动词la⁵⁵"找"为例。例如：

nɯ³¹lǎ ŋ⁵⁵　　　　　（他、他们）找（我）
nɯ³¹lǎ ⁵³　　　　　　（他、他们）找（你）

---

① 孙宏开、刘光坤：《阿侬语研究》，民族出版社 2005 年版。
② 孙宏开：《独龙语简志》，民族出版社 1982 年版。

nuɯ³¹lǎ i⁵⁵ （他、他们）找（我们）

nuɯ³¹lǎ n⁵⁵ （他、他们）找（你们）

独龙语在动词前加nuɯ³¹-或nɑ⁵⁵-，动词韵母的主要元音变为短元音，动词后加后缀-ŋ，表示宾语是第一人称单数。在动词前加nuɯ³¹-或nɑ⁵⁵-，动词韵母的主要元音变为短元音，声调变降调，表示宾语是第二人称单数。在动词前加nuɯ³¹-或nɑ⁵⁵-，在动词后加元音后缀-i，动词韵母的主要元音变为短元音，表示宾语是第一人称多数。在动词前加nuɯ³¹-或nɑ⁵⁵-，在动词后加后缀-n，动词韵母的主要元音变为短元音，表示宾语是第二人称多数。

在独龙语的双宾语结构中，如果主语是第三人称，动词的形态变化要与指人宾语的人称、数保持一致，在指人宾语后还要加宾语格助词。在实际话语中，指人宾语可以不出现，听话者通过动词的形态变化和交谈的语境就可以判断指人宾语是谁。例如：

kuŋ⁵⁵tsɯ³¹tseŋ⁵⁵ ɕiŋ⁵⁵ ɹi⁵⁵. 孔志真背柴。

孔 志 真 柴 背

kuŋ⁵⁵tsɯ³¹tseŋ⁵⁵ ŋɑ⁵³ le³¹ ɕiŋ⁵⁵ nuɯ³¹ɹi⁵⁵wǎ ŋʔ⁵⁵.

孔 志 真 我（宾助）柴（前加）背（宾1，单）

孔志真给我背柴。

当主语是第二人称时，动词形态变化也要与宾语的人称、数保持一致关系。动词的形态以及语音的变化与第三人称做主语时动词的变化情况基本相同。但当主语是第二人称复数、宾语是第一人称时，说话人的语气决定动词的形态变化是与主语还是宾语的人称、数保持一致。如果说话人强调主语，则与主语的人称、数保持一致；如果强调宾语，则与宾语的人称、数保持一致。

3. 道孚语动词的形态变化

道孚语[1]动词的形态变化用附加词缀、语音的内部屈折、重叠等手段表示。道孚语的动词区分单向、双向和三向。单向动词和双向动词的形态变化只与主语的人称、数保持一致关系。三向动词的形态变化是与主语还是与宾语的人称保持一致关系，取决于指人宾语的人称。当指人宾语是第三人称时，动词的形态变化与主语的人称保持一致。当指人宾语是第一、第二人称时，动词的形态变化要与指人宾语的人称保持一致关系。例如：

---

① 戴庆厦、黄布凡等：《藏缅语十五种》，北京燕山出版社 1991 年版。

kho-ŋ   （你、你们）给（我）

f-kho-ŋ   （他、他们）给（我）

kho-n   （我、我们）给（你）

f-kho-n   （他、他们）给（你）

　　道孚语动词后缀-ŋ是第一人称代词ŋa的缩减形式，指示指人宾语是第一人称。后缀-n是第二人称代词ni的缩减形式，指示指人宾语是第二人称。

　　4. 木雅语动词的形态变化

　　木雅语[①]用动词的元音屈折表示形态变化。当宾语是第三人称时，动词的形态变化只与主语的人称、数保持一致关系，不与宾语的人称、数保持一致关系。当宾语是第一人称、主语是第二、三人称时，动词的形态变化要与宾语的人称、数保持一致关系。以动词 $tə^{55}da^{33}$ “打”为例。例如：

$to^{24}do^{33}$ （你、你们、他、他们）打（我）

$to^{24}de̞^{33}$ （你、你们、他、他们）打（我们）

　　木雅语动词元音从a变为o，表示宾语是第一人称单数；变为e̞，表示宾语是第一人称复数。

　　当宾语是第二人称、主语是第三人称时，动词的形态变化要与宾语的人称、数保持一致关系。以动词 $tə^{55}da^{33}$ “打”为例。例如：

$to^{24}dɑ^{33}$ （他、他们）打（你）

$to^{24}de̞^{33}$ （他、他们）打（你们）

　　木雅语动词元音从a变为ɑ，表示宾语是第二人称单数；变为e̞，表示宾语是第二人称复数。

二　动词的形态变化与主语人称、数的一致关系

　　通过动词的形态变化就可以直接判断出句子主语的人称、数。这时，动词的形态变化是直接指示主语的一种句法手段，而对宾语来说，动词的形态变化起到间接的指示作用。属于这一类的藏缅语有：羌语、普米语、扎坝语和却域语等。分述如下。

---

① 戴庆厦、黄布凡等：《藏缅语十五种》，北京燕山出版社1991年版。

（一）羌语动词的形态变化

羌语[1]动词的形态变化只与主语的人称、数保持一致关系，不与宾语的人称、数保持一致，用动词的元音或声调屈折、附加后缀的手段来表示。羌语动词的形态变化还表示动词的时范畴。以动词 $dʒ ʅ^{33}$ "吃"为例。见下表：

表 3-1-2

主　语		时		
数	人称	将来时	现在时	过去时
单数	1	$dʒɑ^{241}$	$dʒɑ^{31}$	$dʒʅ^{241}sa^{31}$
	2	$dʒʅu^{241}nə^{31}$	$dʒnə^{31}$	$dʒʅ^{241}so^{31}$
	3	$dʒʅu^{241}$	$dʒʅ^{31}$	$dʒʅ^{241}i^{31}$
复数	1	$dʒʅu^{241}əɹ^{31}$	$dʒʅ^{31}əɹ^{31}$	$dʒʅ^{241}si^{31}$
	2	$dʒʅu^{241}sʅ^{31}nə^{31}$	$dʒʅ^{31}sʅ^{31}nə^{31}$	$dʒʅ^{241}sʅ^{31}nə^{31}$
	3	$dʒʅu^{241}$	$dʒʅ^{31}$	$dʒʅ^{241}i^{31}$

（二）普米语动词的形态变化

普米语[2]动词的形态变化与主语的人称、数保持一致，用在动词后加后缀的手段表示。动词的形态变化还表示动词的体范畴。动词的前缀表示动作的趋向。例如：

$ɑ^{31}$　$nie^{55}je^{31}$　$tə^{55}gə^{55}$　$nə^{31}$ - $tsiu^{55}$ - $ʃe^{31}$.　　　我要打他。
我　（助）　　他　（向下）打（主 1 单、将行体）
$tə^{55}gə^{55}$　$tʂən^{31}$　$tə^{31}$ - $ʃtʃyn^{31}$-si^{31}.　　　　她抱着孩子。
她　　孩子（向上）　抱（主 3 单、已行体）

（三）扎坝语动词的形态变化

扎坝语[3]动词的形态变化只与主语的人称保持一致，用附加词缀的方式表示。动词的形态变化还表示动词的体。以 $kə^{55}tsʅ^{33}$ "吃"为例。例如：

$tsʅ^{33}$-$jɛ^{55}(tsiɛ^{13})$　　　　　（我）将吃

① 孙宏开：《羌语简志》，民族出版社 1981 年版。
② 傅爱兰：《普米语动词的语法范畴》，中国文史出版社 1998 年版。
③ 戴庆厦、黄布凡等：《藏缅语十五种》，北京燕山出版社 1991 年版。

tsɿ³³-tʂə⁵⁵	（他）将吃
tsɿ³³-tʂə⁵⁵	（我）正在吃
tsɿ³³-tʂe⁵⁵	（他）正在吃
kə⁵⁵-tsɿ³³-gi³³	（我）吃了
kə⁵⁵-tsɿ³³-ki³³	（他）吃了
kə⁵⁵-tsɿ³³-wu⁵⁵	（我）吃过了
kə⁵⁵-tsɿ³³-wa⁵⁵	（他）吃过了
kə⁵⁵-tsɿ³³-nʌ⁵⁵	（我）曾吃过
kə⁵⁵-tsɿ³³-na⁵⁵	（他）曾吃过

（四）却域语动词的形态变化

却域语[①]动词的形态变化只与主语的人称、数保持一致关系，用动词的元音屈折表示。以动词 kuə¹³ "穿" 为例。例如：

kuə¹³	（我）穿
kiɛ¹³	（我们）穿
ki¹³	（你）穿
ke¹³	（你们）穿
ku¹³	（他、他们）穿

因为却域语动词的形态变化体现与主语人称、数的一致关系，所以句子的主语还可以省略。例如：

ŋa¹³ ʁa tə⁵⁵ ŋua⁵⁵ kə⁵⁵ - tɕhi⁵⁵.　　　　　（你）吃我一口。
我（与格）一　口　（向里）吃（2，单）

（五）克伦语动词的形态变化

克伦语[②]动词的形态变化只与主语的第一、二人称和数保持一致关系，用加动词前缀的方式表示。前缀来源于人称代词的弱化，因人称代词数的不同而有所区别。单数人称代词弱化为动词前缀，双数、复数人称代词的第一音节弱化为动词前缀。例如：

---

①② 戴庆厦、黄布凡等：《藏缅语十五种》，北京燕山出版社 1991 年版。

pu³¹wɛ⁵⁵θe³¹ pǔ³¹ɔ³¹ me³³.　　　　　　　　我们吃饭。

我们（主1，复）吃　饭

θu⁵⁵wɛ⁵⁵θe³¹ θǔ⁵⁵ɔ³¹ me³³.　　　　　　　你们吃饭。

你们（主2，复）吃　饭

　　因为动词前缀指示主语的人称、数，所以句子的主语可省略。例如：

(ja³³)　　jǎ³³pue³³ di̠³¹ a⁵⁵tɕi⁵⁵ lɔ³³ ɔ⁵⁵.　（我）买了很多鸡蛋。

我（主1，单）买　蛋　多　很　（助）

(na³³)　　nǎ³³hɛ⁵⁵ so³¹ tho³¹ i⁵⁵ θa³¹.　　　你把盐巴拿上来。

你（主2、单）来　拿　上　　盐巴

三　动词形态变化的本质属性和特点

（一）动词的形态变化是一种标记主、宾语的句法手段

　　从句法属性来看，藏缅语的动词形态变化是一种表示动词人称范畴的语法手段，指明动词与主语或宾语人称、数的一致关系。从语义属性来看，藏缅语动词的形态变化指明动词与施事或者受事人称、数的一致关系。当主语或宾语的人称、数发生变化时，动词的形态变化要相应地与之呼应。从动词的形态变化可直接或间接地区分主、宾语，所以，动词的形态变化是一种指示主、宾语的句法标记。

　　根据动词形态变化的标记功能，可以把具有动词人称范畴的藏缅语可分为两类：（1）只能标记主语，有羌语、普米语、扎坝语、却域语和克伦语；（2）既能标记主语，又能标记宾语，但以主语为主，有嘉戎语、拉坞戎语、阿侬语、独龙语、道孚语和木雅语。没有只能标记宾语，不能标记主语的类型。这说明藏缅语动词的形态变化标记的重心在主语，而不是宾语。

　　此外，动词的形态变化除了能标记主语和宾语外，还表示其他的语法意义，比如拉坞戎语的前缀表示动词的体，普米语和扎坝语的前缀表示动作的趋向、后缀兼表动词的体，羌语的后缀兼表动词的时等。

（二）动词形态变化的表现形式及其来源

　　藏缅语动词的形态变化必须依附于动词而存在，不能独立于动词。主要使用附加词缀和动词词根的语音屈折等形式表示，以附加词缀为多。附加词缀是指在动词上加前缀或后缀；语音屈折包括动词词根的元音、辅音和声调的屈折变化。

　　附加在动词上的前、后缀可能来源于人称代词。比如上文提到，克伦

语①动词前缀来源于人称代词的弱化，单数人称代词弱化为动词前缀，双数、复数人称代词的第一音节弱化为动词前缀。道孚语动词后缀-ŋ是第一人称代词ŋa的缩减形式，后缀-n是第二人称代词n̪i的缩减形式。

（三）动词前、后缀更倾向于标记第一、二人称

藏缅语动词的前、后缀主要指示主语的人称、数。动词的前缀一般不指示宾语的人称、数。有的后缀除了能指示主语的人称、数外，还能指示宾语的人称、数。动词前、后缀的标记功能在具体语言中有差异，见下表：

表 3-1-3

语言	主语人称	宾语人称	动词前缀	动词后缀
阿侬语	3	1、2	/②	宾
	1 或 2	3	主	主
独龙语	3	1、2	/	宾
	1 或 2	3	主	主
嘉戎语	1 或 3	2	主	宾
	2 或 3	1	主	宾
	1 或 2	3	主	主
拉坞戎语	3	1、2	主	宾
	3	1、2	/	宾
	1 或 2	3	/	主
道孚语	3	1、2	/	宾
	1 或 2	3	/	主

从上表可以看出，藏缅语动词的形态变化是与主语还是宾语保持一致，取决于主、宾语的人称。当主语是第一、二人称，宾语是第三人称时，动词的形态变化要与主语的人称、数保持一致关系。当主语是第三人称，宾语是第一、二人称时，动词的形态变化要与宾语的人称、数保持一致关系。可见，第一、二人称比第三人称更需要标记。动词的形态变化倾向于标记第一、二人称代词，而不是第三人称代词。

（四）动词的形态变化能与主、宾语格助词共现

有的藏缅语通过动词的形态变化已经区分出主、宾语，但仍使用宾语格助词或者主语格助词。形态手段和分析手段共存并用，是语言类型从黏

---

① 戴庆厦、黄布凡等：《藏缅语十五种》，北京燕山出版社1991年版。
② "/"表示没有该词缀，"宾"表示该词缀能标记宾语，"主"表示该词缀能标记主语。

着型向分析型过渡的体现，或者是转型后的残留形式。例如：

独龙语[1]

kuη^{55}tsɯ^{31}tseŋ^{55} nɯ^{55}nǐ ŋ^{55} le^{31} ɕiŋ^{55} nɯ^{31}ɹi^{55}wǎ n$?^{55}$.

孔 志 真 你们 （宾助）柴（前加）背（宾 2，多）

孔志真给你们背柴。

阿侬语[2]

ɑ^{31} tɕhen^{31}phɯ^{31} khɑ^{31} ŋ^{31}nã ^{55}ʂɿ^{31} mɛ^{53}?　　 你喜欢儿子吗？

你 儿子 （宾助）（主 2）喜欢（语气助）

嘉戎语[3]

no ŋak [4] ta‑top.　　　　　 你，我将打。（我将打你。）

你 我（施助）（1）打

n̠o ŋən̠ek ta‑tom‑n̠.　　　 你们，我们将打。（我们将打你们。）

你们 我们（施助）（1）打（1，复）

拉坞戎语[5]

ai^{55}‑ti^{33} ji^{33} n̠o^{55}　　　 o^{33}‑ɣdo‑n^{55}.　　　 我打了你。

我 （施助）你（主 1，已行体）打（宾 2，单）

普米语[6]

tə^{55}gə^{55} tə^{31}ga^{35} bie^{24} ʒdʒa^{55}‑pa^{55}si^{31}.　　 他爱过她。

他 她 （宾助）爱（自主、主 3 单、进行体）

四 关于彝语动词声调屈折的讨论

彝语没有宾语格助词，语序是区分主、宾语最主要的句法手段。主语格助词加在施事后指示主语，但只出现在受事宾语提前至句首的 OSV 句式

---

① 孙宏开：《独龙语简志》，民族出版社 1982 年版。

② 孙宏开、刘光坤：《阿侬语研究》，民族出版社 2005 年版。

③ 林向荣：《嘉戎语研究》，四川民族出版社 1993 年版。

④ 嘉戎语没有宾语格助词，有标记施事的作格助词kə。当宾语提前至句首时，要在主语后加助词kə。助词kə经常与做主语的人称代词合音，声母k成为人称代词的辅音韵尾。

⑤ 戴庆厦、黄布凡等：《藏缅语十五种》，北京燕山出版社 1991 年版。

⑥ 傅爱兰：《普米语动词的语法范畴》，中国文史出版社 1998 年版。

中。彝语动词具有声调屈折变化。有一种观点认为，彝语动词利用声调的变化来表示主、被动态，从而区分句法上的主宾关系和语义上的施受关系。而另一种观点则认为，动词声调屈折变化是主、被动态在语音上的对立表现，不是构成主、被动态的句法手段，也不是区分主宾语的手段。

（一）声调的屈折变化是构成主、被动态的形态手段

持这一观点的有：《凉山彝语的主动句和被动句》（李民 1984）、《彝语简志》（陈士林 1985）、《彝语语法（诺苏话）》（陈康、巫达 1998）、《彝语被动式研究》（朱文旭、张静 2003）等。他们认为，动词以本调形式表示动词前的人称代词是施动者，句子是被动态；动词以变调形式表示动词前的人称代词是受动者，句子是主动态。

比如，《彝语被动式研究》（朱文旭、张静 2003）认为，凉山彝语动词通过声调的屈折变化构成主动态和被动态。21 调是本调，表示前面的名词或代词是施动者；次高调 44 调是变调，表示动词前的名词或代词是受动者。次高调 44 调是后起的，在多数情况下是临时变调，不区分词汇意义，只有在个别动词和代词上具有语法意义。例如：

（1）ŋa^{33} tshɿ^{33} ndu$^{21/44}$.   我打他。
　　我　　他　　打
（1'）ŋa^{33} tshɿ^{33} ndu^{21} sɿ^{33} du^{33}.   我被他打出血。
　　我　　他　　被打　血　出
（2）tsho^{33} tshɿ^{33} sɿ$^{21/44}$.   人送他。
　　　人　　他　　送
（2'）tsho^{33} tshɿ^{33} sɿ^{21}　 bo^{33}.   人被他送走。
　　　人　　他　　被送　走
（3）ŋo^{21} nə^{33} şə$^{21/44}$.   我们找你。
　　我们　你　找
（3'）ŋo^{21} nə^{33} şə^{21}　 ndo^{44}.   我们被你找到了。
　　我们你　　被找 到

该文认为，利用动词的声调屈折区分主动句和被动句，是一种处于萌芽状态的语法手段。原因有二：一是彝语凉山方言中能表现这种语法关系的动词为数不多，只有"打"、"找"、"送"等少数几个动词；二是含有被动义的动词后必须加由动词或形容词充当的补语，否则句子表达不完整。

《彝语语法（诺苏话）》（陈康、巫达 1998：127－128）认为，彝语诺苏话除了用语序和加格助词的手段外，还用动词声调的屈折来区分施受关系。

低降 21 调是本调，表示动词前的名词为施动者；次高 34 调是变调，表示动词前的名词为受动者。例如：

（1）ŋa³³ ndu²¹.　　　　　　　　　　　　　　　我打。
　　　我　打
（1'）ŋa³³ ndu²¹ᐟ³⁴.　　　　　　　　　　　　　打我。（我被打。）
　　　我　被打
（2）thɯ²¹ʑi³³ ŋa³³ bi²¹ta³³ o³⁴.　　　　　　　书我已经给了。
　　　书　　我　已经给（助）
（2'）thɯ²¹ʑi³³ ŋa³³ bi²¹ᐟ³⁴ta³³　o³⁴.　　　　书已经给我了。
　　　书　　我　已经被给（助）

　　在彝语诺苏话中，动词的声调屈折变化不是个别现象。见下表：

表 3-1-4

动词词义	主动态（本调）	被动态（变调）	动词词义	主动态（本调）	被动态（变调）
背	pi²¹	pi³⁴	抓住	tshu²¹	tshu³⁴
开	pho²¹	pho³⁴	认识	si²¹	si³⁴
给	bi²¹	bi³⁴	拿、牵	sɿ²¹	sɿ³⁴
占有	bo²¹	bo³⁴	诅咒	zi²¹	zi³⁴
羡慕	bu²¹	bu³⁴	抓	zɿ²¹	zɿ³⁴
卖	vu²¹	vu³⁴	查	tʂha²¹	tʂha³⁴
捶、埋	tɿ²¹	tɿ³⁴	送	ʂi²¹	ʂi³⁴
放	thɿ²¹	thɿ³⁴	称	tɕi²¹	tɕi³⁴
操	thu²¹	thu³⁴	吞	ȵi²¹	ȵi³⁴
推	dɿ²¹	dɿ³⁴	笑	zi²¹	zi³⁴
打	ndu²¹	ndu³⁴	抠、挖	ku²¹	ku³⁴
闻	n̥ɿ²¹	n̥ɿ³⁴	摔跤	kɯ²¹	kɯ³⁴
赶	n̥o²¹	n̥o³⁴	需要	kho²¹	kho³⁴
抢	lu²¹	lu³⁴	玩	gɯ²¹	gɯ³⁴
装	tsɿ²¹	tsɿ³⁴	看	hu²¹	hu³⁴
怂恿	tsu²¹	tsu³⁴	守	tɕhu²¹	tɕhu³⁴
堵塞	tshi²¹	tshi³⁴	喝	to²¹	to³⁴
拦	lo²¹	lo³⁴	像	su²¹	su³⁴

（二）声调屈折变化是主、被动态在语音上的对立表现形式

这种观点不同意"彝语动词声调变化是区别主动和被动的句法手段"的说法，认为声调屈折变化只是主、被动态在语音上的对立表现形式而已。

《凉山彝语的被动句》（小门典夫 2003）认为，彝语的被动句不是通过声调的屈折和虚词表示，而是主要依赖谓语所表示的结果性而成立的。

《凉山彝语被动义的表达方式》（胡素华 2005）认为，声调的屈折变化是主动义与被动义对立的语音表现，而不是导致对立的形态手段。彝语主要通过结构的改变表达被动义，包括两种形式：一是动词后加结果补语或动量补语构成动补结构。施事名词或代词后还可加上强调、凸显施事的助词kɯ²¹。助词kɯ²¹不出现在 SOV 语序的 S 后，只出现在 OSV 语序的 S 后。例如：

ŋa³³	tsʰɿ³³	zi⁵⁵	sa³³	o⁴⁴.		我被他医好了。
我	他	医	好	（助）		
i²¹kʰo³³	a⁴⁴mo³³	kɯ²¹	go⁵⁵	ta³³	o⁴⁴.	门被妈妈关上了。
门	妈妈	（施动）	关	上	（助）	
ŋa³³	tsʰɿ³³	kɯ²¹	ndu²¹	tʰi⁵⁵	ta³³.	我被他打倒在这里。
我	他	（施动）	打	这里	摆起	

二是在动词前加处置动词（或泛动词）构成连动结构。例如：

i⁵⁵go³¹	ŋa³³	ka⁴⁴	ndo³³.	水被我喝了。
水	我	（处置动词）	喝	

该文认为，动词声调的屈折变化是因为语音和谐而产生的，不是构成彝语被动句和主动句区别的句法手段。例（1）的动词ndu³¹"打"与 33 调的"他"结合构成宾动结构，根据彝语音变规律，33 调与 31 调连读时，31调要变读为 44 调。在例（1'）中，动词ndu³¹"打"先与补语na³³"疼"结合构成动补结构，而 31 调遇上 33 调不会发生变调。例如：

（1）	ŋa³³	tsʰɿ³³	ndu³¹⸍⁴⁴	o⁴⁴.	我打他了。（变调）
	我	他	打	（助）	
（1'）	ŋa³³	tsʰɿ³³	ndu³¹	na³³	o⁴⁴.
	我	他	打	疼	（助）

（1'）的译文：我被他打疼了。（本调）

　　凉山彝语声调的屈折变化只出现在少数动词上。这些动词具有共同的特点：（1）动词的本调为31调；（2）动词是单音节，施动者也是单音节的人称代词；（3）从语义关系上看，施事和受事都可发出动作，动词为自主动词。符合上述条件的动词有18个。见下表：

表 3-1-5

动词	汉义	动词	汉义	动词	汉义
si³¹	拿、处置	thi³¹	放（掉）	sʐ³¹	认出
zi³¹	抓、握	ʂɯ³¹	找	pʐ³¹	背
tʂɿ³¹	扔（不管）	ndu³¹	打	sɿ³¹	带（领），送（人）
hɿ³¹	缠	lo³¹	拦	tɕhi³¹	咒骂
ku³¹	摔	ɕ1³¹	娶、嫁	hi³¹	说、指点
di³¹	推	ngu³¹	医治	lu³¹	抢

（三）对两种观点的讨论

　　以上两种观点的分歧在于动词声调屈折和主、被动态之间的关系第一种观点认为，动词声调的屈折变化导致主动态和被动态的对立。用图标示如下：

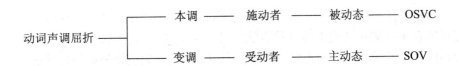

　　第二种观点主张，动词声调的屈折变化是主动态和被动态的语音表现形式，句法结构的改变（包括连动结构、动补结构）才是产生被动义的真正原因。以动补结构为例，用图标示如下：

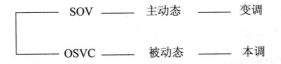

　　可见，两种观点的根本分歧是被动义的成因，即究竟是动词声调屈折导致了主、被动态的形成，还是主、被动态导致动词声调屈折的出现。我们同意第二种观点。彝语动词声调屈折变化不是导致主、被动态对立的因素，也不是区分主、宾语的形态手段，而是主、被动态的对立在语音上的反映。

藏缅语中有且只有彝语动词存在声调屈折变化，而且只是少数动词有，多数动词都没有。彝语区分主、宾语的句法手段主要是语序和主语格助词。在 SOV 语序中，主语、宾语都在动词之前，主语在宾语之前。例如：[①]

ŋa³³ nɯ³³ m̥a̠⁵⁵.　　　　　　　　　　　　　　我教你。
我　你　教
nɯ³³ ŋa³³ m̥a̠⁵⁵.　　　　　　　　　　　　　　你教我。
你　我　教

当宾语提前至句首时，主语后要加主语格助词。语序和主语格助词互相配合使用来区分主、宾语。例如：[②]

ʐo³³ la⁵⁵tʂho³³ kɯ³¹ ka⁴⁴ dzɯ³³ o⁴⁴.　　　羊被狼吃了。
羊　狼　（主助）（助）吃　（语气）
a⁴⁴ʑi³³ tsʰn̩³³ si³¹ ndu³¹.　　　　　　　　　孩子被他打了。
孩子　他（主助）打

第二节　句尾词与宾语人称、数的一致关系

句尾词是一种表示动词人称范畴的语法手段，一般加在句子末尾。句尾词能表示叠加在动词上的多种语法意义，包括句子的语气、动词的体、方向以及主语或者宾语的人称、数等。藏缅语的句尾词主要分布在景颇语、缅语支的载瓦语、浪速语等语言以及彝语支的纳西语、卡卓语等 9 种语言中。依据句尾词所表示的语法意义的不同，可以将之分为三类：（1）表示示证范畴、语式范畴等，比如纳西语、卡卓语等；（2）表示主语和宾语的人称、数，比如景颇语、载瓦语等；（3）表示主语的人称，比如桑孔语、浪速语、波拉语、勒期语、仙岛语等。句尾词在表示宾语时有局限性，没有只表示宾语而不表示主语的句尾词。本节讨论第二类句尾词，即能指示宾语人称、数的句尾词。

一　景颇语的句尾词

景颇语是句尾词最丰富的一种藏缅语。戴庆厦（1989；1990；1992；

---

① 陈康、巫达：《彝语语法（诺苏话）》，中央民族大学出版社 1998 年版。
② 胡素华：《彝语结构助词研究》，民族出版社 2002 年版。

1996；2003）曾对景颇语句尾词的来源、性质、特点以及形成的结构机制等问题做过深入的研究。"景颇语句尾词独树一帜，其特点有许多是其他亲属语言所没有的。"句尾词综合体现几种不同的语法意义，包括句子的语气、主语或者宾语的人称和数、动词的方向。其中，只表示主语人称、数的句尾词占大多数，既表示主语又表示宾语人称和数的句尾词只占少数，没有只表示宾语而不表示主语的句尾词。兼表主、宾语的句尾词能同时指示主、宾语的人称，但只表示宾语的数，一般不表示主语的数。此外，还有表示主宾语的领属性定语的人称、数的句尾词。

　　景颇语的语气可分为陈述、疑问、测度、惊讶、命令和商量等六种。不同语气使用不同的句尾词。据戴庆厦的研究，景颇语句尾词数量多，约有 350 个。限于篇幅，不能一一举例说明，下面以陈述语气为例来分析兼指主、宾语的句尾词。[①]见下表：

表 3-2-1

主语人称	宾语人称	存在		变化	
		单数	复数	单数	复数
1	2	$te?^{31}ai^{33}$	$mǎ^{31}te?^{31}ai^{33}$	$sin^{55}te?^{55}ai^{33}$ （$sǎ^{55}te?^{55}ai^{33}$）	$mǎ^{55}sin^{55}te?^{55}ai^{33}$ （$mǎ^{55}sa^{55}te?^{55}ai^{33}$）
	3	$we?^{31}ai^{33}$ （$se?^{31}ai^{33}$）	$mǎ^{31}we?^{31}ai^{33}$	$se?^{55}ai^{33}ma^{55}$	$se?^{55}ai^{33}$
3	1	$ni?^{31}ai^{33}$	$mǎ^{31}ni?^{31}ai^{33}$ （$myi?^{31}ai^{33}$）	/	$mǎ^{55}ni?^{55}ai^{33}$ （$ma^{55}sa^{55}nit^{55}tai^{33}$）
	2	$nit^{31}tai^{33}$	$mǎ^{31}nit^{31}tai^{33}$ （$myit^{31}tai^{33}$）	/	/
	3	$u?^{31}ai^{33}$ （$nu?^{31}ai^{33}$）	$mu?^{31}ai^{33}$ （$mǎ^{55}nu?^{55}ai^{33}$）	$nu?^{55}ai^{33}$ （$sǎ^{55}nu?^{55}ai^{33}$）	$mǎ^{55}nu?^{55}ai^{33}$ （$mǎ^{55}sa^{55}nu?^{55}ai^{33}$）

　　当宾语是人称代词时，要加宾语格助词$phe?^{55}$，形成宾语格助词和句尾词共同指示宾语的局面。例如：

$ŋai^{33}$ $naŋ^{33}$ $phe?^{55}$ $tsun^{33}$ $sa^{55}te?^{55}ai^{33}$　　我对你说了。
我　　你　　（宾助）说　（主 1，宾 2、单，陈述）
$ʃi^{33}$ $ma^{31}kam^{33}$ $phe?^{55}$ $muŋ^{31}$ $ma^{31}li^{33}ja^{55}$ $ka^{31}ʒum^{33}$ $u?^{31}ai^{33}$.
他　麻　干　（宾助）也　　四　天　　帮助（主 3，宾 3、单，陈述）

---

① 戴庆厦、徐悉艰：《景颇语语法》，中央民族学院出版社 1992 年版。

他帮助麻干四天。

句尾词还能与主语、宾语格助词一起指示主、宾语。例如：

tsa p⁵⁵ e³¹ ŋai³³ pheʔ⁵⁵ mjaʔ³¹　　ti³³ a³¹mjaʔ³¹ tat³¹　　niʔ³¹ai³³.
熊 （主助）我（宾助） 抓一下状（泛动）抓　 （助动）（主3，宾1、单）
熊，抓了我一下。

因为有句尾词的指示，当主、宾语是人称代词时，主语和宾语都可以省略。但如果主、宾语是名词，却不能省略。例如：

ŋai³³ pheʔ⁵⁵ muŋ³¹ 2 la̠ ŋ³¹ ʃa³¹ka⁵⁵ niʔ³¹ai³³.　　（他）也叫我两次。
我 （宾助）也　 两 次　 叫（主3，宾1、单，陈述）
sa³³ kǎ³¹ʒum³³ mǎ³¹weʔ³¹.　　　　　　　　（我）去帮助（他们）。
去 帮助（主1、单，宾3、复，陈述）
n³³tai³³ sum³³pa̠n³³ n⁵⁵ ʒaʔ³¹ n³¹ŋai³³.　　　这种布我不要。
这 　布　　　 不 要（主1、单，存在）
kum³¹ʒa³¹ tat³¹ tat³¹ sǎ⁵⁵ni⁵¹?　　　　　　　你把马放了吗？
马　　 放（助动）（主2，单，疑问）

景颇语句尾词是由人称代词和动词等实词虚化而来的。[①]目前，能看出的来自人称代词的句尾词有两个：一是来自第一人称单数的人称代词 ŋai³³ "我"；另一个是来自第二人称单数的人称代词 naŋ³³ "你"。来自第一人称单数的人称代词 ŋai³³ "我" 的句尾词有：（1）n³¹ŋai³³，表第一人称单数做主语，存在式，叙述句；（2）sǎ³³ŋai³³，表第一人称单数做主语，变化式，叙述句；（3）ʒin³¹ŋai³³，表第一人称单数做主语，来方向，叙述句。来自第二人称单数人称代词 naŋ³³ "你" 的句尾词有：（1）n³¹tai³³，表第二人称单数做主语，存在式，叙述句；（2）n³¹ni⁵¹，表第二人称单数做主语，存在式，疑问句；（3）ʒin³¹ni⁵¹，表第二人称单数做主语，正方向，疑问句。第一、二人称复数代词及第三人称代词，没有转为句尾词的。

目前能看出的来自动词的句尾词有五个。（1）来自动词 la³¹ "等待"：laʔ³¹，表第二人称单数做主语，动作行为有等待义，命令句；mǎ³¹laʔ³¹，表第二人称复数做主语，动作行为有等待义，命令句。（2）来自动词 sit³¹ "移动"：

---

① 戴庆厦：《景颇语参考语法》，中国社会科学出版社 2012 年版。

sit^{31}，第二人称单数做主语，动作行为是去方向，命令句，敦促语气；mǎ^{31}sit^{31}，第二人称复数做主语，动作行为是去方向，命令句，敦促语气。（3）来自动词sa^{33}"去"：su^{ʔ31}，表第二人称单数做主语，动作行为是去方向，命令句；mǎ^{31}su^{ʔ31}，第二人称复数做主语，动作行为是去方向，命令句。（4）来自动词ʒa^{31}"要"：ʒit^{31}，表第二人称单数做主语，动作行为是来方向，命令句；ʒit^{31}ka^{ʔ31}，表示征求听话者同意第三人称单数到自己方向来施行动作行为，商量句；ʒa^{ʔ31}ai^{33}，表第三人称单数做主语，动作行为是正方向，叙述句。（5）来自动词lu^{31}"有"：lu^{ʔ31}ai^{33}，表第三人称单数做领有主语或领有宾语，存在式，叙述句；li^{ʔ31}，第一人称单数做领有主语或领有宾语，存在式，疑问句。

景颇语的句尾词已出现合并、简化的趋势。有的原本表示不同人称、数的句尾词已经合并成为一个。在口语中，句尾词区分主、宾语的人称和数已不是十分严格，表示复数和第一、二人称单数的句尾词有逐渐被表示第三人称的句尾词sai^{33}、ai^{33}取代的趋势。但表示语气、方向的句尾词简化的比较少。

二 载瓦语的句尾词

载瓦语[①]的句尾词[②]综合表示句子的语气、动词的体以及主宾语的人称、数等语法意义。语气可分为陈述、祈使和请求三种。在三种不同语气中，只有请求语气中的句尾词能直接标记宾语，陈述语气和祈使语气的句尾词只标记主语，不标记宾语。具体情况如下：

1. 在表示请求语气的句子中，句尾词不仅指示主语的人称、数，还能指示宾语的人称、数。见下表：

表 3-2-2

主 语		宾语人称	句尾词
人称	数		
2	单数	1	ʒa^{ʔ55}
		3	a^{ʔ55}
	复数	1	ko^{21}ʒa^{ʔ55}
		3	ke^{ʔ55}

---

① 徐悉艰、徐桂珍：《景颇族语言简志（载瓦语）》，民族出版社 1984 年版。
②《景颇族语言简志》（载瓦语）（徐悉艰、徐桂珍 1984：120）称之为"谓语助词"。

人称代词做宾语时，要加宾语格助词lě^{55}，形成了句尾词和宾语格助词并用的局面。例如：

naŋ^{51}　ŋo^{51}　lě^{55}　mo̩ ʔ^{55}　pji^{31}　　ʒaʔ^{55}!　　　　　请你教我吧！
你　　我（宾助）教　　给（主2，单，宾1，请求）
nuŋ^{55}mo̩ʔ^{55}　ja ŋ^{31}　lě^{55}　mo̩ ʔ^{55}　pji^{31}　　ke̩ ʔ^{55}!　请你们教他们吧！
你们　　　他们（宾助）教　　给（主2，复，宾3，请求）

2. 在表示陈述语气的句子中，句尾词只能指示主语的人称、数，而不指示宾语的人称、数。表示三种人称单数的句尾词与表示第一人称复数的句尾词合并为一个，表示第二、三人称复数的句尾词也合并为一个。见下表：

表 3-2-3

数	主语人称	体			
		一般体	即行体	将行体	已行体
单数	1	le^{51}	pě ^{21}ʒa^{51}	ʒa^{51}	pe^{51}
	2				
	3				
复数	1	ko̩ ^{51}或a^{21}ko̩ ^{51}	pě ^{21} kǒ̩ ^{21}ʒa^{51}	kǒ̩ ^{21}ʒa^{51}	pě ^{21}ko̩ ^{51}
	2				
	3				

3. 在表示祈使语气的句子中，句尾词指示主语的人称、数，但不指示宾语的人称、数。见下表：

表 3-2-4

主语人称	数		句尾词
1	单 数		pa^{55}
	双数	排除式	pa^{55}
		包括式	koʔ^{21}
	复数	排除式	pa^{55}
		包括式	ʃaŋ^{55}
2	单 数		aʔ^{55}
	复 数		ke̩ ʔ^{55}
3	单 数		ʃaŋ^{55}kaʔ^{21}或ko̩ ^{21}ʃaŋ^{55}
	复 数		

　　和景颇语相比，载瓦语的句尾词在数量和形式上都简化了很多，能指示宾语人称、数的句尾词只存在于表示请求语气的句子中。

　　与载瓦语同属缅语支的勒期语、波拉语、仙岛语，句尾词都只能指示主语，不能指示宾语。

　　1. 波拉语的句尾词

　　波拉语[①]的句尾词[②]综合表示句子的语气、动词的体以及主语的人称和数。波拉语句子的语气可分为陈述、祈使、请求和疑问四种。陈述、祈使和请求等语气用句尾词表示，疑问语气用表陈述语气的句尾词加疑问语气词表示。

　　（1）表请求语气的句尾词有两个：$ne\ \Omega^{55}ma^{31}$和$ke\ \Omega^{55}ma^{31}$，分别指示主语是第二人称单数和复数，不指示宾语的人称、数。人称代词做宾语时，要加宾语格助词标记ze^{31}。例如：

$no\check{}^{55}$	ηa^{55}	ze^{31}	ma^{31}	$ko\ t^{55}$	$ne\ \Omega^{55}ma^{31}$!	你教我吧！
你	我	（宾助）	教	做	（主2，单，请求）	
$nau\eta^{31}ma\Omega^{31}$	$j\tilde{o}^{31}$	ze^{31}	ma^{31}	$ko\ t^{55}$	$ke\ \Omega^{55}ma^{31}$!	请你们教他做吧！
你们	他	（宾助）	教	做	（主2，复，请求）	

　　（2）表示陈述语气的句尾词表示主语的人称和数，同时还兼表动词的体。见下表：

表 3-2-5

主语人称	数		一般体	进行体	将行体	已行体
1	单数		ve^{55}	a^{55}	$n\tilde{e}^{55}$	ve^{55}
1	双数、复数	排除式	ve^{55}	a^{55}	$n\tilde{e}^{55}$	ve^{55}
1	双数、复数	包括式	ve^{55}	a^{55}	$n\tilde{e}^{55}ve^{55}$	ve^{55}
2	单数		ve^{55}		$n\tilde{e}^{55}ve^{55}$	
2	双数、复数			$a^{55}ka^{55}$	$n\tilde{e}^{55}ve^{55}ka^{55}$	$ve^{55}ka^{55}$
3	单数			a^{55}	$n\tilde{e}^{55}ve^{55}$	ve^{55}
3	双数、复数			$a^{55}ka^{55}$	$n\tilde{e}^{55}ve^{55}ka^{55}$	$ve^{55}ka^{55}$

---

①　戴庆厦、黄布凡等：《藏缅语十五种》，北京燕山出版社1991年版。

②　《波拉语》（戴庆厦、傅爱兰等1991）称之为"谓语动词"。

（3）表示祈使语气的句尾词只能表示主语的人称、数。见下表：

表 3-2-6

主语人称	数	句尾词
1	单数	va³¹
	双数、复数	laŋ³⁵
2、3	单数	ɛʔ⁵⁵
	双数、复数	kɛʔ⁵⁵

3. 浪速语的句尾词

浪速语[1]的句尾词[2]综合表示句子的语气、动词的体以及主语的人称、数。句子的语气可分为陈述、祈使、请求和疑问四种。陈述、祈使和请求等三种语气用句尾词表示，疑问语气用表陈述语气的句尾词加疑问语气词表示。

（1）表请求语气的句尾词有两个：laʔ³¹和kɔ̌ ³¹laʔ³¹，分别指示主语是第二人称的单数和多数，不指示宾语的人称、数。人称代词做宾语时，要用宾语格助词ʒɛ³¹标记。例如：

nõ ³¹　ŋo³¹　ʒɛ³¹　mo̰⁵⁵　pjik⁵⁵　laʔ³¹！　　　　　请你教我吧！
你　　我（宾助）教　　给（主2，单，请求）
nõ ³¹na̰ uŋ⁵³　ŋo³¹　ʒɛ³¹　mo̰⁵⁵　pjik⁵⁵　kɔ̌ ³¹laʔ³¹！　　请你们教给我吧！
你　们　　　　我（宾助）教　　给（主2，多，请求）

（2）表示陈述语气的句尾词因动词的体的不同而有所区别，正处于简化、合并之中。以动词的一般体为例，句尾词ʒa⁵⁵表示主语是第一、二、三人称单数和第一人称复数，句尾词ʒa⁵⁵a³¹kɔ̰⁵⁵表示主语是第二、三人称复数。见下表：

表 3-2-7

数	主语人称	体			
		一般体	即行体	将行体	已行体
单数	1	ʒa⁵⁵	nõ ³¹va⁵⁵	ne⁵⁵	va⁵⁵
	2				
	3				

---

① 戴庆厦：《浪速语研究》，民族出版社 2005 年版。

② 《浪速语研究》（戴庆厦 2005：84—88）称之为"式体助词"。

续表

数	主语人称	体			
		一般体	即行体	将行体	已行体
复数	1	$ʒa^{55}$	$nɔ̌^{31}va^{55}$	$nɛ^{55}$	va^{55}
	2	$ʒa^{55}a^{31}kɔ^{55}$	$nɔ̌^{31}vɔ̌^{31}kɔ^{55}$	$kɔ̌^{31}nɛ^{55}$	$vɔ̌^{31}kɔ^{55}$
	3				

（3）表示祈使语气的句尾词指示主语的人称和数。表示第一人称单数、双数和多数排除式的句尾词都是$vɛ^{31}$，没有表示第二、三人称双数的句尾词。见下表：

表 3-2-8

主语人称	数				
	单数	双数		多数	
		排除式	包括式	排除式	包括式
1	$vɛ^{31}$	$vɛ^{31}$	$la\,ŋ^{31}$	$vɛ^{31}$	$kɔ̌^{31}la\,ŋ^{31}$
2	$aʔ^{31}$	/		$kɛʔ^{31}$	
3	$ʃɔ^{31}kaʔ^{31}$	/		$kɔ̌^{55}ʃɔ^{31}kaʔ^{31}$或$kɔ̌^{31}ʃɔ^{55}$	

4. 勒期语的句尾词

勒期语[1]的句尾词[2]主要表示各种语气。表祈使、请求等语气的句尾词能指明主语的人称和数。见下表：

表 3-2-9

主语人称	数	句尾词
1	单　数	pa^{53}
	双　数	$ʃaŋ^{53}$
	多　数	$yɛʔ^{55}$
2	单　数	$aʔ^{31}(ma^{53})$
	双　数	$kɛʔ^{55}\,(ma^{53})$
	多　数	
3	单　数	$tʃa^{55}$
	双　数	
	多　数	

[1] 戴庆厦、李洁：《勒期语研究》，中央民族大学出版社 2007 年版。

[2]《勒期语概况》（戴庆厦、李洁 2006）称之为"句尾语助词"。

　　因为句尾词有指示主语人称、数的作用，主语有时可省略。例如：

（naŋ⁵³）　tso³³　　aʔ³¹!　　　　　　　　（你）吃吧！
你　　　吃（2，单，请求）

（ŋjaŋ⁵⁵　ta̠ŋ³³）　ji³³　ʃaŋ⁵³!　　　　　　（我俩）去吧！
我　　俩　　去（1，双，祈使）

ŋa p⁵⁵　thə³³　khat⁵⁵　jyːn⁵⁵　ka̠ t⁵⁵　　aʔ³¹!　请（你）把那根针递给（我）！
针　　那　　根　　递　（助动）（2，单，请求）

　　人称代词做宾语时，要用宾语格助词le⁵⁵标记。例如：

ŋo⁵³　naŋ⁵³　le⁵⁵　ta⁵³　tʃuŋ³³　taːi⁵³　kjɔː⁵⁵　pa⁵³¹
我　你（宾助）一　件　告诉（主1，单，请求）

　　藏缅语的兼语兼表宾语和主语两种句法成分。藏缅语大多使用宾语格助词标记兼语，凸显兼语的受事特征，兼语的施动性没有显性标记，只能通过语义分析出来。（详见第二章第六节的分析）在勒期语的兼语句中，兼语的两种句法成分通过宾语格助词和句尾词分别清楚地标记出来：句尾词指示兼语的施动性，宾语格助词指示兼语的受动性。例如：

ŋo⁵³　le⁵⁵　kɔ̠ t⁵⁵　pa⁵³!　　　　　　　　让我做吧！
我（宾助）做（主1，单，祈使）

ŋjaŋ³³　le⁵⁵　kɔt⁵⁵　tʃa⁵⁵!　　　　　　　让他做吧！
他（宾助）做（主3，单，请求）

　　5. 仙岛语的句尾词
　　仙岛语①的句尾词②除了指明祈使、请求等句子语气外，还能指示主语的人称。
　　（1）表示祈使语气的句尾词指示主语的人称时，不区分单、复数。见下表：

　　① 戴庆厦、黄布凡等：《藏缅语十五种》，北京燕山出版社1991年版。
　　②《仙岛语》（戴庆厦、傅爱兰等1991）称之为"谓语助词"。

表 3-2-10

主语人称	数		句尾词
1	单 数		ta^{31}
	复 数		
2	单 数		
	复 数		$kɔʔ^{55}$
3	单 数		$ṣaŋ^{31}$
	复 数		

（2）在表示请求语气的句子中，句尾词不仅指示主语是第二人称，还区分主语的数。句尾词 $aʔ^{55}$ 表示主语是第二人称单数，$kɔʔ^{55}$ 表示主语是第二人称复数。句子通过句尾词体现动词与逻辑主语在人称、数上的一致关系，所以句法表层结构中的主语可以省略。人称代词充当宾语时，要加宾语格助词 $tɛ^{55}$。例如：

ta^{31} kum^{55} $ṣuʔ^{55}$ $aʔ^{55}$!　　　　　　　请（你）再喝一杯！

喝　　 一　　 杯（主 2，单，请求）

$ŋɔ^{55}$ $tɛ^{55}$ $sɔn^{35}$ $aʔ^{55}$!　　　　　　　请（你）教我吧！

我（宾助）教（主 2，单，请求）

$ŋɔ^{55}tu^{35}$ $ŋɔ^{55}$ $tɛ^{55}$ $sɔn^{35}$ $kɔʔ^{55}$!　　　请（你们）教我吧！

你们　 我（宾助）教 （主 2，复，请求）

三　句尾词的性质和特点

句尾词能指示宾语的人称和数，从而把宾语和主语区分开来，所以句尾词也是一种宾语标记。和宾语格助词相比较，句尾词具有以下几个特点：

（一）在数量上，一种语言的句尾词少则 5、6 个，多则几十个甚至上百个。而一种语言的宾语格助词一般只有 1 个，最多的也就 3 个（详见第二章第一节）。

（二）句尾词是一种标记宾语的句法手段，但不是宾语的专属标记。因为句尾词是表现动词人称范畴的句法形式，具有"一身兼数职"的特点。同一个句尾词既能表示主语或宾语的人称、数，还同时表示句子的语气或者动词的体或者动词的方向等语法意义。而宾语格助词不能同时兼指宾语以外的句法成分，是宾语的专属标记。

上文提到，在有句尾词的 9 种藏缅语中，句尾词主要有三种语法功能：（1）表示证范畴、语式范畴；（2）表示主语和宾语的人称、数；（3）表示主语的人称。有 7 种藏缅语的句尾词标记主语，而只有景颇语和载瓦语 2 种语言的句尾词能标记宾语。可见，标记主语的句尾词比标记宾语的句尾词要多。也就是说现阶段藏缅语句尾词主要功能体现为标记主语，而不是宾语。

（三）句尾词和宾语格助词虽然都是虚词，但二者所属的句法层次不同。我们认为，句尾词属于句子层面，而宾语格助词属于句法成分层面。句尾词既要表示句子的语气，又要表示动词的体，还要指示主语或宾语的人称和数，所以句尾词是居于句子层面对句子和句内成分实行管控。而宾语格助词只对在线性序列中位于其前面的句法成分起句法作用，不影响句中的其他句法成分。

第三节　小结

动词具有人称范畴是藏缅语的一个特点。动词的人称范畴在语法意义上与主、宾语的人称、数保持一致关系，在语法形式上能指示和区分主、宾语。本节对藏缅语动词的形态变化和句尾词的性质和特点进行总结。

一　动词形态变化和句尾词都是标记宾语的句法手段

藏缅语动词人称范畴主要通过动词形态变化和句尾词两种语法形式表达。动词形态变化和句尾词都能指示动词与主语或宾语人称、数的一致关系，从而把主、宾语区分开来，所以，动词的形态变化和句尾词也是宾语的句法标记。但动词形态变化和句尾词不是宾语的专属标记，因为它们除了能标记主语和宾语的人称、数外，还能表示时、体、趋向、语气等其他语法意义。

动词的形态变化既有附加词缀的黏着形式，又有动词词根的语音屈折形式。句尾词以独立的虚词形式外现存在，具有分析性特点；而句尾词内部通过屈折变化（包括加词头、变换词头、改变词根、改变声韵调等方式）来表示不同的语法意义，所以也有屈折性的特点。因此，动词的形态变化和句尾词都可看作是广义的形态手段。

二　动词形态变化和句尾词的来源和使用与人称代词有关

藏缅语有的动词形态变化和句尾词来源于人称代词。比如，道孚语动词后缀来源于第一、第二人称代词，克伦语动词前缀来源于人称代词的弱化，景颇语有些句尾词是由第一、第二人称单数人称代词虚化而来的。

　　动词形态变化倾向于标记第一、二人称代词，较少标记第三人称代词。句尾词指示宾语时也要区分不同的人称，第一、二人称代词比第三人称更需要句尾词标记。但标记第三人称代词和名词的句尾词相同。从句尾词就可明确区分第一、二、三人称代词，但无法把第三人称代词和名词区分开。

　　总之，人称对动词的形态变化和句尾词有制约作用。第一、二人称代词比第三人称代词更需要标记。这可能与第一、二人称的生命度比第三人称代词、名词生命度高有关。

三　动词形态变化和句尾词与语言类型具有一致性

　　上文讲到，动词形态变化和句尾词都可归入形态手段。景颇语支和羌语支语言是藏缅语中保留形态和形态变化较多的语言。特别是羌语支，是藏缅语中形态和形态变化最丰富的一个语支。景颇语支兼有分析型和屈折型语言的特点。所以，景颇语支和羌语支语言大多使用动词的形态变化和句尾词表示人称范畴。而彝、缅语支是以分析性特点为主的语言，动词一般没有形态变化，也很少使用句尾词。可见，表示动词人称范畴的语法手段与语言类型是一致的。

四　主宾语的省略与动词人称范畴、主宾语的词类有关

　　由于藏缅语的动词形态变化和句尾词都能标记主、宾语的人称、数，所以有时主、宾语可省略。这里所说的省略不同于在上下文语境中主宾语的省略。例如：

　　甲：你吃饭了吗？

　　乙：（我）吃（饭）了。

　　乙的回答中主、宾语省略是一种基于语用原因的承上省略。我们所说的省略是在句法、语义层面，因动词形态变化和句尾词指示与主宾语的一致关系而使主宾语"隐而不现"，有的学者称"隐含"。《嘉戎语研究》（林向荣 1993：381）指出，嘉戎语经常省略主语，这是因为动词有人称范畴，主语的人称、数都可以从动词的前、后缀上表示出来。《藏语句子主语的隐现》（胡坦 2000）指出，"藏语句法框架以动词为核心，名词性的主、宾语以及副词性的状语都位于谓语动词之前，围绕着动词核心，根据意义的需要加以补充和开展。因此，作为句子核心的动词极少省略和隐含，而主语则在一定条件下可以不露面，甚至无主亦能成句。"可见，动词与主、宾语句法语义上的一致关系是主宾语省略的先决条件。

　　句子的主、宾语能否省略还与词类有关。人称代词充当主、宾语时，可以省略；而名词充当主、宾语时，则不能省略。以景颇语为例。例如：

nu̠^{51} wa^{31} mat^{31} sai^{33}.　　　　　　　　　　母亲回去了。
母亲 回 （助动）（主 3，单）

(ʃi^{33}) wa^{31} mat^{31} sai^{33}.　　　　　　　　　（他）回去了。
他　 回 （助动）（主 3，单）

　　这是因为藏缅语人称代词和名词在语义特征上是有区别的。人称代词的语义具有抽象性和概括性，其区别性语义特征是 [+人称，+数]，与句尾词所指示的人称、数正好相吻合。当人称代词省略时，句尾词在语义上可以指代它。而名词是表示具体事物的名称，比如，上例中的 nu̠^{51} "母亲"一词所含的两个区别性语义特征 [+女性，+长辈]，句尾词是无法反映出来。所以，句尾词不能指代名词，名词充当主、宾语时不能省略。

第四章　人称代词、名词的宾格形式

"人称代词或名词的宾格形式"的概念有广义和狭义之分。广义的概念是指人称代词或名词做宾语时的句法表现形式，包括使用分析性和屈折性手段标记的人称代词或名词宾语，有语音屈折标记的宾语、宾语格助词标记的宾语、动词形态变化标记的宾语、句尾词标记的宾语、语序标记的宾语等。狭义的概念是指用语音屈折手段标记的人称代词和名词的宾格形式。本书使用的是狭义的概念。

人称代词区分主、宾格形式的藏缅语不多，有以下几种：彝语支的桑孔语、基诺语、哈尼语、缅语支的载瓦语、羌语支的史兴语、羌语等。名词区分主、宾格形式的藏缅语目前只发现基诺语一种。本章主要分析藏缅语人称代词、名词宾格形式的句法表现、句法功能和类型学意义。

第一节　人称代词的宾格形式

藏缅语人称代词的宾格形式主要用语音屈折的手段表示，包括声调的屈折、元音的屈折和辅音的屈折等形式。有的语言是单纯地用一种形式区分主宾格，有的语言则是通过几种形式的配合使用来区分主宾格。

一　用声调屈折区分人称代词的主、宾格

（一）桑孔语

桑孔语[①]的人称代词分为单数、双数和复数三种。第一、二人称代词单数区分主、宾格，用声调的屈折变化表示：主格是 55 调，宾格是 33 调。第三人称代词和第一、二人称代词的双数和复数不区分主、宾格。见下表：

---

① 李永燧:《桑孔语研究》，中央民族大学出版社 2002 年版。

表 **4-1-1**

数	格	第一人称	第二人称	第三人称
单 数	主格	ŋa⁵⁵	naŋ⁵⁵	thaŋ⁵⁵
	宾格	ŋa³³	naŋ³³	
	领格	ŋa³³la³³	naŋ³³la³³	thaŋ⁵⁵la³³
双 数		a⁵⁵n̠i³¹	na⁵⁵n̠i³¹	thi⁵⁵n̠i³¹
复 数		ho³³n̠aŋ³¹咱们 a⁵⁵n̠aŋ³¹我们	naŋ³³kun³³	thi⁵⁵kun³³

桑孔语人称代词做宾语时，要加宾语格助词la³³。例如：

a⁵⁵n̠aŋ³¹　thaŋ⁵⁵　la³³　he³³　tɕhaŋ³¹　ŋa⁵⁵.　　　　我们帮他干。
我们　　他　（宾助）干　帮　　（助）
thi⁵⁵kun³³　naŋ³³kun³³　la³³　mjaŋ⁵⁵　pi⁵⁵　ʑe⁵⁵.　　他们看见了你们。
他们　　　你们　（宾助）见　了（助）

第一、二人称代词单数作宾语时，不仅要使用宾格形式，还要加宾语格助词la³³。例如：

thaŋ⁵⁵　ŋa³³　　　　　la³³　la⁵⁵　pi³¹　ɣŋ³⁵.　　　他让我来。
他　我（宾格）（宾助）来　让　（助）
ŋa⁵⁵　naŋ³³　　　　　la³³　tɕa³³ka³¹　pi⁵⁵　ŋa⁵⁵.　　我告诉你了。
我　你（宾格）（宾助）告诉　了　（助）
thi⁵⁵kun³³　naŋ³³kun³³　　　la³³　mjaŋ⁵⁵　pi⁵⁵　ʑe⁵⁵.　他们看见了你们。
他们　　你们（宾格）（宾助）见　了　（助）

（二）哈尼语

哈尼语卡多话[1]的人称代词分单数和复数，都使用声调屈折的方式区分主、宾格。人称代词宾格形式后还可以加宾语格助词，声调从 35 调变为 33 调。见下表：

---

[1] 哈尼语卡多话的语料系戴庆厦教授 1956 年调查所得。

表 4-1-2

数	格		第一人称	第二人称	第三人称
单数	主　格		ηo^{55}	no^{55}	$jo^{31}xo^{31}$
	宾格	加宾助	ηo^{33}	no^{33}	$jo^{31}xo^{33}$
		不加宾助	ηo^{35}	no^{35}	$jo^{31}xo^{35}$
复数	主　格		ηu^{55}	nu^{33}	ju^{33}
	宾格	加宾助	ηu^{33}	nu^{33}	ju^{33}
		不加宾助	ηu^{35}	nu^{35}	ju^{35}

《墨江哈尼族卡多话参考语法》（赵敏、朱茂云 2011）是根据 2007 年对墨江哈尼语卡多话的调查写成的。墨江卡多话第一、二人称代词单数区分主、宾格，第三人称和第一、二人称复数不区分。见下表：

表 4-1-3

数	格		第一人称	第二人称	第三人称
单数	主格		ηo^{55}	no^{55}	$zo^{31}\varsigma o^{31}$
	宾格	加宾助	ηo^{33}，ηo^{31}	no^{31}	
		不加宾助	ηo^{35}		
双　数			$\eta u^{55}\eta e^{31}k o^{31}$	$nu^{33}\eta e^{31}k o^{31}$	$zo^{31}\varsigma o^{33}\eta e^{31}k o^{31}$
复　数			$\eta u^{55}t s u^{31}$咱们，$\eta u^{33}t s u^{31}$我们	$nu^{33}t s u^{31}$	$zo^{31}\varsigma o^{33}t s u^{31}$

通过对比表 4-1-2 和表 4-1-3，可以看到，卡多话人称代词的宾格形式经过五十一年的变化后，数量减少了。1956 年的卡多话人称代词单数和复数都有宾格形式，而 2007 年的卡多话只有单数有宾格形式，双数和复数都没有。

哈尼语绿春大寨话[①]的人称代词分为单数和复数两种。第一、二人称代词单数有主、宾格的区别，用声调的屈折变化表示：主格是 55 调，宾格是31 调。第三人称代词和第一、二人称代词复数不区分主、宾格。见下表：

---

① 李永燧、王尔松：《哈尼语简志》，民族出版社 1986 年版。

表 4-1-4

数	格	第一人称	第二人称	第三人称
单数	主格	ŋa⁵⁵	no⁵⁵	a³¹jo³¹
	宾格	ŋa³¹	no³¹	
	领格	ŋa³³	no³³	
复数	主格	ŋa⁵⁵du³³咱们，ŋa⁵⁵ja³³我们	no⁵⁵ja³³	a³¹jo³¹ma³¹
	宾格			
	领格			

第一、二人称代词单数做宾语时，必须使用宾格形式，而且在宾格形式后还要加宾语格助词jo⁵⁵。例如：

lɔ³³sᴉ⁵⁵ ŋa³¹　　　　jɔ⁵⁵ me³¹.　　　　　　　老师教我。
老师　我（宾格）（宾助）教

no³¹　　　jɔ⁵⁵ tɕhi³¹ ɣa³¹ tɕho³³ la⁵⁵.　　　有个人来找你。
你（宾格）（宾助）一　个　找　来

（三）基诺语巴朵话

基诺语巴朵话[①]的人称代词分单数、双数和复数。人称代词单数通过声调屈折区分主、宾格。人称代词双数和复数不区分主、宾格。见下表：

表 4-1-5

数	格	第一人称	第二人称	第三人称
单数	主格	ŋo³¹	nʌ³¹	khɣ³¹
	宾格	ŋo³⁵	nʌ³⁵	khɣ³⁵
	双数	a⁴⁴ŋji⁵⁴咱俩，ŋɯ⁵⁴ŋji⁵⁴我俩	nɯ⁵⁴ŋji⁵⁴	a⁴⁴ŋjʌ⁴⁴ŋji⁵⁴/so³¹ŋji⁵⁴/jo³¹ŋji⁵⁴/xjo³¹ŋji⁵⁴/su³¹ŋji⁵⁴
	复数	a⁴⁴ŋu⁵⁴咱们，ŋu⁵⁴ju³³我们	nu⁵⁴ju³³	so³¹ma⁵⁴/jo³¹ma⁵⁴/xjo³¹ma⁵⁴/su³¹ma⁵⁴

人称代词做宾语时，必须后加宾语格助词va⁴⁴。例如：

nʌ³¹ mʌ⁴⁴ pja³¹ jɔ⁴⁴ khjy⁵⁴ vu³¹/⁵⁴ kɤ³³, ŋo³¹ nʌ³¹ va⁴⁴ plo⁴⁴ pja³¹ ɛ³³.
你　不　说　好　会　如果　　我　你（宾助）帮　说　（助）
你如果说不好，我会帮你说。

_____

① 蒋光友：《基诺语参考语法》，中国社会科学出版社2010年版。

lɔ³¹sɿ⁴⁴ a⁴⁴ŋjʌ⁴⁴ŋji⁵⁴ va⁴⁴ phi⁴⁴phi³¹ mɤ³³.　　　　　老师批评了他俩。
老师　　他俩　　（宾助）批　评　（助）

人称代词单数做宾语时，采用以下两种形式均可：一是用主格形式加宾语格助词，二是用宾格形式。例如"他打了我。"一句：

khɤ³¹ ŋo³¹ va⁴⁴ tʃɯ⁵⁴ nɛ³³.
他　我（宾助）打　（助）
khɤ³¹ ŋo³⁵　　　tʃɯ⁵⁴ nɛ³³.
他　我（宾格）打　（助）

（四）载瓦语

载瓦语①的人称代词分为单数、双数和复数三种。第一、二人称代词单数区分主、宾格，用声调的屈折变化表示：主格是 51 调，宾格是 21 调。第三人称代词和第一、二人称代词的双数和复数不区分主、宾格。见下表：

表 4-1-6

数	格	第一人称	第二人称	第三人称
单数	主格	ŋo⁵¹	naŋ⁵¹	jaŋ²¹
	宾格	ŋo²¹	naŋ²¹	
	领格	ŋa⁵⁵	naŋ⁵⁵	
双数		ŋa⁵⁵ni̠ k⁵⁵我俩，i⁵⁵ni̠ k⁵⁵咱俩	nuŋ⁵⁵ni̠ k⁵⁵	jaŋ⁵⁵ni̠ k⁵⁵
复数		ŋa⁵⁵moʔ⁵⁵我们，i⁵⁵nṳŋ⁵⁵、ŋa⁵⁵nṳŋ⁵⁵咱们	nuŋ⁵⁵moʔ⁵⁵	jaŋ⁵⁵moʔ⁵⁵

载瓦语的人称代词做宾语时，要加宾语格助词ʒĕ⁵⁵或lĕ⁵⁵。例如：

ŋo⁵¹ jaŋ²¹ ʒĕ⁵⁵ vut²¹ le⁵¹.　　　　　　　他叫我。
我　他（宾助）叫　（助）
lă²¹kam⁵⁵ nuŋ⁵⁵ni̠ k⁵⁵ ʒĕ⁵⁵ kĕ²¹ʒum⁵⁵ ʒa⁵¹.　　勒干要帮助你俩。
勒干　你俩　（宾助）帮助　（将行体）

① 徐悉艰、徐桂珍：《景颇族语言简志（载瓦语）》，民族出版社 1984 年版。

ŋo⁵¹　jaŋ²¹　lě⁵⁵　tai²¹kjo̧²¹　pe⁵¹.　　　　　　　我告诉他了。
我　　他　（宾助）告诉　　（已行体）
khě⁵⁵ŋji⁵⁵　jaŋ⁵⁵moʔ⁵⁵　lě⁵⁵　tʃi⁵¹　ʒa⁵¹.　　　今天要邀请他们。
今天　　　他们　　（宾助）邀请（将行体）

第一、二人称代词单数作宾语时，不仅要使用宾格形式，还要加宾语格助词ʒě⁵⁵或者lě⁵⁵。例如：

ŋo²¹　　　　　lě⁵⁵　vut²¹　pe⁵¹.　　　　　　　叫我了。
我（宾格）（宾助）叫（已行体）
sǎ⁵⁵pe⁵⁵　eʔ²¹　ŋo²¹　　　ʒě⁵⁵　tai²¹kjo̧²¹　ko̧⁵¹　e⁵⁵　ŋu̧ t⁵⁵　le⁵¹.
别人　（主助）我（宾格）（宾助）告诉　　（助）　的　是　（一般体）
是别人告诉我的。

二　用声调屈折和元音屈折区分人称代词的主、宾格

（一）基诺语巴亚话

基诺语巴亚话[①]人称代词分为单数、双数和复数三种。人称代词单数有主、宾格的区分，用声调和元音的屈折变化表示：主格是 42 调，宾格是 35 调；第二人称代词单数的宾格形式的元音由ə变为ɑ。见下表：

表 4-1-7

数	格	第一人称	第二人称	第三人称
单数	主格	ŋə⁴²	nə⁴²	khə⁴²
	宾格	ŋo³⁵	na³⁵	khə³⁵
双数		a³³ŋ̍⁵⁵	ni⁵⁵ŋ̍⁵⁵	zo⁴²ŋ̍⁵⁵, khə⁴²ŋ̍⁵⁵
复数		ŋa⁵⁵vu³³我们, ŋu⁵⁵vu³³咱们	ni⁵⁵vu³³	zo⁴²m̩a⁵⁵, khə⁴²m̩a⁵⁵

《基诺语简志》认为，人称代词的双数和复数也区分主、宾格。见下表：

表 4-1-8

数	格	第一人称	第二人称	第三人称
双数	主格	a³³ŋ̍⁵⁵	ni⁵⁵ŋ̍⁵⁵	zo⁴²ŋ̍⁵⁵, khə⁴²ŋ̍⁵⁵
	宾格	a³³ŋ̍⁵⁵na³³	ni⁵⁵ŋ̍⁵⁵na³³	zo⁴²ŋ̍⁵⁵na³³, khə⁴²ŋ̍⁵⁵na³³

[①]　盖兴之：《基诺语简志》，民族出版社 1986 年版。

续表

数	格	第一人称	第二人称	第三人称
复数	主格	ŋa⁵⁵vu³³我们， ŋu⁵⁵vu³³咱们	ni⁵⁵vu³³	zo⁴²m̥a⁵⁵，khə⁴²m̥a⁵⁵
	宾格	ŋa⁵⁵vu³³a³³我们， ŋu⁵⁵vu³³a³³咱们	ni⁵⁵vu³³a³³	zo⁴²m̥a⁵⁵a³³，khə⁴²m̥a⁵⁵a³³

我们认为，上表中的人称代词双数、复数所谓的"宾格形式"都不属于语音内部屈折。人称代词双数的"宾格"形式实为人称代词加宾语格助词a³³后，a³³被最末一个音节ņ⁵⁵同化为na³³。人称代词复数的"宾格"形式实为人称代词加上宾语格助词a³³形成的。这两种形式都是人称代词加上宾语格助词a³³形成的，属于分析式。

基诺语人称代词单数的宾格形式后，宾语格助词a³³可加，也可不加。例如：

khə⁴² ŋo³⁵	（a³³） tɤ⁴⁴.		他打我。
他　我（宾格）（宾助）打			
ŋo⁴² khə³⁵	（a³³） tɤ⁴⁴.		我打他。
我　他（宾格）（宾助）打			
ŋo⁴² khə³⁵	mɔ⁴⁴ thu⁴⁴le³³ɛ.		我不同意他。
我　他（宾格）不　同意			

（二）哈尼语碧约话

哈尼语碧约话[①]的人称代词单数区分主、宾格，用声调和元音的屈折表示。声调屈折形式表现在：第一、二人称的主格是 55 调，宾格是 35 调，第三人称的第二音节从 31 调变为 35 调。元音屈折形式表现在：第一人称的元音从 a 变为 o，第二人称的元音从 v 变为 o。人称代词复数没有宾格形式。见下表：

表 4-1-9

格	第一人称	第二人称	第三人称
主格	ŋa⁵⁵	nv⁵⁵	ji³¹kho³¹
宾格	ŋo³⁵	no³⁵	ji³¹kho³⁵
领格	ŋo³³	no³³	ji³¹kho³³

---

① 哈尼语碧约话的语料系戴庆厦教授 1956 年调查所得。

（三）史兴语

史兴语[①]的人称代词可分为单数、双数、多数和群体四种。人称代词单数区分主、宾格，用声调屈折和元音屈折表示[②]：主格是 55 调或 53 调，宾格是 33 调；宾格形式的第一人称单数的元音由ɜ变为a，宾格形式的第三人称单数的元音由i变为ɜ。人称代词双数、多数和群体不区分主、宾格。见下表：

表 4-1-10

数	格	第一人称	第二人称	第三人称
单数	主 格	ŋɜ^{55}	ni^{55}	thi^{53}
	宾 格	ŋa^{33}	ni^{33}	thɜ^{33}
	领 格	ŋɜ^{33}	ni^{33}	thi^{33}
双 数		ŋa^{55}tsɿ^{55}我俩，ɦõ^{33}tsɿ^{55}咱俩	ni^{55}tsɿ^{55}	thɜ^{55}tsɿ^{55}
多 数		ŋa^{55}rɜ̃^{55}我们，ɦõ^{33}rɜ̃^{55}咱们	ni^{55}rɜ̃^{55}	thɜ^{55}rɜ̃^{55}
群 体		ŋa^{33}wu^{55}我们，ɦõ^{33}wu^{55}咱们	ni^{33}wu^{55}	thu^{33}wu^{55}（thi^{33}wu^{55}）

史兴语人称代词做宾语时，要加宾语格助词sɿ^{55}。人称代词单数还要使用宾格形式。例如：

thi^{53}　ŋa^{33}　　　　sɿ^{55}　dzua^{35}tɕæ^{53}.　　　　　　他打我了。
他　　我（宾格）（宾助）打（后加）
ni^{55}　thɜ^{33}　　　　sɿ^{55}　tha^{33}ʁa^{55}!　　　　　　你别打他！
你　　他（宾格）（宾助）别　打

三　用元音屈折和辅音屈折区分人称代词主、宾格

羌语桃坪话[③]的人称代词分为单数、双数和复数三种。第一、二人称代词的单数用元音、辅音的屈折变化区分主、宾格。第三人称和第一、二人称代词的双数、复数不区分主、宾格。见下表：

---

① 戴庆厦、黄布凡等：《藏缅语十五种》，北京燕山出版社 1991 年版。

② 原文称还使用了辅音的屈折变化区别主、宾格，但文中没有提供例证。

③ 孙宏开：《羌语简志》，民族出版社 1981 年版。

表 4-1-11

数	格	第一人称	第二人称	第三人称
单数	主格	ŋɑ^{55}	no^{55}	tsa^{55}lə^{55}，tha^{55}lə^{55}
	宾格	qɑ^{55}	kuə^{55}	
	领格	qɑ^{55}qo^{55}	ko^{55}	
双数		tsuŋ^{13}tʃi^{33}咱俩，qɑŋ^{13}tʃi^{33}我俩	kuəŋ^{13}tʃi^{33}	than^{55}tʃi^{55}
复数		tsuɑ^{31}thyɑ^{55}咱们，qɑ^{31}thyɑ^{55}我们	kuə^{31}thyɑ^{55}	tha^{55}xuɑ^{55}

　　羌语桃坪话的人称代词做宾语时，要加宾语格助词 zie^{33}。第一、二人称代词单数还要使用宾格形式。例如：

tha^{55}lə^{55}　qɑ^{55}　　　　zie^{33}　phei^{55}phiŋ^{21}pu^{51}i^{21}.　　他批评我了。
他　　　我（宾格）（宾助）批　评（后缀）
mə^{33}χu^{33}　kuə^{55}　　　zie^{33}　yan^{21}liɑŋ^{55}pu^{33}.　　群众会原谅你。
别人　　你（宾格）（宾助）原　谅

　　还要区分一种表面上看似辅音屈折手段表示宾格形式的现象，实质上是语音同化的结果。比如，珞巴语[①]的人称代词做宾语时，要加宾语格助词 fiam。fiam 与前面的人称代词产生合音，形成所谓的"宾格形式"。见下表：

表 4-1-12

数	格	第一人称	第二人称	第三人称
单数	主格	ŋo:	no:	ko:
	宾格	ŋom（ŋo:+fiam）	nom（no:+fiam）	kom（ko:+fiam）
复数	主格	ŋo:lu	məluno:，məno:	məlu
	宾格	ŋo:lum（ŋo:lu+fiam）	mənom（məno:+fiam）	məlum（məlu+fiam）

　　由于合音而形成的音变与人称代词的宾格形式恰巧重合在一起，容易让人误以为语音屈折是人称代词宾格的语音表现形式。之所以会发生合音，一个主要的原因是人称代词和宾语格助词经常结合在一起，并且高频率地使用。长此以往，语言可能将这种语音变异固化下来。

---

① 欧阳觉亚：《珞巴族语言简志》，民族出版社 1985 年版。

第二节　名词的宾格形式

藏缅语中，只有基诺语的名词区分主、宾格，用声调屈折表示。基诺语[1]的巴亚话和补远话的名词宾格在语法形式上存在差异。巴亚话屈折形式日渐减少，多采用宾语格助词，而补远话则比较完整地保存了声调屈折。巴亚话名词宾格形式的声调是 35 调，补远话是 13 调。

一　有生命名词的宾格形式

有生命的名词做宾语时，巴亚话部分地采用声调屈折表示宾格，其他有生命名词则用加宾语格助词的形式表示，而补远话则全部用声调屈折表示。例如：

巴亚话

lɔ⁴⁴mɔ³³/³⁵ tɤ⁴⁴	打老虎	ŋa⁴²zɔ⁴⁴/³⁵ pə⁴²	打鸟
老虎　　打		鸟　　　　打	
tshe³³ ɑ³³ pə⁴²	打马鹿	ŋɔ⁴⁴ʃɔ⁴⁴ ɑ³³ pə⁴²	（用枪）打鱼
鹿 （宾助）打		鱼 （宾助）打	

补远话

lɔ⁴⁴mɔ³³/¹³ pə¹¹	打老虎	ŋa⁴²zɔ³³/¹³ pə¹¹	打鸟
老虎　　打		鸟　　　打	
tɕhi¹¹/¹³ pə¹¹	打马鹿	ŋɯ³³tɯ³¹/¹³ pə¹¹	（用枪）打鱼
鹿　　打		鱼　　　打	

二　无生命名词的宾格形式

本书第二章第二节说过，无生命名词宾语后的标记，起凸显宾语焦点的语用功能。在巴亚话和补远话中，无生命名词作宾语时，也要加凸显焦点的语用标记，在形式上有差别：巴亚话一般采用加宾语格助词，补远话则基本上使用声调屈折。例如：

巴亚话

| vu⁴⁴tsho⁴⁴ ɑ³³ pə⁴² zɔ³³ fɑ⁴⁴. | （用枪）打中了帽子。 |
| 帽子 （宾助）打 中（语助） | |

---

[1] 盖兴之：《基诺语简志》，民族出版社 1986 年版。

la⁵⁵pu⁴⁴ ɑ³³ pə⁴² zə³³ fɑ⁴⁴.　　　（用枪）打中了手。
手　（宾助）打　中（语助）

补远话
vu⁴⁴tshu⁴⁴/¹³ pə¹¹ nu³³ lɔ³³.　　　（用枪）打中了帽子。
帽子　　　　打　中（语助）
la⁵⁵pu⁴⁴/¹³ pə¹¹ nu³³ lɔ³³.　　　（用枪）打中了手。
手　　　　打　中（语助）

可见，语音屈折在基诺语巴亚话中只是残存留状态，而在补远话中保留得比较完整；而宾语格助词在巴亚话中普遍使用，补远话由于公开刊布的语料有限，我们没有见到使用宾语格助词的例句。

第三节　小结

以上我们对藏缅语人称代词和名词宾格形式进行了描写，现在来做一个分析和小结。

一　语音屈折形式在人称代词中的分布

语音屈折是一种比较古老的语法手段，但现今大多数藏缅语已不再使用它来区分主、宾格，只在桑孔语、哈尼语等少数几个语言还有残留。用来区分主、宾格的语音屈折有声调、元音和辅音屈折三种形式。见下表：

表 4-3-1

词类	序号	语　言	声调屈折	元音屈折	辅音屈折
人称代词	1	桑孔语	+	−	−
	2	哈尼语卡多话（1956 年）	+	−	−
	3	哈尼语墨江卡多话（2007 年）	+	−	−
	4	哈尼语绿春大寨话	+	−	−
	5	基诺语巴朵话	+	−	−
	6	载瓦语	+	−	−
	7	基诺语巴亚话	+	+	−
	8	哈尼语碧约话	+	+	−

续表

词类	序号	语　言	声调屈折	元音屈折	辅音屈折
人称代词	9	史兴语	+	+	−
	10	羌语桃坪话	−	+	+
名词	11	基诺语巴亚话	+	−	−
	12	基诺语补远话	+	−	−

从上表可以看出：

1. 在三种屈折形式中，采用声调屈折的语言最多，其次是元音屈折，辅音屈折最少，只有一种语言保留了这种形式。

2. 从词类来看，人称代词保留宾格形式的语言（含方言和土语）相对较多，有9种，而名词较少，只有2种。

3. 用语音屈折手段来表达人称代词、名词的宾格形式，是形态丰富的古藏缅语的一个特点。在现阶段，语音屈折这种形态手段仅在11种藏缅语中有留存。这当中，以分析性为主的语言（有9种）要多于以形态变化为主的语言（有2种），出现语法手段与语言类型不一致的局面。

二　人称代词宾格形式的共时分布和历时演变

在共时状态下，人称代词宾格形式在藏缅语中有三种不同的分布：

1. 有人称代词宾格形式并能独立标记宾语：基诺语巴朵话和巴亚话第一、二人称人称代词单数

2. 有人称代词宾格形式，与宾语格助词配合使用：桑孔语、哈尼语卡多话（2007年）、哈尼语绿春大寨话、载瓦语、史兴语、羌语桃坪话第一、二人称代词单数以及哈尼语碧约话、史兴语第一、二、三人称代词单数

3. 没有人称代词宾格形式，使用宾语格助词：

（1）桑孔语、哈尼语卡多话（2007年）、哈尼语绿春大寨话、载瓦语、史兴语、羌语桃坪话第三人称代词单数以及第一、二人称双数和复数，哈尼语碧约话、史兴语第一、二、三人称代词复数

（2）彝语支的纳西语、傈僳语、拉祜语拉祜纳方言勐朗话和富邦话、拉祜语苦聪话、桑孔语、哈尼语绿春大寨话和老马话、哈尼语西摩洛话、泰国阿卡语、柔若语、怒苏语、毕苏语，缅语支的阿昌语陇川话和梁河话、载瓦语、波拉语、仙岛语、勒期语、浪速语，景颇语支的景颇语、阿侬语、格曼语、独龙语，羌语支的羌语桃坪话和麻窝话、普米箐花话和桃巴话、扎坝语、却域语、木雅语、尔苏语、纳木义语，藏语支的藏语、门巴语、

仓洛语，语支未定的有苏龙语、白语大理话、剑川话和赵庄话、珞巴语、义都语

从共时状态来看，宾语格助词比语音屈折使用更普遍，作用也更重要。但不可否认的是，语音屈折在历史上曾经是一种独立的宾语标记，基诺语巴朵话和巴亚话就是很好的例证。语音屈折和宾语格助词共现、配合使用，是宾语标记从语音屈折阶段过渡到宾语格助词阶段的表现形式，也是语音屈折从独立标记形式过渡到附属形式的表现。多数语言没有宾格形式、使用宾语格助词是人称代词宾语标记发展到现阶段的共性特点。所以，人称代词宾格形式共时状态的差异反映历时演变的三个阶段，勾勒出人称代词宾语标记发展演变的轨迹：语音屈折——语音屈折和宾语格助词并存——宾语格助词。

三　语音屈折和宾语格助词的比较

人称代词、名词通过语音屈折构成宾格形式，和主格形式区分开来，因此，语音屈折也是一种标记宾语的句法手段。语音屈折与宾语格助词在形式和功能上都有区别：

1. 语音屈折是以词汇内部语音变化的形式出现，即声调、元音和辅音的屈折变化，而宾语格助词是以词汇的形式出现，表现为附加一个虚词来区分主、宾语。

2. 虽然都能标记宾语，但语音屈折是一种附属的标记，宾语格助词是独立的标记。宾格形式可以独立做宾语的语言只有基诺语巴朵话和巴亚话，其他语言的宾格形式做宾语时，必须后加宾语格助词。基诺语巴朵话和巴亚话也不是所有人称代词区分主、宾格，只有人称代词单数有宾格形式。这说明，在绝大多数语言中语音屈折已基本上不能独立标记宾语，只能算作一种附属的宾语标记。宾语格助词则是一种独立的、直接的宾语标记，大多数藏缅语都在使用。可见，语音屈折和宾语格助词虽然都是宾语标记，但在藏缅语中的地位是不同的。

四　不同人称代词的宾格形式有差异

藏缅语的人称代词包括第一、第二和第三人称。不是三种人称代词都有宾格形式。见下表：

表 4-3-2

序号	语言	第一人称	第二人称	第三人称
1	桑孔语	+	+	−
2	哈尼语卡多话（1956 年）	+	+	+
3	哈尼语墨江卡多话（2007 年）	+	+	−
4	哈尼语绿春大寨话	+	+	−
5	基诺语巴朵话	+	+	+
6	载瓦语	+	+	−
7	基诺语巴亚话	+	+	+
8	哈尼语碧约话	+	+	+
9	史兴语	+	+	+
10	羌语桃坪话	+	+	−

从上表可以看出，第一、二人称都有宾格形式，只有部分语言的第三人称有宾格形式。也就是说，第一、二人称代词做宾语时，比第三人称代词更需要标记。

五　数范畴对人称代词的宾格形式有影响

数范畴是数量形式在语法上的反映，在人称代词上体现为单数、双数、复数等意义。不是每种数范畴的人称代词都有宾格形式。见下表：

表 4-3-3

序号	语言	单数	双数	复数
1	桑孔语	+	−	−
2	哈尼语卡多话（1956 年）	+	−	+
3	哈尼语卡多话（2007 年）	+	−	−
4	哈尼语绿春大寨话	+	−	−
5	哈尼语碧约话	+	−	−
6	基诺语巴朵话	+	−	−
7	基诺语巴亚话	+	−	−
8	载瓦语	+	−	−
9	史兴语	+	−	−
10	羌语桃坪话	+	−	−

从上表可以看出,人称代词单数都有宾格形式;人称代词复数只有1956年调查的哈尼语卡多话有宾格形式,其他均没有;人称代词双数没有宾格形式。这表明人称代词单数做宾语时,比复数和双数更需要标记。

六　宾格形式在句中的语序较灵活

藏缅语的基本语序是 SOV,各项句法成分都相对固定。使用语音屈折手段表示的宾格形式,在句中的语序具有灵活性。比如,基诺语[①]第三人称人称代词单数"他"的主格形式是khə^{42},宾格形式是khə^{35},无论khə^{35}出现SOV、OSV 和 SVO 三种不同语序中的哪一个位置,都只能做宾语,不会引起歧义。这时,宾格形式后可不加宾语格助词ɑ^{33}。例如:

我不同意他。

(1) ŋɔ^{42}　　　　khə^{35}　　　　mɔ^{44} thu^{44}le^{33} ɛ.
　　我(主格)他(宾格)不　同意

(2) khə^{35}　　　　ŋɔ^{42}　　　　mɔ^{44} thu^{44}le^{33} ɛ.
　　他(宾格)我(主格)不　同意

(3) ŋɔ^{42}　　　　mɔ^{44} thu^{44}le^{33} ɛ khə^{35}.
　　我(主格)不　同意　　　他(宾格)

他打我。

(1) ŋɔ^{35}　　　　khə^{42}　　　tɤ^{44}.
　　我(宾格)他(主格)打

(2) khə^{35}　　　　ŋɔ^{42}　　　tɤ^{44}.
　　他(宾格)我(主格)打

(3) nə^{42}　　　　mɔ^{44} the^{42} tshɯ^{55} ɛ khə^{35}.
　　你(主格)不　告诉 应该　他(宾格)

对于完全使用语音屈折手段标记人称代词宾语的语言来说,语序比较自由,所以,语音屈折比语序要更为重要。然而在大多数藏缅语中,语音屈折的手段已经消失,即使保留了语音屈折形式的语言,也只是残存状态。藏缅语已转而主要依赖语序和宾语格助词等分析性手段区分主、宾语。所以在现在的藏缅语中,语序的作用要比语音屈折重要得多。

---

① 盖兴之:《基诺语简志》,民族出版社 1986 年版。

第五章 宾语的语序[①]

和宾语格助词、动词形态变化、句尾词以及人称代词和名词语音屈折一样，语序也是藏缅语的一种宾语标记。语序主要是指语言单位组合时的线性排列次序。语言单位有上位和下位之分，所以语序的概念相应地有广义和狭义的区别。广义的语序是指上位的语言单位的次序，包括主语、动词和宾语之间的顺序、疑问词的位置、形容词比较结构等；狭义的语序指下位语言单位之间的次序，包括名词短语的语序（比如领属格和名词、形容词和名词、指示代词和名词、数量词和名词等）、动词短语的语序（比如副词和动词、助动词和动词、否定词和动词等）等。[②]本章主要讨论广义的"语序"，即小句主要成分宾语和主语、动词之间的相对次序。

类型学研究认为，主语、动词、宾语的线性排列在逻辑上有六种可能的类型，即 SOV、SVO、VSO、VOS、OVS 和 OSV。汤姆林（Tomlin 1986）在对 402 种语言的基本语序进行统计后，认为世界上绝大多数语言的基本语序都是 SOV 和 SVO。见下表：

表 5-1

语 序	数量	比例（%）
SOV	180	45
SVO	168	42
VSO	37	9
VOS	12	3
OVS	5	1
OSV	0	0[③]
合 计	402	100

---

① 类型学研究中一般称为"词序"（word order），但传统汉藏语研究称"语序"。为了遵从研究习惯，本章称"语序"。

② 黄成龙：《羌语名词短语的词序》，《中国民族语言文学研究论集》，民族出版社 2004 年版。

③ 伯纳德·科姆里（1989：39）指出，"基本词序为 OSV 的语言如果有的话我们还在期待对它的详细描写，虽然初步迹象表明亚马逊地区的一些语言确以 OSV 作为基本语序。"Whaley（1997：80）提到已经发现 OSV 词序。

对于 SVO 语序和 SOV 语序究竟哪一种是基本语序，学术界一直论争很激烈。表层结构类型学家倾向于选择主要小句的语序作为基本语序，而转换生成语法学家倾向于选择从属小句的语序作为基本语序。这可能是由于不同的语法体系分裂造成的。[①]从共时来看，藏缅语使用 SVO 语序的句子所占比例非常小，而且 SVO 语序比 SOV 语序受到更多的条件制约。所以，我们认为 SVO 语序不是大多数藏缅语的基本语序，而是 SOV 语序的变式。

在我们统计的 56 种藏缅语中，在共时状态下存在 4 种语序，即 SOV、SVO、OSV 和 OVS。其中，以 SOV 为基本语序的语言有 54 种，占到总数的 96.4%；只有克伦语和白语的基本语序是 SVO 型，占总数的 3.6%。OSV、OVS 以及 SVO 语序的大部分是藏缅语基本语序的变式。

第一节　基本语序中的宾语

基本语序具有相对的稳定性，也称"优势语序"。在共时状态下，藏缅语的基本语序大多数是 SOV 语序，具有类型学的共性特征。克伦语和部分白语句子的基本语序是 SVO 语序。本节的讨论只涉及到共时状态下语序的表层类型学结构，至于原始藏缅语的基本语序是 SOV 还是 SVO 以及语序结构历时转换等问题不作探讨。

一　SOV 语序

以 SOV 语序作为宾语标记的语言，默认主语的常规位置是句首位，宾语的常规位置是动词前、主语后的位置。主语和宾语都位于动词前，主语又在宾语前。在与动词距离的远近上，主语距离较远，宾语较近。通过句子成分在句中的线性排列次序，就可区分主、宾语。

SOV 语序是大多数藏缅语最基本、使用频率最高的宾语标记。就单一句子来说，语序可以独立承担区分主、宾语的功能，不需要添加别的主、宾语标记。例如：

傈僳语[②]

za^{31}ne^{33}　ɑ^{55}n̠i^{31}　ɑ^{55}tʃ^{35}　do^{33}.　　　　　　　孩子吃牛奶。

孩子　　牛　　奶　　吃

---

① 伯纳德·科姆里：《语言共性和语义类型》，华夏出版社 1989 年版。

② 徐琳、木玉璋等：《傈僳语简志》，民族出版社 1986 年版。

载瓦语①

lo²¹　khui²¹　ŋat²¹　sat⁵⁵　pe⁵¹.　　　　　　豹子咬死了狗。
豹子　狗　　咬　　杀（已行体）

独龙语②

ă ŋ⁵³　li⁵³si⁵⁵kă t⁵⁵　sɯ³¹lă p⁵⁵ɕɯ³¹　so⁵⁵.　他学会了傈僳话。
他　　傈僳话　　　学习　　　　会

史兴语③

ŋʒ⁵⁵　sĩ⁵⁵　ti⁵⁵　　sı³³.　　　　　　　　我砍柴了。
我　柴　砍（已行体）

藏语④

ŋa¹²　phøʔ¹²jiʔ¹²　ləp⁵⁴ki⁵⁴　jøʔ¹².　　　我在学藏文。
我　藏文　　　学　（现行时）

　　就单一语言来说，目前还没有发现哪一种藏缅语把 SOV 语序作为区分主、宾语的惟一的句法手段。藏缅语在使用语序手段区分主、宾语的同时，还要使用一种或多种其他宾语标记。据我们所掌握的材料，藏缅语 SOV 语序与其他宾语标记的配合关系有以下几种：
　　1. SOV 语序与宾语格助词并用
　　　属于这一类的是彝、缅语支语言。宾语格助词的使用要遵循"生命度原则"，即：当宾语是无生命名词时，一般不用宾语格助词；当宾语是有生命名词时，加不加宾语格助词取决于主、宾语生命度差值的大小。（详见第二章第四节）
　　2. SOV 语序与动词的形态变化并用
　　　属于这一类的是羌语支、景颇语支语言。动词用附加词缀、语音屈折的形态变化表示与主语或宾语人称、数的一致关系。主语、宾语有时可以省略。有的语言还有宾语格助词，形成 SOV 语序与动词的形态变化、宾语格助词并用的局面。（详见第三章第三节）

---

① 徐悉艰、徐桂珍：《景颇族语言简志（载瓦语）》，民族出版社 1984 年版。
② 孙宏开：《独龙语简志》，民族出版社 1982 年版。
③ 戴庆厦、黄布凡等：《藏缅语十五种》，北京燕山出版社 1991 年版。
④ 金鹏：《藏语简志》，民族出版社 1983 年版。

3. SOV 语序与句尾词、宾语格助词并用

属于这一类的是缅语支、景颇语支语言。句尾词是一种兼有分析性和屈折性特点的句法手段，表示动词与主语或宾语人称、数的一致关系。（详见第三章第二节）

4. SOV 语序与名词、代词宾格形式以及宾语格助词并用

属于这一类的有桑孔语、载瓦语、基诺语、哈尼语、史兴语以及羌语等。名、代词主要用语音内部屈折方式表示宾格形式，宾格形式后可加宾语格助词。（详见第四章）

二　SVO 语序

SVO 语言没有主、宾语格助词，也不依赖形态和形态变化表达不同的语法意义，语序是区分主、宾语的句法手段。SVO 语言的主要句法成分的常规位置是：动词居中，主语和宾语分别位于左右两边，动词左是主语，动词右是宾语。

在不同语言中，SVO 语序的地位和作用也不同。有的语言以 SVO 为基本语序，而有的语言的 SVO 语序是 SOV 语序的变式。本节主要讨论以 SVO 为基本语序的语言，包括克伦语和白语两种。

（一）克伦语

克伦语的基本语序是 SVO，主语、宾语分布在动词左、右两侧。克伦语没有主、宾语格助词，如果主、宾语在句中的位置发生改变，句子意思也会发生相应变化。例如：

je^{33} pa^{31} do̥^{55} ja^{33}.　　　　　　　　我爸爸打我。
我的爸　打　我
jǎ^{33} ɔ^{31} ŋa^{31}, nǎ^{33} ɔ^{31} a^{31}ŋa^{31}.　　　　我吃鱼，你吃肉。
我　吃鱼　你　吃肉

SVO 语序是克伦语宾语惟一的句法标记。主语的标记除了语序以外，还有动词的前缀。克伦语在表达动词的人称范畴时，采用附加前缀的方式来指示主语的人称和数。由于动词前缀的指示作用，当主语是第一、二人称时，经常可以省略。例如①：

---

① 戴庆厦、黄布凡等：《藏缅语十五种》，北京燕山出版社 1991 年版。

(ja³³)　jǎ³³ɔ³¹　　　me³³.　　　　　　　　　　我吃饭。

我　（主1，单）吃 饭

(na³³)　nǎ³³he⁵⁵　so³¹　lɔ³³　i⁵⁵θa³¹.　　　　你把盐巴拿下来。

你　（主2，单）来 拿 下 盐巴

　　克伦语缺少形态变化，是一种以分析性手段为主的语言，而动词人称范畴用在动词前附加词缀的方式表示，则是一种形态手段。分析性手段与形态手段并用，是克伦语一个比较独特的现象。

　　（二）白语

　　白语与汉语长期接触，是受汉语影响较深的藏缅语之一。白语的基本语序是 SOV 还是 SVO，学术界争议很大，没有定论。从共时状态来看，SVO语序在部分白语句子中已经比较稳定，有相当一部分白语句子只使用 SVO语序，而不用 SOV 语序。所以，我们认为部分白语句子的基本语序是 SVO。例如[①]：

ŋa⁵⁵　ma²¹　khɯ³³nɯ⁵⁵no³³　tsẽ²¹.　　　　　我们正在拔秧。

我们 拔 着　　　　　秧

a⁵⁵mi⁵⁵　jɯ⁴⁴　sʏ³³.　　　　　　　　　　　猫吃老鼠。

猫　　 吃 鼠

　　SVO 语序是白语宾语最重要的句法标记。此外，有的人称代词做宾语时，还要后加宾语格助词，所以格助词也是白语宾语标记之一。例如[②]：

ŋɔ³³　tɕa³³　pɯ⁵⁵　mɯ⁵⁵　lɔ⁴².　　　　　　我跟他说了。

我 讲 他 （宾助）了

khua⁴⁴　tɯ²¹　ŋa⁴⁴　ki³⁵　pɯ⁵⁵　nɔ⁴⁴　xɔ⁵⁵.　　狗咬了他。

狗　 只 咬 在 他（宾助）了

第二节　宾语语序的灵活性

　　上文讲过，藏缅语中存在四种语序，即 SOV、SVO、OSV 和 OVS。藏缅语以 SOV 为基本语序，但宾语的位置并不是一成不变的。受语用和语义

---

① 徐琳、赵衍荪：《白语简志》，民族出版社 1984 年版。

② 赵燕珍：《赵庄白语参考语法》，中国社会科学出版社 2012 年版。

等因素的影响，宾语可以前后移位，形成 SVO、OSV、OVS 等语序变式。可见，藏缅语宾语语序具有一定的灵活性。

一 SVO 语序

大多数藏缅语的基本语序是 SOV。由于受汉语的影响，有的语言出现了 SVO 语序变式，但 SVO 语序属句法结构"临时性"的改变，在语法系统中还没有稳固下来。出现 SVO 语序变式的原因很复杂，目前能看出来的主要有两方面的因素：

（一）语言本体内部因素

基诺语[①]的基本语序是 SOV。名词或人称代词做宾语时，要使用宾格形式。主、宾格形式主要是用声调、元音屈折的手段区分。（详见第四章第二节）使用主、宾格形式的句子，语序相对灵活，宾语可以从动词前移至动词后，形成 SVO 语序。例如：

ηo^{42}　$\underset{\circ}{\eta} o^{42}$　to^{44}　ε　na^{35}.　　　　　　我听你的。

我　　听　（助）　你（宾格）

no^{42}　mo^{44}　the^{42}　$tsh\mu^{55}$　ε　kho^{35}.　　　你不应该告诉他。

你　不　告诉　应该　　他（宾格）

基诺语 SVO 语序的形成主要是由于语音的屈折变化。这是语言内部的制约因素。此外，基诺语和汉语接触，从而受到汉语语序的影响，可能是 SVO 语序出现的外部因素。

（二）语言接触和语言影响等外部因素

语言接触和语言影响在语言演变过程中具有普遍性。语言影响是相互的。一般说来，强势语言对弱势语言的影响要大于弱势语言对强势语言的影响。在毕苏语、阿昌语、苏龙语和土家语仙仁话等藏缅语中，有的句子从 SOV 语序转换成 SVO 语序，主要是受汉语语序的深度影响。SVO 语序在语言中还不占优势，也不太稳固。与语序转换相伴随的一个语法现象是宾语格助词、名物化助词等标记的丢失。

藏缅语 SVO 语序的句子中，动词一般是非自主的感观、知晓类动词，比如"看见"、"听见"、"知道"等；或是主张、陈述类动词，比如"认为"、"建议"等；或是趋向动词，比如"去"等。例如：

---

① 盖兴之：《基诺语简志》，民族出版社 1986 年版。

苏龙语①

goh⁵⁵ ba³¹ dat⁵⁵ var⁵⁵ a³¹kar⁵⁵ da³¹ tɕhe⁵⁵pat⁵³.　　我没见过他哥哥的砍刀。
我　没　见　他　哥哥　（助）砍刀

goh⁵⁵ dat⁵⁵ aŋ³³pru⁵³ ba³¹ pru⁵³ ka³¹tɕe⁵⁵.　　　我知道肯定不会下雨。
我　知道　雨　　不　下　（语气）

毕苏语②

ga³³ ba³¹ fu³³ mjaŋ⁵⁵ lan⁵⁵.　　　　　　　我没有看见斧子。
我　没　看　见　　斧子

ga³³ le³³ mjaŋ⁵⁵ naŋ³³ ʐum⁵⁵.　　　　　我去过你家。
我　去　过　　你　家

　　　SVO 语序的句子中，宾语多是从属小句或谓词性成分。例如：

毕苏语③

ga³³ na⁵⁵kja³¹ khɯ³¹ bɯŋ⁵⁵ ne⁵⁵sɿ³³.　　　我听见狗在叫。
我　听见　狗　叫　（助）

a³¹ba³³ fu³³mjaŋ⁵⁵ ʐaŋ³³ ʐa³¹ uŋ⁵⁵ ne⁵⁵.　　妈妈看见他孩子哭了。
妈妈　看见　　他　孩子　哭　（助）

苏龙语④

na⁵⁵ mi⁵⁵ ɟe³³ na⁵⁵ da³¹ ɕi⁵⁵ tɕe³³ ha⁵⁵ ta³¹ ɣah⁵⁵?
你　认为（助）你　（助）巴麦牛（助）谁　（助）偷
你认为谁偷走了你的巴麦牛？

goh⁵⁵ ɣaŋ⁵⁵ var⁵⁵ ɟe³³ san³³łin⁵⁵ la³³ wu⁵⁵ kɯn³³ łuit⁵³.
我　听　他　（助）三　林　（助）来　那样　说
我听说他来过三林。

阿昌语⑤

nuaŋ⁵⁵ ka⁵⁵ ŋo⁵⁵ pi⁵⁵ xot⁵⁵ sɿ⁵⁵ le³¹?　　　你叫我做什么？
你　　叫　我　什么　做　（助）（助）

---

① ④ 李大勤：《苏龙语研究》，民族出版社 2004 年版。
② ③ 徐世璇：《毕苏语研究》，上海远东出版社 1998 年版。
⑤ 袁焱：《阿昌语的述宾结构》，《民族语文》，2002 年第 4 期。

ŋo⁵⁵　le⁵⁵　muaŋ⁵⁵　lɔ⁵⁵　tat⁵⁵.　　　　　　　我怀疑你会去。
我　　怀疑　你　　去　会

　　由于 SVO 语序在语言中尚不稳固，尚没有取代 SOV 语序成为基本语序，因此，有的句子既可以用 SVO 语序表示，又可以用 SOV 语序表示。例如：

土家语仙仁话①
我提议去游泳。
ŋa³³　thi³³n̠i³⁵　tshə⁵⁴　tsa³³.
我　提　议　水　洗
ŋa³³　tshə⁵⁴　tsa³³　çi³³　thi³³n̠i³⁵.
我　水　洗（助）提　议

阿昌语②
他实在希望慢慢回家。
n̠aŋ⁵⁵　n̠ian³¹n̠ian³¹　in⁵⁵　te⁵⁵　te³¹　lɔ³⁵　lau³⁵sɿ³⁵　tak³¹sai³¹.
他　　慢慢　　　家（宾助）到　去　老　是　想
n̠aŋ⁵⁵　lau³⁵sɿ³⁵　tak³¹sai³¹　n̠ian³¹n̠ian³¹　in⁵⁵　te⁵⁵　te³¹　lɔ³⁵.
他　老　是　想　　　慢慢　　　家（宾助）到　回

我讨厌小妹常常边吃饭边说话。
ŋo³³　naŋ⁵⁵　n̠i⁵⁵　te⁵⁵　phă³¹lə⁵⁵　tɕɔ⁵⁵　tɕɔ³¹　xau⁵⁵　n̠ian³⁵　kʐai⁵⁵　tɕit⁵⁵lai⁵⁵.
我　女子　小（宾助）经常　饭　吃　之间　话　说　讨厌
ŋo³³　tɕit⁵⁵lai⁵⁵　naŋ⁵⁵　n̠i⁵⁵　phă³¹lə⁵⁵　tɕɔ⁵⁵　tɕɔ³¹　xau⁵⁵　n̠ian³⁵　kʐai⁵⁵.
我　讨厌　　女子　小　经常　　饭　吃　之间　话　说

　　在 VO 和 VO 两种语序并存的藏缅语中，还出现 VO 语序套叠 OV 语序的现象，主要小句是 VO 语序，从属小句是 OV 语序。例如：

阿昌语③
n̠aŋ⁵⁵　ka⁵⁵sɿ³¹　ŋo⁵⁵　ti³¹　n̠uai⁵⁵　lɔ⁵⁵　a³¹.　　　　　他建议我去游泳。
他　建议　我　水　游　去（助）

---

　　① 戴庆厦、田静：《仙仁土家语研究》，中央民族大学出版社 2005 年版。
　　②③ 袁焱：《阿昌语的述宾结构》，《民族语文》，2002 年第 4 期。

土家语仙仁话[①]

ŋa³³	tho³³ʑi³⁵	wẽ ³⁵thi³³	thi³³.		我同意提问题。
我	同意	问题	提		

tɕẽ ³⁵n̩i³⁵	sɿ³³tɕẽ ⁵⁵	a⁵⁴zɿ³³	pia³⁵	tsẽ ⁵⁵tɕa³³	建议增加时间
建议	时间	多	点儿	增加	

ko³³	tɕa⁵⁴tsuã ³³	ŋa³³	zẽ ³⁵	tha⁵⁵	thi³³.	他装作不认识我。
他	假装	我	认	不	得	

　　不同语序结构在句中的套用不是偶然的现象。语序灵活性的大小，不仅因语言而异，还因为语言变异与语言单位所属层级的高低有关。层级越低，限制越严，稳固性越强；而层级越高，弹性越大，语序越自由，变异的可能性越多。[②]各语言单位按语序从固定到自由的排列大致是，词内的语素<短语内的词<小句内的短语<复句内的分句<篇章或句群内的句子。[③]上述例句中，小句的主要成分语序已经改变为 VO 语序，但短语内仍保留原来的 OV 语序，是符合语序变化规律的。

二　OSV 语序

　　OSV 语序不是藏缅语的基本语序，而是 SOV 语序的变式。宾语移位的主要动因是语用。OSV 语序的句子首先是一种基于语用的话题结构。藏缅语的话题结构不同于句法结构。充当话题的既有主语，也可以是宾语、谓语动词、状语等。本节只讨论藏缅语的宾语话题句。

　　在宾语话题句中，宾语离开动词前的常规位置居于句首，主语退居宾语的常规位置。此外，还能借助宾语格助词、句尾词等手段指示宾语。例如：

彝语[④]

sɿ⁵⁵	tshɿ³³	dʑi⁵⁵	ŋa³³	mi³³	ko³³	a³¹	dʑi³³.	这件事我都不知道。
事	这	件	我	（助）	（助）	不	知	

zo³³	tshɿ³³	ŋo⁵⁵	n̩o³¹	bo³³.		他赶羊去了。
羊	他	赶	（助）	去		

---

① 戴庆厦、田静：《仙仁土家语研究》，中央民族大学出版社 2005 年版。

② 胡坦：《藏语语序及其变异》，贤者新宴，《藏学研究丛刊》（1），北京出版社 1998 年版。

③ 刘丹青：《语序类型学与介词理论》，商务印书馆 2003 年版。

④ 胡素华：《彝语结构助词研究》，民族出版社 2002 年版。

载瓦语①

xji⁵¹ lai²¹ka̠⁵⁵ ki²¹ lu̠ m⁵⁵ la̠ ŋ⁵⁵ paŋ ŋui⁵¹ le⁵¹.　　这书大家喜欢。
这　书　（话助）大家　　　喜欢（一般体）
mau⁵¹sau²¹ xji⁵¹ ŋo⁵¹ mjaŋ⁵¹ vu⁵⁵ pe⁵¹.　　　　　这书我看过了。
书　　　这　我　见　过（已行体）

哈尼语绿春老马话②

a³¹jo³¹ jo⁵⁵ ŋa⁵⁵ gu⁵⁵.　　　　　　　　我叫的是他。
他　（宾助）我　叫
a³¹phi³¹a³¹bo⁵⁵ jo⁵⁵ ŋa⁵⁵ja³¹ ga³¹.　　　爷爷奶奶，我们爱。
奶奶　爷爷　（宾助）我们　爱

景颇语③

ʃi³³ pheʔ⁵⁵ naŋ³³ mu³¹ ju³³ sa⁵⁵ni⁵¹?　　他，你见过了吗？
他　（宾助）你　见　到　（主2，单）
ʃi³³ pheʔ⁵⁵ ko³¹ ŋai³³ n³³ kam³³ ʃa³¹ʒin⁵⁵ ja³³ n³¹ŋai³³.
他（宾助）（话助）我　不　愿　教　　给　（主1，单）
他，我不愿意教。

普米语④

mi⁵⁵za̠⁵⁵ ɬy¹³tsi¹³ gɯ¹³ nɛ¹³ da¹³khu⁵⁵.　　人家的东西，你别要。
人　们　东西　（定指助）你　要
nã⁵⁵ kã⁵⁵pi⁵⁵ gɯ¹³ ɛ⁵⁵ tɕi⁵⁵ də¹³ni¹³ nã u¹³ tə¹³dʒə¹³ dzy¹³skhɛ⁵⁵ku⁵⁵.
你　钢　笔（定指助）我（宾助）（前加）借　以后一下　　写（后加）
你的钢笔，借我写一下。

　　在信息传达结构上，OSV 语序中的宾语一定是有定的、旧的信息，而 SOV 语序中的宾语可以表达无定的、新的信息。例如：

---

　① 徐悉艰、徐桂珍：《景颇族语言简志（载瓦语）》，民族出版社 1984 年版。
　② 李泽然：《哈尼语的宾语助词》，《语言研究》，2005 年第 3 期。
　③ 戴庆厦、徐悉艰：《景颇语语法》，中央民族学院出版社 1992 年版。
　④ 陆绍尊：《普米语简志》，民族出版社 1983 年版。

藏语[1]

ŋɛ:²¹ ka:⁵⁵iø:⁵⁵ tɕi tɕa⁵⁴-pa iːn¹¹.　　　　　　　　我打破一个碗。

我　碗　　　一　打破　了

ka:⁵⁵iø:⁵⁵ the ŋɛ:²¹ tɕi tɕa⁵⁴-pa iːn¹¹.　　　　　　那个碗我打破了。

碗　　　那　我　一　打破　了

景颇语[2]

ʃi³³ khau³³na³¹ teʔ³¹ mam³³ tan³¹ sa³³ sai³³.　　　　　他去水田割稻子了。

他　水田　　处　稻子　割　去（句尾）

n³³tai³³ ʃat³¹mai⁵⁵ ŋai³³ n⁵⁵ ʃa⁵⁵ ma³¹ju³³ n³¹ŋai³³.　这个菜我不想吃。

这　菜　　　我　不　吃（助动）（句尾）

彝语[3]

ŋa³³ a³³n̥ i³³ su³³ he³³ vu̥³³.　　　　　　　　　　我喜欢红的。

我　红　的　喜欢

thɯ²¹zi³³ tshi³³ dzɿ⁵⁵ ŋa³³ pɹ³³ ndzo³⁴.　　　　　这本书我读过。

书　　　这　本　我　读　过

苏龙语[4]

dza³³ ɕi⁵⁵ ma³¹bar⁵³ daz³¹.　　　　　　　　　　扎西在唱歌。

扎　西　歌　　唱

hɤŋ⁵⁵ dɯ⁵⁵ a³¹vai⁵³ goh⁵⁵ mɯ³¹lɤŋ⁵⁵ tɕhi⁵³ n̥oŋ³¹.　这些果子我都吃过。

这　些　果子　我　都　　吃（助）

　　OSV 语序中除了一部分句子是话题句外，还有一部分句子含有不同程度的被动义。藏缅语被动义表达式有两个重要的形式标记：（1）语序标记：受事宾语移至句首主语位置，施事主语移位至宾语的常规位置，形成 OSV 语序；（2）格助词标记：施事主语后一般要加主语格助词，以强调和凸显主语的施动性。例如：

---

①　胡坦：《藏语语序及其变异》，贤者新宴，《藏学研究丛刊》（1），北京出版社 1998 年版。

②　戴庆厦、徐悉艰：《景颇语语法》，中央民族学院出版社 1992 年版。

③　陈士林、边仕明等：《彝语简志》，民族出版社 1985 年版。

④　李大勤：《苏龙语研究》，民族出版社 2004 年版。

彝语[1]

a⁴⁴he³³ a⁴⁴n̥e³³ kɯ³¹ ʐo³³ndo⁴⁴ o⁴⁴.　　　　　老鼠被猫捉住了。
老鼠　猫　（主助）捉到　（语气）

ŋa³³ tsh̩³³ kɯ³¹ tsɿ⁵⁵ ko⁴⁴ba³³ o⁴⁴.　　　　　我被他骂惨了。
我　他　（主助）骂　惨　（语气）

卡卓语[2]

ʑi³³ ŋa³³ kɛ³³ tɕhi⁵⁵ sa²⁴.　　　　　　　他被我踢伤了。
他　我（主助）踢　伤

ʑi³³ se⁵⁵ti³³ kɛ³³ ʑi³³ tɛ³¹ tɛ²⁴ khoɣ³¹ thɛ³⁵.　他父亲把他打了一顿。
他　父亲（主助）他　一　顿　打　着

浪速语[3]

kauk³¹ nuŋ³⁵ jaŋ³¹ tsɔ³⁵ pjɛ ʔ⁵⁵ va⁵⁵.　　　　稻子被牛吃掉了。
稻子　牛　（主助）吃　掉　（助）

ɣɔʔ³¹nau⁵⁵ tsum³¹ jaŋ³¹ tõ³¹ tsɔ³⁵ va⁵⁵.　　小鸡被老鹰吃了。
小鸡　　老鹰（主助）叼　吃　（助）

景颇语[4]

nam³¹si³¹ ŋai³³ e³¹ ʃa⁵⁵ka̠ u⁵⁵ să ³³ŋai³³.　　　水果被我吃掉了。
水果　　我（主助）吃掉　（主1，单）

ʃi³³ pheʔ⁵⁵ kă ³¹wa³¹ e³¹　kă ³¹jat³¹tɔ n³¹ nuʔ³¹ai³³.　他被父亲打了。
他（宾助）父亲　（主助）打　着　（主3、单，宾3）

土家语仙仁话[5]

mo³³pi³⁵ xa³⁵lie⁵⁴ ko³³ ka³⁵ lu³³/⁵⁵.　　　　猫被狗咬了。
猫　　狗　（主助）咬　了

i⁵⁴ a³³n̥e⁵⁴pi³¹pi³³ ŋa³³ ko³³ tɕe³³ nɔ³⁵ lu³³.　这调皮鬼被我赶走了。
这　小鬼　　我（主助）赶　走　（助）

① 胡素华：《彝语结构助词研究》，民族出版社 2002 年版。

② 木仕华：《卡卓语研究》，民族出版社 2002 年版。

③ 戴庆厦：《浪速语研究》，民族出版社 2005 年版。

④ 戴庆厦、徐悉艰：《景颇语语法》，中央民族学院出版社 1992 年版。

⑤ 戴庆厦、田静：《仙仁土家语研究》，中央民族大学出版社 2005 年版。

大多数藏缅语不具有被动范畴，只具有类似被动义的结构，即上文所说的 OSV 语序。由于语法化的缘故，OSV 语序逐渐成为句法的常态，能被重新分析为表达被动义的结构。Comrie（1988：26）曾说过，"许多句法现象可以被看做是源于语义或语用，但已经与它们的语义或语用源头分离，换言之，已成为语义——语用现象的语法化，或更确切地说句法化（syntacticization）。"[①]所以，藏缅语 OSV 语序经过语法化可能形成被动结构。

三　OVS 语序

学术界有多种不同的术语名称给 OVS 语序的句子赋名："倒装句"（赵元任 1979）、"易位句"（陆俭明 1980）、"双结构追补紧缩句"（史有为 1985）、"主语后置句"（张伯江、方梅 1996）、"延伸句"（陆镜光 2004）等。

在汤姆林所调查的世界 402 种语言中，只有 5 种语言的基本语序是 OVS 语序，约占总数的 1%。（Tomlin，1986）藏缅语中没有以 OVS 为基本语序的语言。OVS 语序在藏缅语中是基本语序的变式。《藏语语序及其变异》（胡坦 1998）指出，"藏语是 SOV 型语言。……有时由于主语或宾语移至动词之后，这种追补现象造成 OVS 或 SVO 格式。"《基诺语句子的语气》（盖兴之 1987）中举出 OVS 语序的例句，人称代词使用主格形式居句末。例如：

$m̥ jə^{44}kho^{44} tʃɑ^{42/35}\ lɑ^{42}\ ne^{35}$?　　　　　　有刀吗，你？
刀　　　　有　（语助）你（主格）

$ɑ^{44}phi^{44}\ m̥^{42}tshe^{35}\ nœ^{33}\ nə^{42}$.　　　　弄断了绳子，你。
绳子　　　弄断　（语助）你（主格）

从句法结构上，OVS 语序可分为两个部分：先行部分（OV）和后续部分（S）。从信息分布的角度看，先行部分表达的是主要信息，是句子的语义和语用重心，而后续部分负载的是已知、次要、辅助或补充的信息。[②]所以，OVS 语序的句子是一种焦点前置句，"前置的那一部分是说话人要急于说出来的，所以脱口而出，后一部分则带有补充的味道。"[③]

[①] 刘丹青：《语序类型学与介词理论》，商务印书馆 2003 年版。

[②] 陆镜光：《延伸句的跨语言对比》，《语言教学与研究》，2004 年第 6 期。

[③] 朱德熙：《语法讲义》，商务印书馆 1982 年版。

第三节　小结

在藏缅语的 SOV、SVO、OSV、OVS 四种语序中，SOV 语序是大多数语言的基本语序。除了克伦语和部分白语句子的基本语序是 SVO 外，其他语言中的 SVO、OSV、OVS 语序都是 SOV 语序的变式。本节通过对基本语序和变式语序中宾语的描写和分析，我们对语序在标记宾语时的特点有了比较明确的认识。小结如下。

一　语序标记宾语的功能

（一）区分主、宾语

语序不像宾语格助词、动词形态变化等宾语标记那样通过虚词或者附加词缀等有形的形式来表示，而是依靠主语、宾语、动词之间的互相参照关系来表示。基本语序中主、宾语的位置是常规位置，即 SOV、SVO；当主、宾语离开常规位置就产生了语序变异，形成变式，即 SVO、OSV、OVS。主、宾语在基本语序和变式语序中的位置都是相互参照的。

（二）宾语话题化

藏缅语 OSV 语序是表达宾语话题的一种句法手段，即宾语由主语后、动词前的位置移位到句首，构成宾语话题句。由于语用的语法化，有的 OSV 语序的句子还含有被动义。

（三）凸显宾语焦点

藏缅语使用 OVS 语序表达宾语焦点前置，从而起到凸显宾语的作用。

二　不同语序在标记宾语时的差异

（一）SVO 语序

以 SVO 为基本语序的语言，语序直接标记宾语，不需借助其他形式的宾语标记。所以，相比其他语序而言，SVO 语序是最充分的标记宾语的句法手段。

（二）SOV 语序

SOV 语序是共时状态下大多数藏缅语的基本语序。SOV 语序能直接区分生命度相差大的主宾语，但由于主、宾语同时位于动词的左侧，当二者生命度接近时，容易引起语义混淆，因而还要与宾语格助词、句尾词、动词形态变化等其他标记配合使用。

（三）OSV、OVS 语序

OSV、OVS 语序分别是表示宾语话题和凸显宾语焦点的语用手段。除了使用语序标记外，还要借助宾语格助词、句尾词、动词形态变化等标记指示宾语。话题句的 O 与 SV 之间、焦点前置句的 OV 与 S 之间往往有语音停顿。当 OSV 语序表达被动义时，S 后要加主语格助词。所以，停顿、主语格助词也是标记宾语的间接手段。

　　语序与哪一种宾语标记配合使用与语言类型有关。以分析性特点为主的彝、缅语支语言，主要使用语序和宾语格助词。形态和形态变化比较丰富的羌语支语言，主要使用语序和形态手段。兼有分析性和屈折性特点的景颇语支语言，主要使用语序、句尾词和宾语格助词。

第六章 类型学视野下的藏缅语宾语句法标记

当代类型学研究就是要发现不同类型中的功能共性，即差异中反映出来的共性。发掘个性和共性的目标在语言类型学中是一致的。本文对 56 种藏缅语宾语的句法标记进行多角度的共时描写和历时考察，旨在揭示藏缅语宾语句法标记的类型学特征。

一 藏缅语宾语的句法标记形式

从共时来看，56 种藏缅语宾语主要使用 5 种句法标记：宾语格助词、动词形态变化、句尾词、人称代词和名词宾格形式以及语序。这五种宾语标记的区别在于：

（一）在语法形式上

宾语格助词是词汇手段，动词的形态变化、名代词的宾格形式和句尾词是形态手段，语序既不是词汇手段，也不是形态手段，是一种分析性的句法手段。形态手段包括语音屈折和附加前缀、后缀。语序包括 SOV、SVO、OSV、OVS 四种语序，其中，SOV 是基本语序，其他三种是基本语序的语用变式。见下表：

表 6-1

序号	句法标记	语法形式		
		语音屈折	附加词缀	虚词
1	宾语格助词	−	−	+
2	动词形态变化	+	+	−
3	句尾词	+	+	−
4	人称代词、名词宾格形式	+	−	−
5	语序	−	−	−

（二）在句法功能上

1. 直接标记和间接标记

语序、宾语格助词、名代词的宾格形式是直接指示宾语的句法手段；

句尾词和动词形态变化中，只有少数能直接指示宾语的人称、数，大多指示主语的人称、数，起间接指示宾语的作用。

2. 专属标记和非专属标记

宾语格助词加在宾语后，只能标记宾语，不能标记其他语法成分；名、代词的宾格形式在句中只能充任宾语，不能充任其他句法成分。所以，宾语格助词和名、代词的宾格形式都是宾语的专属标记。

而动词形态变化、句尾词和语序虽然能标记宾语，但都不是宾语的专属标记。因为动词形态变化除了能标记主宾语的人称、数以外，还表示动词的时、体，动作的趋向等语法意义。句尾词除了能标记主宾语的人称、数以外，还表示句子的语气、动词的体、动词的方向等其他语法意义。语序除了能把主语和宾语区分开，还能区分话题和述题。

3. 语义标记、句法标记和语用标记

宾语是一个句法成分，对应的典型语义成分是受事；在语用上，宾语是信息结构的焦点，此外，宾语还能移位到句首充任话题。所以，根据宾语功能的不同，可以相应地把宾语标记分为语义标记、句法标记和语义标记。

五种宾语标记都能标明宾语受事性和句法地位，都能充任语义标记和句法标记，但在语用功能上呈现出差异性：宾语格助词能标记宾语焦点，不能标记宾语话题；动词形态变化和句尾词既不能标记宾语焦点，也不能标记宾语话题；语序既能标记宾语焦点，还能标记宾语话题。

二　宾语句法标记的分布特点及重要性排序

宾语句法标记在藏缅语的共时分布上有差异，也各有特点。见下表：

表 6-2

语支	序号	语　言	宾语格助词	动词形态变化	句尾词	代、名词宾格形式	语序
彝语支	1	纳西语	+	−	−	−	+
	2	傈僳语	+	−	−	−	+
	3	基诺语巴亚话	+	−	−	+	+
	4	基诺语巴朵话	+	−	−	+	+
	5	拉祜语拉祜纳方言勐朗话	+	−	−	−	+
	6	拉祜语拉祜纳方言富邦话	+	−	−	−	+
	7	拉祜语苦聪话	+	−	−	−	+

语支	序号	语　言	宾语格助词	动词形态变化	句尾词	代、名词宾格形式	语序
彝语支	8	卡卓语	−	−	−	−	+
	9	桑孔语	+	−	+	+	+
	10	彝语	−	−	−	−	+
	11	哈尼语绿春大寨话	+	−	−	+	+
	12	哈尼语绿春老马话	+	−	−	−	+
	13	哈尼语西摩洛话	+	−	−	−	+
	14	哈尼语卡多话	+	−	−	+	+
	15	泰国阿卡语	+	−	−	−	+
	16	柔若语	+	−	−	−	+
	17	怒苏语	+	−	−	−	+
	18	毕苏语	+	−	−	−	+
缅语支	1	阿昌语陇川话	+	−	−	−	+
	2	阿昌语梁河话	+	−	−	−	+
	3	载瓦语	+	−	+	+	+
	4	波拉语	+	−	+	−	+
	5	仙岛语	+	−	+	−	+
	6	勒期语	+	−	+	−	+
	7	浪速语	+	−	+	−	+
景颇语支	1	景颇语	+	−	+	−	+
	2	阿侬语	+	+	−	−	+
	3	格曼语	+	+	−	−	+
	4	独龙语	+	+	−	−	+
羌语支	1	嘉戎语	−	+	−	−	+
	2	羌语桃坪话	+	+	−	+	+
	3	羌语麻窝话	+	+	−	−	+
	4	羌语曲谷话	−	+	−	−	+
	5	普米箐花话	+	+	−	−	+
	6	普米桃巴话	+	+	−	−	+
	7	史兴语	+	+	−	+	+
	8	扎坝语	+	+	−	−	+
	9	道孚语道孚话	−	+	−	−	+

续表

语支	序号	语言	宾语格助词	动词形态变化	句尾词	代、名词宾格形式	语序
羌语支	10	道孚语革什扎话	−	+	−	−	+
	11	却域语	+	+	−	−	+
	12	木雅语	+	+	−	−	+
	13	尔苏语	+	+	−	−	+
	14	纳木义语	+	+	−	−	+
藏语支	1	藏语	+	−	−	−	+
	2	门巴语	+	−	−	−	+
	3	仓洛语	+	−	−	−	+
语支未定	1	苏龙语	+	−	−	−	+
	2	土家语龙山话	−	−	−	−	+
	3	土家语仙仁话	−	−	−	−	+
	4	土家语泸溪话	−	−	−	−	+
	5	白语大理话	+	−	−	−	+
	6	白语剑川话	+	−	−	−	+
	7	白语赵庄话	+	−	−	−	+
	8	珞巴语	+	−	−	−	+
	9	义都语	+	−	−	−	+
	10	克伦语	−	+	−	−	+

下面结合宾语标记的分布、使用情况，对各语支宾语标记的特点进行概括，并按重要性排序。

1. 彝语支主要使用语序和宾语格助词区分主、宾语，代词和名词的宾格形式仅遗留在基诺语、桑孔语、哈尼语中，除桑孔语外皆不用句尾词，没有动词形态变化。基本语序是 SOV，宾语格助词的使用要受动词语义、主宾语生命度原则的制约。各宾语标记按重要性排序如下：语序＞宾语格助词＞代、名词的宾格形式＞句尾词。

2. 缅语支主要使用语序、宾语格助词区分主、宾语，没有动词形态变化，代词和名词的宾格形式仅在载瓦语中有遗存。除阿昌语外皆使用句尾词，句尾词主要指示主语，只有载瓦语的句尾词能指示宾语的人称和数。基本语序是 SOV，宾语格助词的使用受动词语义、主宾语生命度原则的制约。按重要性排序如下：语序＞宾语格助词＞句尾词＞代、名词宾格形式。

3. 景颇语支使用语序、宾语格助词、动词形态变化和句尾词区分主、宾语，没有代词和名词宾格形式。景颇语采用句尾词，阿侬语、独龙语和格曼语采用动词形态变化。动词形态变化和句尾词具有指示主、宾语人称和数的功能，所以人称代词做主、宾语时可以省略。基本语序是 SOV，宾语格助词的使用受动词语义、主宾语生命度原则的制约。按重要性排序如下：句尾词、动词形态变化＞语序＞宾语格助词。

4. 羌语支主要使用语序、动词形态变化和宾语格助词区分主、宾语，代词和名词宾格形式仅在羌语桃坪话和史兴语中有残留，没有句尾词。动词形态变化能指示主、宾语人称和数，所以人称代词做主、宾语时可省略。基本语序是 SOV。宾语格助词不常用，有的语言没有宾语格助词。按重要性排序如下：动词形态变化＞语序＞宾语格助词＞代、名词宾格形式。

5. 藏语支主要使用语序和宾语格助词区分主、宾语，没有动词形态变化、句尾词、代词和名词宾格形式。基本语序是 SOV，宾语格助词的使用受动词语义、主宾语生命度原则的制约。按重要性排序如下：语序＞宾语格助词。

三　语言类型对宾语句法标记有制约作用

（一）宾语句法标记的共时分布受语言类型的制约

使用宾语标记是藏缅语区别于同属汉藏语系的汉、壮侗、苗瑶语族语言的一个显著特点。因为藏缅语的基本语序是 SOV，主、宾语同时位于动词的左侧，容易造成语义混淆，因此常常使用宾语标记加以区分。而汉语、壮侗语、苗瑶语的基本语序是 SVO 型，以动词为参照点，主、宾语分列左右两侧，不会造成语义混淆，所以不使用宾语标记。

语序、宾语格助词和动词形态变化是藏缅语最普遍的宾语标记。动词的形态变化、句尾词主要分布在羌、景颇语支语言中，宾语格助词和语序主要分布在彝、缅、藏语支。藏缅语宾语标记有规律性的分布特点是由语言类型决定的，即一种语言采用什么形式的宾语标记与语言类型具有一致性。研究表明，彝、缅语支语言以分析形式和重叠形式为主，兼有少量屈折形式；羌、景颇语支语言以黏着、屈折形式为主，兼有重叠形式和分析形式；藏语支语言以屈折形式和分析形式为主，兼有重叠形式。①以分析性特点为主的彝、缅、藏语支语言，主要使用语序和宾语格助词等分析性手段；形态和形态变化比较丰富的羌、景颇语支语言，主要使用动词形态变化和句尾词等形态手段。

---

① 孙宏开：《论藏缅语的语法形式》，《民族语文》，1996 年第 2 期。

（二）宾语格助词的产生、演变受语言类型的制约

藏缅语宾语格助词是一类后起的结构助词，是在藏缅语族分化以后产生的。藏缅语宾语格助词的产生是语言类型转换的产物。藏缅语从屈折型向分析型转变的过程中，形态变化逐渐失去，转而主要依靠语序和虚词来表达语法意义。藏缅语的宾语标记先后经历了"动词的形态变化、句尾词——宾语后缀——宾语格助词"的演变，可见，宾语格助词是动词形态变化和句尾词的替代和补偿。

宾语格助词是否同源与语言类型有密切关系。具有分析性特点的彝、缅、藏语支语言，宾语格助词在语支层面有同源关系；以屈折性为主或兼有分析性和屈折性特点的羌、景颇语支语言，宾格助词在语支层面没有同源关系，多为语言内部创新。

四　宾语句法标记的使用受生命度的制约

宾语格助词、动词形态变化、句尾词和代名词宾格形式等宾语句法标记的使用是有条件的，要受主宾语生命度的制约。

（一）宾语格助词的使用受主、宾语生命度原则的制约

藏缅语宾语格助词的使用取决于主语和宾语生命度高低的对比。如果主语的生命度高于宾语，那么，宾语后一般不加格助词；如果主语的生命度低于宾语，那么，宾语后就需要加格助词；如果主、宾语的生命度相同或相近，施受关系容易混淆，一般也要加格助词。概言之，当宾语生命度高于或等于主语时，宾语后要加格助词。藏缅语宾语格助词倾向于标记生命度高的宾语。

（二）动词形态变化、句尾词、人称代词宾格形式倾向于标记高生命度宾语

1. 动词形态变化

藏缅语动词形态变化能直接指示宾语的人称、数。第一、二人称代词做宾语时，动词以形态变化与宾语的人称、数保持一致关系；当第三人称代词做宾语时，动词以零标记形式存在。可见，动词的形态变化更倾向于标记第一、二人称代词。

2. 句尾词

句尾词能直接指示宾语的人称、数。第一、二人称代词做宾语时，使用不同的句尾词标记，但第三人称代词、名词使用相同的句尾词标记。从句尾词可以明确判断第一、第二人称代词，而无法将第三人称代词和名词区分开。所以说，句尾词更倾向于标记第一、二人称代词。

3. 人称代词宾格形式

单数的第一、二人称代词有宾格形式，第三人称以及双数、复数的第一、二人称代词都没有宾格形式。这说明语音屈折更倾向于标记第一、二人称代词单数。

总之，当人称代词作宾语时，动词形态变化、句尾词和人称代词宾格形式更倾向于标记第一、二人称。这与第一、二人称的生命度比第三人称的生命度高有关。

附录 汉语宾语研究综述^①

一 研究分期

汉语语法学者们非常重视宾语问题的研究。汉语界对宾语的认识和探索过程大致可分为三个阶段。

第一阶段："传统语法阶段"，主要是以施受关系来确定主、宾语。

从《马氏文通》（马建忠 1898）起到 20 世纪 40 年代初，约有 40 年的时间。这一时期的汉语语法研究深受西方语法体系影响，出现了一批对后世影响深远的语法著作，比如《马氏文通》、《新著国语文法》（黎锦熙 1924）、《中国文法要略》（吕叔湘 1942）等。语言学家们发现，同印欧语系语言相比，汉语由于缺乏形态标志，在分析语法时只好更多地依赖逻辑和意义。对宾语的认识是，宾语是谓语动词的受事，是用来表示接受动作的句子成分。因此主张主要凭借"动作——受事"的语义关系来确定汉语的宾语。《马氏文通》是我国汉语语法学的滥觞之作，被认为有模仿西方语法体系的倾向，但充分注意到汉语的特点。书中对"止词"、"起词"的论述是汉语语法学给主、宾语最早下的定义：

凡名代之字，后乎外动而为其行所及者，曰止词。

凡受其行之所施者，曰止词，言其行之所自发者，曰起词。"施"者，起词也。

这里的"止词"就是宾语，"起词"就是主语。可见，作者把施者、受者与起词、止词分别等同起来，以施受关系来确定句法成分。

《新著国语文法》是"我国第一部完整地、比较成功地描写白话文的语法"^②，也是从"动作——受事"角度来定义宾语的。书中论及：

---

① 汉语和藏缅语是亲属语言，有共同的原始母语。通过汉语和藏缅语的比较，有助于相互反观各自的语言特点。藏缅语宾语研究对汉语宾语的本质属性的认识会有帮助。同样，汉语宾语的研究对于认识藏缅语宾语的属性和特点也会有所启发。鉴于此，作者将在写作本文过程中所学习到的汉语宾语研究成果加以综述，编入附录，以供研究参考。

② 徐通锵、叶蜚声：《"五四"以来汉语语法研究评述》，《现代汉语语法研究的现状和回顾》，语文出版社 1987 年版。

外动词的后面，一定要再带一种实体词。这所带的实体词，就是被那动作所射及的事物，就叫作宾语。例如'工人造桥'。

《中国文法要略》是一部体现传统语法向结构主义语法过渡的语法著作。在处理宾语问题上，仍沿袭马氏、黎氏以语义标准判定宾语的做法。作者把在动词作谓语的叙述句中与动作有受事关系的词确定为止词，即宾语：

象"猫捉老鼠"这类句子的格局是：起词——动词——止词。

对于受事提至动词前和句首，这一时期的语法著作也多处理为"提宾"现象。《马氏文通》把提前的受事看作止词（宾语），并指出动词后复指代词的出现规律。如：

外动字之止词而为意之所重者，率先弁诸句首。其外动字无弗辞者，则其后加代字以重指焉。有弗辞者，则不重于外动字后，而有重于其先者焉。

《新著国语文法》提出"提宾说"，即"提宾位到动词前"。《中国文法要略》也采用"提宾"分析法。①

第二阶段："结构主义阶段"。这一时期的研究仍旧围绕如何区分主、宾语问题来展开。研究者们转向主要依据位置而不是单纯依据施受关系来判定主、宾语。

从 20 世纪 40 年代开始至 70 年代末，共约 40 年的时间。语法学者们开始认识到汉语动词与宾语之间关系的复杂性，认为若仅从受事一个方面来确定宾语，是不能反映汉语的实际情况的。当时正处于上升阶段的美国描写语言学逐渐引起汉语语法学界的注意。语言学家们把结构主义分析方法引进汉语研究，从而推动了汉语语法研究的向前发展。

《从主语宾语的分别谈国语的句子分析》（吕叔湘 1946）认为："通行的分析体系实际上是参合施受和位置这两个标准而成的，要说的具体一点，就是原则上以施事词为主语，以受事词为宾语；但在只有受事词的句子里，要是受事词位置在动词之前，也算是主语。"这段话表明，在采用何种标准来区分主、宾语这一问题上，吕叔湘的态度开始有所改变，主张语序也是一个重要的判定标准。

1955 年 7 月，《语文学习》发表了吕冀平的《主语和宾语的问题》一文，由此发起了一场主宾语大讨论。这场讨论从 1955 年 7 月一直持续到次年 3 月。林裕文在《回顾与展望》（1987）一文中这样总结这场讨论：

主语宾语的讨论包括：（1）汉语主宾语的分别是依据意义（施受关系）

---

① 刘丹青：《语序类型学与介词理论》，商务印书馆 2003 年版，第 96—97 页。

还是依据形式（词序先后）？（2）在句子成分的评定上，如何运用形式和意义相结合的原则？（3）句子成分的形式标志是什么？是不是就是词序？前两个问题谈得多一些，第三个问题没有展开深入的讨论。……这次争论的焦点在以意义为主，还是以词序为主，即在意义和形式发生矛盾的时候，主要是依据意义还是形式。……提到理论上便是形式和意义如何结合的问题。在讨论中，大家肯定了形式和意义相结合的原则，这是一大收获；可是到底如何结合，则是尚待讨论的问题。

通过主宾语大讨论，人们逐渐放弃了那种"主施宾受"的观点。受结构主义的影响，这以后的语法著作转而倾向于用语序标准来确定主宾语。1952 年 7 月起，《中国语文》开始连载中国科学院语言研究所语法小组的《现代汉语语法讲话》，九年后出版了单行本，署名丁声树等（1961）。《讲话》指出主语和宾语不是一个层次上的概念，"主语是对谓语说的，宾语是对动词说的"。"动词和宾语的关系是说不完的"，"有各种不同的动词，因此动词跟宾语也有各种不同的关系。有的宾语是动词行为的受事，有的宾语是表示处所的，有的宾语是表示存在的事物，有的宾语是表示主语的类别，有的宾语是由动词行为产生的结果，有时候宾语好像是动词行为的施事，有时候宾语表示主语数量的一部分。"因此，《讲话》提出用语序的标准，即依据句中位置来区分主、宾语："在现代汉语里，主语总是在谓语的前边，宾语总是在动词的后边。"之后的《暂拟汉语教学语法系统》（1956）在宾语问题上，沿袭了《讲话》的做法，即主语在谓语之前，宾语在动词之后。

吕叔湘对宾语问题坚持长期一贯的深入思考和探索。他的《汉语语法分析问题》（1979）既不赞同"主宾施受"的观点，也不支持以名词在句中的位置作为判定主宾语的标准。他这么说：

名词和动词之间，也就是事物和动作之间，可以有多种多样的关系，决不限于施事和受事。……除代表施事和受事外，有的代表工具，有的代表原因，有的代表比较的对象，有的代表变化的结果，有的代表受到有利或不利影响的人物，等等。在这些例子面前，主施宾受的理论完全站不住脚了。……如果代表事物的'宾语'跑到原来的主语的前头，就得承认它是主语，原来的主语退居第二（这个句子变成主谓谓语句）。

凡是动词之前的名词都是主语，凡是动词之后的都是宾语。干脆倒是干脆，只是有一个缺点：'主语'和'宾语'成了两个毫无意义的名称。稍微给点意义就要出问题。

吕叔湘一语道破主宾语问题研究的症结所在："主宾语问题的症结在哪儿呢？在于位置先后（动词之前，动词之后）和施受关系的矛盾。"他的主张是要把形式和意义结合起来，但二者究竟应该如何结合，似乎也没有明确的态度。

　　这一时期，以赵元任、李英哲为代表的海外学者们运用结构主义的理论探讨汉语的主、宾语问题。他们认为，应依据位置而不能依据施受关系来确定主、宾语。《国语入门》（赵元任 1948）是第一部用描写语言学的方法全面处理汉语语法的著作，"动宾结构"这一术语就首见于该书。赵元任的另一部语法著作《汉语口语语法》（2005［1979］）完全根据句法成分在句中的前后位置这一形式标准来确定主、宾语，在动词前的成分是主语，动词后的是宾语。对 SOV 和 OSV 结构，他的处理办法是"一概认为是直截了当的结构，把'宾语倒装'认为是主语"，主语倒装"必须得分析为动宾结构，哪怕宾语是主动者也罢"。

　　《汉语的主语和宾语》（李英哲 2001［1972］）主张依据形式上的鉴别标准来区分主宾语："主语是动词左边第一个有生命的无标记的名词短语，或者是动词前紧靠动词的无标记名词短语。"，"直接宾语是动词之后第一个无标记的名词短语，间接宾语是动词之后有标记的名词短语或第二个无标记的名词短语。"他把离开宾语位置提到动词前或句首的受事名词处理为"提前宾语"，"可以是有标记的"。《汉语主宾语观念的再探讨》（李英哲 2002［1988］）更为直接明了地提出主、宾语的鉴别标准，就是只要看语序，不管意义如何。他认为："主宾语的界定主要是按照语序来认定。动词前的名词组就是主语，而动词后的就是宾语。"在处理所谓的"提前宾语"和"移后主语"时，他认为，"'提前宾语'通常变成主题或主语，而'移后主语'就变成宾语"，"不必为了几个少数的例子来提出'提前宾语'或'移后主语'的观念"。在动词前的两个名词组的定性问题上，他把发出动作行为的名词组看作主语，而用"第二主题"来指称另一个名词组。他认为，名词组"既然离开了宾语的位置，就不应该继续把它看作宾语"，"不如采取这个在语义和语法上都比较有意义的'第二主题'"。

　　这一阶段，汉语学者们更加重视汉语的特点，模仿西方语法体系的成分少了，挖掘出更多的汉语语法事实。同时，我们也要看到，单纯以施受关系来确定宾语固然不可取，但完全以形式为标准，虽然操作起来简单明了，其自身也有不少缺点。正如吕叔湘指出的，完全以位置来判定主、宾语，就会使汉语的"主语"、"宾语"成为空洞的概念，没有任何语义基础，也没有什么句法属性。另外，依据语序标准，把动词前的两个名词分别处理大主语和小主语，因而汉语出现大量的主谓谓语句。若动词前有多个名词的话，就会出现 $N_1N_2N_3$……N_n 个主语层层套叠的结果。[①]这种分析方法

---

① 陆俭明：《汉语句法成分特有的套叠现象》，《中国语文》，1990 年第 2 期。

实际上只承认汉语是 SVO 句式，否认 SOV 和 OSV 句式的存在，忽视了汉语语序的灵活性，相反把汉语语法问题复杂化了。徐通锵、叶蜚声在评介这一时期的汉语语法研究时指出，"当前面临的课题是如何把形式和意义更好地结合起来，这是在改进研究方法的时候必须突破的关键。"①我们认为是很恰当的。

第三阶段："新时期的宾语研究"。随着国外新的理论的引进和汉语学界对汉语语法自觉研究的深入，宾语研究进入了新的发展阶段。

从 80 年代初开始到现在，约 20 多年的时间。汉语宾语研究不再是以单一的理论或方法为指导，而是呈现出"百花齐放，百家争鸣"的局面。语序类型学、配价语法、功能语法、韵律句法学、认知语法、生成语法、句式语法等理论先后被引进到汉语宾语研究中，不同程度地揭示出宾语与动词的语义搭配、句法组合以及在语用上的内在规律。宾语研究范围不断扩展，对语法事实的描写和分析也比以前更加细致、深刻。除了继续讨论主、宾语的界定问题外，宾语的语义成分、双宾语、宾语和动词的关系、宾语和句式的关系（如"把"字句、"被"字句、动补结构、动结结构中的宾语问题等）等等也成为研究者们关注的对象。特别要提到的是，2005年 11 月华中师范大学语言与语言教育研究中心组织召开了"动词与宾语问题"国际学术研讨会。这是新时期宾语研究的一次盛会，也是近年来首次直接以宾语为主题进行的规模最大、最为集中的一次专题研讨会。这次会议体现出汉语在宾语研究方面的几个特点和发展趋势：（1）重视语言本体和微观的研究。（2）研究角度多样化，理论背景多元化。（3）关注汉语与少数民族语言、汉语方言的比较研究。

与前两个阶段相比，这一阶段的宾语研究无论是在深度还是广度上都是最好的。下文将专门就 80 年代以来宾语研究中的热点问题集中进行评述。

二　80 年代以来的汉语宾语研究

进入 80 年代以后，汉语语法研究者更加重视语法理论和方法的探索，汉语宾语问题研究由此掀开新的一页。归纳起来，大致围绕以下几个专题进行讨论：

（一）主、宾语的界定问题

如何界定主、宾语，这是困扰汉语语法学界的一个棘手问题，至今仍然没能得到很好的解决。进入 80 年代后，研究汉语的学者们主张要在语法、

---

① 徐通锵、叶蜚声：《"五四"以来汉语语法研究评述》，《现代汉语语法研究的现状和回顾》，语文出版社 1987 年版。

语义和语用的平面上来研究主宾语问题，"三个平面"理论的研究思路逐渐明朗起来。朱德熙（1982，1985）首先明确提出"进行语法分析，一定要分清结构、语义和表达三个不同的平面"，"主语、宾语是句法概念，施事、受事、与事等等是语义概念，这两方面虽然有联系，但不是一回事，不能混同。"胡裕树、范晓（1985）提出了"三个平面"的语法理论，强调在一个具体的句子中总是存在句法结构、语义结构、语用结构三个平面，三个平面各有其语法形式和语法意义，共同组成了句子的形式和意义。在语法研究中，既要将三者区别开来，又要考虑到三者之间的联系。

　　90 年代以后，有学者开始运用范畴化的典型理论研究汉语主宾语界定的问题。《不对称和标记论》（沈家煊 1999）根据典型范畴理论来研究主宾语问题。他认为，"过去总是认为主语、宾语这样的语法范畴都是绝对的、离散的"，"因此就一个语法成分而言，它要么是主语，要么不是主语。其实，语法范畴的内部成员地位是不平衡的，有的是典型成员，有的是非典型成员。"他认为，"典型的宾语是典型的受事和典型的自然焦点的组配，既非受事又非焦点的不是宾语，介于这两者之间的是程度不等的非典型的宾语。"

　　《关于宾语问题的思考》（范晓 2005）[①]是一篇对汉语宾语问题进行总体思考的文章，对宾语研究具有指导性作用。既总结了前人在宾语问题上的认识与分歧，又提出了确定汉语宾语的标准："汉语的典型的宾语是主谓结构谓语中的述语（或称'动语'）所联系的跟主事主语相对待的客事或与事所映射的句法成分。客事映射的是直接宾语，与事映射的是间接宾语。"考虑到汉语语法的复杂性，范晓还提出了八条确定汉语宾语的原则性意见。包括："要注意宾语和动词的关系，要区别典型的宾语和不典型的宾语，要借助形式来辨认宾语，要区别动态主谓句中的宾语和静态述宾短语中的宾语，要区别基式宾语和非基式宾语，要区分不同句类中的宾语，解决宾语问题要跟解决主语问题统一考虑，要结合语用来研究宾语。"

　　（二）宾语语义类型研究

　　从语义类型角度对宾语进行分类研究是宾语研究的一项重要内容。分类的目的是为了更好地认识汉语宾语的特点，有助于相关语法现象的分析和解释。《宾语使用情况考察》（李临定 1983）把宾语分为受事、结果、工具、对象、目的、处所、施事、其他（包括类别、原因、角色、依靠、方面）等共 8 大类。《宾语和补语》（徐枢 1985）一书将宾语分为受事、施事、结果、工具、处所、判断、使动、原因、其他等 9 大类。作者还统计了各类宾语的出现频率，说明了各类宾语的受限程度及类推性的强弱。《动词用

---

① 该文是 2005 年 10 月在华中师范大学召开的"动词与宾语问题"国际学术研讨会论文。

法词典》(孟琮、郑怀德等 1987)的分类影响较大。先把宾语分为名词宾语、双宾语、动词宾语、形容词宾语和小句宾语，然后把名词宾语分别定义为 14 种宾语语义格，并且给词典中所有宾语条目都标出了类型。这 14 种宾语语义格是：受事、结果、对象、工具、方式、处所、时间、目的、原因、致使、施事、同源、等同、杂类。《词典》是迄今为止对宾语类型研究最为详尽细致的分类，所以该分类常被学术界引用。马庆株（1987）把名词性宾语分为客体、主体、使动、工具、方式、表称、结果、予夺、对象、时间、处所、数量、虚指等 13 类。虽然各家对宾语类别的多少以及具体的分类项目都有分歧，但都普遍认为汉语有以下几个类别的宾语：受事、结果、工具、处所、施事。

（三）对宾语的某一语义类型的研究

对某一语义类型宾语的研究，特别是对非受事宾语（包括处所、工具、目的等类型），是汉语宾语研究的热点之一。

有的研究某一语义类型宾语的句法结构特点和语义属性。比如：《"吃食堂"的认知考察》（王占华 2000）从认知语言学的角度讨论了"吃食堂"这一格式中的宾语的性质等问题，认为"食堂"既不是处所宾语，也不是方式宾语，而是受事宾语的转喻形式。《处所角色宾语及其属性标记的隐现情况——兼论联络标记和属性标记的"配套"问题》（储泽祥 2005）研究了"V+N·方"结构，认为 N 不是处所宾语，"N·方"才是处所宾语。"N·方"凭借自身的语义获取处所角色身份，在很大程度上不依靠动词来赋元。后置方位词是处所属性标记，前置介词是动词与名词语义角色的联络标记。对其他语义类型宾语的专题研究有：《略谈原因宾语》（宋玉柱 1980）对原因宾语的研究，《"动+结果宾语"及相关句式》（谭景春 1997）、对结果宾语的研究，《方式宾语初探》（陈小明 1995）对方式宾语的研究，《现代汉语非受事宾语句研究》（任鹰 2005）对非受事宾语句的研究，《现代汉语受事宾语句研究》（张云秋 2004）对受事宾语句的研究、《小句作宾语句中的小句探讨》（邢欣 2005）[*]对小句宾语的研究。《目的宾语动词》（朱斌 1999）对目的宾语的研究，《根据宾语的语法性质给动词分类及其意义》（李志霄 1999）对"进行"类动词所带宾语的研究，《原因宾语和目的宾语》（孟庆海 1987）等。

有的学者研究非受事宾语形成的条件。比如：《汉语里宾语代入现象之观察》（邢福义 1991）称非受事宾语为"非常规宾语"、"代体宾语"。他认为，非常规宾语的成立必须满足四个条件：动词与常规宾语、非常规宾语之间的三角语义关系成立，提供新信息，不产生误解，有言语背景。《"写毛笔"与韵律促发的动词并入》（冯胜利 2000）用韵律结构来解释非常规宾语的形成，认为"句子的普通重音在句末"，非常规宾语的形成是句中名词要求重音的结果。

（四）双宾语研究

双宾语是一个值得深入研究的问题。先后有马庆株（1983）、李临定（1984）、李宇明（1996）、沈家煊（1999）、顾阳（1998）、张宁（2000）、汪国胜（2000）、陆俭明（2002）等著述问世。这些著述较成功地借鉴形式语法、功能语法、类型学理论考察汉语或汉语方言的双及物结构。《现代汉语的双及物结构式》（张伯江 1999）认为双及物结构式的语义核心为"有意的给予性转移"。他还指出，汉语双宾语句句式意义的引申机制和词汇意义的引申有类同性，都不外乎隐喻和转喻两种机制。《汉语给予类双及物结构的类型学考察》（刘丹青2001）是用跨语言跨方言比较的类型学方法来论证几种给予类双及物结构句式各自的话语特点和认知特点，探讨了制约这些句式的若干普遍性原则，排出了不同原则互动时的优先序列。

（五）述宾结构的历时研究

古汉语语法研究比较重视从汉语史的角度来考察述宾结构的发展和演变，而较少关注在某一特定时期宾语特点的研究。《双宾语结构从汉代至唐代的历史发展》（贝罗贝 1986）考察了双宾语结构从汉代至唐代汉语的演变过程。《古汉语中宾语的表层隐现条件及其解释》（董秀芳 2005）研究认为，古汉语中的宾语在表层结构中的隐现有着与现代汉语不同的规则，一些现代汉语中可以或者必须出现空范畴的宾语位置，在古汉语中却必须出现有形形式。古汉语中也允许一些宾语位置上出现空范畴。作者指出，时间无定性是古汉语中宾语位置出现空范畴的必要条件。《宾语前置再论》（陈文运 1999）提出了一种对名词宾语后移的功能解释，认为是因为名词自身语法功能的发展。有学者对古代文献中的述宾结构进行研究。比如《谈〈论衡〉的述宾结构》（唐子恒 1999）通过量化统计对《论衡》中述宾结构所体现出的语序变化的研究，《〈孟子〉的述宾结构》（崔立斌）对《孟子》一书述宾结构的研究。

纵观汉语宾语研究，从术语界定的标准到对宾语多角度的描写、分析，研究态势是越来越精细、深入，观察的角度越来越多元化。但仍然有些问题还认识得不够深刻，未能取得共识。比如宾语的语义类别问题、双宾语的性质和范围问题、动词与宾语语义匹配问题，等等。我们认为，解决上述问题的办法和思路有两条：第一，要不断加强汉语本体研究，努力从汉语自身寻找突破。第二，有些汉语自身很难解决的问题，可以从与藏缅语等亲属语言的比较中寻求突破。加强汉语和非汉语的跨语言比较研究，从非汉语来反观汉语的特点，是加强语言研究的一条必由之路。

参考文献

一、**著作**（按作者姓名音序排列）

[1] 伯纳德·科姆里（Bernard Comrie）. 语言共性和语言类型. 沈家煊译, 华夏出版社, 1989.

[2] 常竑恩. 拉祜语简志. 北京：民族出版社, 1986.

[3] 常俊之.元江苦聪话参考语法. 北京：中国社会科学出版社, 2011.

[4] 陈康、巫达. 彝语语法（诺苏话）. 北京：中央民族大学出版社, 1998.

[5] 陈士林、边仕明等. 彝语简志. 北京：民族出版社, 1985.

[6] 程工. 语言共性论. 上海：上海外语教育出版社, 1999.

[7] 戴庆厦. 藏缅语族语言研究（一）. 昆明：云南民族出版社, 1990.

[8] 戴庆厦. 藏缅语族语言研究（二）. 昆明：云南民族出版社, 1998.

[9] 戴庆厦. 藏缅语族语言研究（三）. 昆明：云南民族出版社, 2004.

[10] 戴庆厦. 浪速语研究. 北京：民族出版社, 2005.

[11] 戴庆厦. 泰国阿卡语研究. 北京：中国社会科学出版社, 2009.

[12] 戴庆厦. 西摩洛语研究. 北京：民族出版社, 2009.

[13] 戴庆厦. 景颇语参考语法. 北京：中国社会科学出版社, 2012.

[14] 戴庆厦、崔志超. 阿昌语简志. 北京：民族出版社, 1985.

[15] 戴庆厦、黄布凡等. 藏缅语十五种. 北京：燕山出版社, 1991.

[16] 戴庆厦、蒋颖、孔志恩. 波拉语研究. 北京：民族出版社, 2007.

[17] 戴庆厦、李洁. 勒期语研究. 北京：中央民族大学出版社, 2007.

[18] 戴庆厦、田静. 仙仁土家语研究. 北京：中央民族大学出版社, 2005.

[19] 戴庆厦、徐悉艰. 景颇语语法. 北京：中央民族学院出版社, 1992.

[20] 戴维·克里斯特尔［英］编, 沈家煊译.《现代语言学词典》. 北京：商务印书馆, 2004.

[21] 丁声树等. 现代汉语语法讲话. 北京：商务印书馆, 1961.

[22] 多尔吉. 道孚语革什扎话研究. 北京：中国藏学出版社, 1998.

[23] 傅爱兰. 普米语动词的语法范畴. 北京：中国文史出版社, 1998.

[24] 盖兴之. 基诺语简志. 北京：民族出版社, 1986.

[25] 哈杜默德·布斯曼［德］著.《语言学词典》. 北京：商务印书馆, 2005.

[26] 和即仁、姜竹仪. 纳西语简志. 北京：民族出版社，1986.

[27] 胡素华. 彝语结构助词研究. 北京：民族出版社，2002.

[28] 黄布凡、周发成. 羌语研究. 成都：四川人民出版社，2006.

[29] 金鹏. 藏语简志. 北京：民族出版社，1983.

[30] 江荻. 义都语研究. 北京：民族出版社，2005.

[31] 蒋光友. 基诺语参考语法. 北京：中国社会科学出版社，2010.

[32] 黎锦熙. 新著国语文法. 北京：商务印书馆，2000.

[33] 李大勤. 格曼语研究. 北京：民族出版社，2002.

[34] 李大勤. 苏龙语研究. 北京：民族出版社，2004.

[35] 李敬忠. 泸溪土家语. 北京：中央民族大学出版社，2000.

[36] 李英哲. 汉语历时共时语法论集. 北京：北京语言文化大学出版社，2001.

[37] 李永燧、王尔松. 哈尼语简志. 北京：民族出版社，1986.

[38] 李永燧. 桑孔语研究. 北京：中央民族大学出版社，2002.

[39] 林向荣. 嘉戎语研究. 成都：四川民族出版社，1993.

[40] 刘丹青. 语序类型学与介词理论. 北京：商务印书馆，2003.

[41] 刘光坤. 麻窝羌语研究. 成都：四川民族出版社，1998.

[42] 刘璐. 景颇族语言简志（景颇语）. 北京：民族出版社，1984.

[43] 陆绍尊. 普米语简志. 北京：民族出版社，1983.

[44] 陆绍尊. 错那门巴语简志. 北京：民族出版社，1986.

[45] 陆绍尊. 普米语方言研究. 北京：民族出版社，2002.

[46] 吕叔湘. 中国文法要略. 北京：商务印书馆，1982.

[47] 吕叔湘. 汉语语法分析问题. 北京：商务印书馆，1979.

[48] 马建忠. 马氏文通. 北京：商务印书馆，1983.

[49] 马庆株. 汉语动词和动词性结构. 北京：北京语言学院出版社，1996.

[50] 马学良主编. 汉藏语概论. 北京：民族出版社，2003.

[51] 马学良、胡坦等. 藏缅语新论. 北京：中央民族学院出版社，1994.

[52] 孟琮、郑怀德等. 动词用法辞典. 上海：上海辞书出版社，1987.

[53] 木仕华. 卡卓语研究. 北京：民族出版社，2002.

[54] 欧阳觉亚. 珞巴族语言简志. 北京：民族出版社，1985.

[55] 任鹰. 现代汉语非受事宾语句研究. 北京：社会科学文献出版社，2005.

[56] 时建. 梁河阿昌语参考语法. 北京：中国社会科学出版社，2009.

[57] 石毓智. 语法的认知语义基础. 南昌：江西教育出版社，2000.

[58] 沈家煊. 不对称和标记论. 南昌：江西教育出版社，1999.

[59] 孙宏开. 羌语简志. 北京：民族出版社，1981.

[60] 孙宏开. 独龙语简志. 北京：民族出版社，1982.

[61] 孙宏开. 柔若语研究. 北京：中央民族大学出版社，2002.

[62] 孙宏开、刘璐. 怒族语言简志（怒苏语）. 北京：民族出版社，1986.

[63] 孙宏开、刘光坤. 阿侬语研究. 北京：民族出版社，2005.

[64] 田德生、何天贞等. 土家语简志. 北京：民族出版社，1986.

[65] 王力. 中国现代语法. 北京：商务印书馆，1985.

[66] 王朝晖. 仙岛人及其语言. 北京：民族出版社，2005.

[67] 王志敬. 藏语拉萨口语语法. 北京：中央民族大学出版社，1994.

[68] 吴安其. 汉藏语同源研究. 北京：中央民族大学出版社，2002.

[69] 徐烈炯、刘丹青. 话题的结构与功能. 上海：上海教育出版社，1998.

[70] 徐琳、赵衍荪. 白语简志. 北京：民族出版社，1984.

[71] 徐琳、木玉璋等. 傈僳语简志. 北京：民族出版社，1986.

[72] 徐世璇. 毕苏语研究. 上海：上海远东出版社，1998.

[73] 徐悉艰、徐桂珍. 景颇族语言简志（载瓦语）. 北京：民族出版社，1984.

[74] 张伯江、方梅. 汉语功能语法研究. 南昌：江西教育出版社，1996.

[75] 张济川. 仓洛门巴语简志. 北京：民族出版社，1983.

[76] 张云秋. 现代汉语受事宾语句研究. 上海：学林出版社，2004.

[77] 赵敏、朱茂云. 墨江哈尼族卡多话参考语法. 北京：中国社会科学出版社，2011.

[78] 赵燕珍. 赵庄白语参考语法. 北京：中国社会科学出版社，2012.

[79] 朱德熙. 语法讲义. 商务印书馆，1982.

二、**论文**（按作者姓名音序排列）

[80] 陈平. 试论汉语中三种句子成分与语义成分的配位原则，中国语文，1994，第 3 期.

[81] 戴浩一. 时间顺序和汉语的语序，（黄河译）. 国外语言学，1988，第 1 期.

[82] 戴庆厦. 缅彝语的结构助词. 语言研究，1989，第 2 期.

[83] 戴庆厦. 景颇语的实词虚化. 中央民族大学学报，1996，第 4 期.

[84] 戴庆厦. 再论景颇语的句尾词. 民族语文，1996，第 4 期.

[85] 戴庆厦. 景颇语方位词"里、处"的虚实两重性——兼论景颇语语法分析中的"跨性"原则. 民族语文，1998，第 6 期.

[86] 戴庆厦. 景颇语的"宾动"结构. 藏缅语族语言研究（二）. 昆明：云

南民族出版社，1998.

[87] 戴庆厦. 景颇语句尾词形成的结构机制. 中央民族大学学报，2003，第 2 期.

[88] 戴庆厦. 景颇语的话题. 语言研究，2001，第 1 期.

[89] 戴庆厦、傅爱兰. 藏缅语的述宾结构——兼与汉语比较. 方言，2001，第 4 期.

[90] 戴庆厦、胡素华. 凉山彝语的体词性状语助词. 语言研究，1998，第 1 期.

[91] 戴庆厦、胡素华. 彝语ta³³的多功能性. 民族语文，1998，第 2 期.

[92] 戴庆厦、李洁. 勒期语概况. 民族语文，2006，第 1 期.

[93] 董秀芳. 古汉语中宾语的表层隐现条件及其解释. 语言学论丛，2005，第 31 辑.

[94] 范晓. 关于宾语问题的思考. 华中师范大学"动词与宾语问题"国际学术研讨会论文，2005.

[95] 冯胜利. "写毛笔"与韵律促发的动词并入. 语言教学与研究，2000，第 1 期.

[96] 傅懋勣. 民族语言调查研究讲话（二十六）. 民族语文，1987，第 5 期.

[97] 盖兴之. 汉藏语言系属研究中的几个问题. 民族语言文化论集，昆明：云南大学出版社，2001.

[98] 盖兴之. 基诺语句子的语气. 民族语文，1987，第 2 期.

[99] 高云莉、方琰. 浅谈汉语宾语的语义类别问题. 语言教学与研究，2001，第 6 期.

[100] 胡素华. 凉山彝语的话题结构. 民族语文，2004，第 3 期.

[101] 胡素华. 凉山彝语的差比句. 民族语文，2005，第 5 期.

[102] 胡素华. 凉山彝语被动义的表达方式. 语言研究，2005，第 4 期.

[103] 胡坦. 拉萨藏语中几种动词句式的分析. 民族语文，1984，第 1 期.

[104] 胡坦. 藏语中的名·动组合. 藏缅语新论，北京：中央民族学院出版社，1994.

[105] 胡坦. 藏语语序及其变异. 贤者新宴，藏学研究丛刊（1），北京：北京出版社，1998.

[106] 胡坦. 藏语句子主语的隐现. 贤者新宴，藏学研究丛刊（2），石家庄：河北教育出版社，2000.

[107] 黄成龙. 羌语名词短语的词序. 见：戴庆厦，中国民族语言文学研究论集，北京：民族出版社，2004.

［108］黄行、赵明鸣. 我国少数民族语言类型学研究. 中国社科院院报，2004 年 6 月 17 日.

［109］黄行. 我国少数民族语言的词序类型. 民族语文，1996，第 1 期.

［110］金有景. 拉祜语的主语、宾语、状语助词. 民族语文，1990，第 5 期.

［111］金有景. 拉祜语主语宾语助词的出现规律. 语言研究，1990，第 2 期.

［112］李春风. 拉祜语宾格助词tha^{31}，民族语文，2011，第 6 期.

［113］李临定. 宾语使用情况考察. 语文研究，1983，第 2 期.

［114］李批然. 哈尼语结构助词研究. 中央民族大学学报，1994，第 3 期.

［115］李永燧. 试论哈尼语汉语动宾词序的异同. 民族语文，1984，第 3 期.

［116］李泽然. 哈尼语的宾语助词. 语言研究，2005，第 3 期.

［117］李泽然. 哈尼语的述宾结构——兼与汉语比较.《汉语与少数民族语言语法比较》，戴庆厦主编，北京：民族出版社，2006.

［118］林裕文. 回顾与展望. 见：朱一之、王正刚，现代汉语语法研究的现状和回顾，语文出版社，1987.

［119］刘丹青. 汉语给予类双及物结构的类型学考察. 中国语文，2001，第 5 期.

［120］刘丹青. 汉藏语言的若干语序类型学课题. 民族语文，2002，第 5 期.

［121］刘丹青. 差比句的调查框架与研究思路. 见：戴庆厦、顾阳，现代语言学理论与中国少数民族语言研究，民族出版社，2003.

［122］陆丙甫. 从宾语标记的分布看语言类型学的功能分析. 当代语言学，2001，第 4 期.

［123］陆俭明. 汉语句法成分特有的套叠现象. 中国语文，1990，第 2 期.

［124］陆俭明. 再谈"吃了他三个苹果"一类结构的性质. 中国语文，2002，第 4 期.

［125］陆俭明. "句式语法"理论与汉语研究. 中国语文，2004，第 5 期.

［126］陆俭明、郭锐. 汉语语法研究所面临的挑战. 世界汉语教学，1998，第 4 期.

［127］陆镜光. 延伸句的跨语言对比. 语言教学与研究，2004，第 6 期.

［128］马庆株. 名词性宾语的类别. 汉语学习，1987，第 2 期.

［129］马月华. 试折巴塘藏语中的几个结构助词——兼谈人称代词的音变现象. 青海民族学院学报，1994，第 4 期.

［130］孟庆海. 动词+处所宾语. 中国语文，1986，第 4 期.

［131］木仕华. 论纳西语动词的语法化. 见：戴庆厦、顾阳，现代语言学理论与中国少数民族语言研究. 民族出版社，2003.

［132］木仕华. 纳西语和汉语双及物结构比较研究. 汉语与少数民族语言

语法比较，戴庆厦主编，北京：民族出版社，2006.

[133] 任学良. 宾语研究评述. 见：朱一之、王正刚，现代汉语语法研究的回顾与现状. 语文出版社，1987.

[134] 沈家煊. "有界"与"无界". 中国语文，1995，第 5 期.

[135] 沈家煊. 句式和配价. 中国语文，2000，第 4 期.

[136] 孙宏开. 我国藏缅语动词的人称范畴. 民族语文，1983，第 2 期.

[137] 孙宏开. 藏缅语中的代词化问题. 国外语言学，1994，第 3 期.

[138] 孙宏开. 藏缅语人称代词格范畴研究. 民族语文，1995，第 2 期.

[139] 孙宏开. 论藏缅语的语法形式. 民族语文，1996，第 2 期.

[140] 谭景春. "动+结果宾语"及相关句式. 语言教学与研究，1997，第 1 期.

[141] 谭景春. 材料宾语和工具宾语. 汉语学习，1995，第 6 期.

[142] 唐作藩、孙宏开. 第 26 届国际汉藏语言及语言学会议简述. 国外语言学，1993，第 4 期.

[143] 田静. 土家语的述宾结构——兼与汉语比较. 见：戴庆厦，汉语与少数民族语言语法比较. 民族出版社，2006.

[144] 王锋. 试论白语的三种基本语序. 见：戴庆厦，中国民族语言文学研究论集（4）. 民族出版社，2004.

[145] 王占华. "吃食堂"的认知考察. 语言教学与研究，2000，第 2 期.

[146] 王志敬：藏语与汉语述宾结构对比，汉语语少数民族语言语法比较，戴庆厦主编，民族出版社，2006.

[147] 吴安其. 语言接触对语言演变的影响. 民族语文，2004，第 1 期.

[148] 邢福义. 汉语里宾语代入现象之观察. 世界汉语教学，1991，第 2 期.

[149] 徐通锵、叶蜚声. "五四"以来汉语语法研究评述. 见：朱一之、王正刚，现代汉语语法研究的现状和回顾. 语文出版社，1987.

[150] 尹蔚彬. 业隆话动词的人称和数范畴. 第 38 届国际汉藏语会议论文，2005.

[151] 俞敏. 倒句探源. 语言研究，1981，第 1 期.

[152] 俞士汶. 语法知识在语言信息处理中的作用. 语言文字应用，1997，第 4 期.

[153] 余志鸿. "宾动"倒句和语言交融. 民族语文，1988，第 3 期.

[154] 袁焱. 阿昌语的述宾结构. 民族语文，2002，第 4 期.

[155] 张伯江. 关于动趋式带宾语的几种语序. 中国语文，1991，第 3 期.

[156] 张伯江. 动趋式里宾语位置的制约因素. 汉语学习，1991，第 6 期.

[157] 张伯江. 现代汉语的双及物结构式. 中国语文，1999，第 3 期.

［158］张军. 藏缅语表施动和爱动的结构助词. 语言研究，1990，第 2 期.

［159］张蓉兰. 拉祜语动词的语法特点. 民族语文，1987，第 2 期.

［160］张振兴. 现代汉语方言语序问题的考察. 方言，2003，第 3 期.

［161］赵燕珍、李云兵. 论白语的话题结构与基本语序类型. 民族语文，2005，第 6 期.

［162］郑安雨. 宾语源流. 武汉大学学报，1993，第 3 期.

［163］朱德熙. 变换分析中的平行性原则. 中国语文，1985，第 2 期.

［164］朱文旭. 彝语句法中的语序问题. 民族语文，2004，第 4 期.

［165］朱文旭、张静. 彝语被动式研究. 见戴庆厦、顾阳：现代语言学理论与中国少数民族语言研究. 民族出版社，2003.

［166］曾立英、杨小卫. 从"作格"角度谈主语系统的选择. 汉语学报，2005，第 4 期.

［167］曾立英. 作格研究述评，现代外语，2007，第 4 期.

［168］Croft, William. 1999.Word order in Sino-Tibetan Languages from a typological and geographical perspective(Draft).

［169］Greenberg, Joseph H. 1966.Some universals of grammar with particular reference to the order of meaningful elements. In Greenberg, Joseph H.(ed.)1966.

［170］LaPollla, Randy J. 1994. On the change to verb-medial word order in Proto-Chinese: Evidence from Tibeto-Burman. Current Issues in Sino-Tibetan Linguistics.

［171］LaPollla, Randy J. 1995. Pragmatic relations and word order in Chinese. In Pamela Downing & Micharl Noonan(eds) 1995

［172］LaPollla, Randy J. 2000.Problems of Methodology and Explanation Word Order Universals Research.(To appear in Languages and Cultures of the East1.1)

［173］LaPollla, Randy J. 2002.Word order patterns in Sino-Tibetan and their significance to theories of explanation in typology. In Pan, Wuyun (ed) Languages and Cultures in the East, Shanghai: Oriental Publishing Center.

后　记

　　这本书是在我的博士论文《藏缅语宾语比较研究》基础上经过修改和补充完成的。

　　这本书凝聚了我的导师戴庆厦先生的智慧和心血。我清楚地记得，2001 年 6 月，在我读硕士一年级的时候，开始跟随戴庆厦教授到湖南省湘西自治州保靖县调查土家语。从那以后，戴先生带着我先后几次调查土家语，后来出版了《仙仁土家语研究》一书。2003 年，我考上博士，跟随戴先生攻读中国少数民族语言文学专业博士学位。2006 年，博士毕业留校工作后，又跟随戴先生调查过基诺语、彝语等少数民族语言。一路走来，有太多的艰难和不易，也有太多的感动和感谢。想到当年耐着近 40 度的高温，戴先生带着我在湘西大山的羊肠小道上披荆斩棘艰难前行的场景，想到他戴着老花镜在台灯下给我定选题、定提纲、修改论文的情形，想到戴先生对我由衷的批评、忠告和鼓励，我不禁热泪盈眶，感慨良多。因为跟戴先生太熟了，以至于很少跟他说谢谢，今天借这本小书的出版，向戴先生鞠一躬，真诚地说一声感谢！

　　我还要感谢中央民族大学的丁石庆教授。在丁老师精彩的"语言学概论"课上，我对语言学产生了浓厚兴趣，并且决心要学习语言学。感谢丁老师把本书列入中央民族大学"985 工程"三期重点学科"博士文库"出版计划。

　　感谢中央民族大学成燕燕教授多年来在学术上和生活上的指导和关爱，让我在迷茫、失意和无助中获得温暖和力量。

　　感谢中国社会科学出版社任明编审的辛勤工作和对我的帮助。

　　感谢我含辛茹苦的父母。他们为我提供了良好的学习和生活条件，让我全身心地投入到学习和工作中。

　　藏缅语的宾语问题很复杂，也很有研究价值。在本书的修改过程中，我发现除了宾语的句法标记以外，还有很多值得做的题目。我也希望自己不要懈怠，要继续努力下去。

　　书中纰漏难免，概由本人负责。敬请读者批评指正。

田　静

2012 年 7 月 31 日